민주주의 잔혹사

민주주의 잔혹사

한국현대사의 가려진 이름들

홍석률 지음

창비
Changbi Publishers

풍부한 역사를 위하여

일반 대중은 사회적으로 절대다수이고, 역사의 전개 과정에서도 무시하지 못할 중요한 역할을 해왔다. 그러나 이들은 대체로 역사에 기록되지도, 잘 기억되지도 않는다. 특히 여성들의 이야기는 더욱 그러하다. 이 책에서는 역사의 그늘에 가려진 사람들의 이야기를 드러내고자 했다. 한국현대사 서술에서 가려진 사람들과 희생된 역사적 가능성에 주목하여 일종의 사건사 서술을 시도했다. 도시빈민 박영두, 동일방직의 여성노동자들, 마산의 할머니들 등 일반적인 역사 서술에서 배제되어온 주변부 사람들의 목소리를 담아보려 노력했다.

민주주의는 모든 시민들이 정치에 참여하고 통치의 주체가 되는 사회를 지향한다. 우리나라를 비롯해 전세계 많은 국가들이 민주주의를 정치체제로 받아들이고 있다. 그러나 민주주의를 표방하는 사회에서도 엘리트들이나 유명한 사람들만 주로 부각되고, 평범한 다수의 사람들은 선거 때를 제외하고는 잘 보이지 않는다. 다수의 평범한 사람들의 역할과 행동이 여전히 부차화, 주변화되는 것은 현재 민주주의의 가장 잔혹한 측면이다. 즉 '민주주의 잔혹사'라 할 때 이는 한국현대사에서 민주주의를 향해 나아가는 과정에서 발생한 인권탄압, 국가폭력 등만을 의미하지는 않는다. 다수의 평범한 사람들 혹은 희생된 사람들이 여전히 가려지고, 역사에 잘 기록되지 않는 것 역시 잔혹한 일이라 생각한다.

6월항생 때의 박종철, 한국전쟁기 외공리 학살 사건의 희생자들, 해방 직후 돌아온 학병동맹원들은 지식인들로서 엘리트가 될 가능성이 더 큰 사람들이라 할 수 있다. 그러나 권력을 잡은 주류 집단과 다른 이념적 입장과 시각을 가졌기 때문에 역사 속에서 사라진 사람들이다. 또한 대부분 아주 젊은 사람들로서 자기 삶의 가능성을 제대로 실현해보지도 못하고 희생된 존재들이다. 5·16쿠데타와 푸에블로호 나포 사건 등이 민주주의 잔혹사로 다뤄진 것이 다소 의외라고 할 수도 있다. 그러나 5·16쿠데타를 일으킨 군인들은 한국 군부에서 주류집단이 아닌 주변부의 청년 장교들이었다. 푸에블로호 나포 사건은 국제관계와 관련이 있는데, 한국은 국제관계 면에서 주변부다.

가려진 이름들에 주목하는 또 다른 이유는 실현되지 못한 희생된 역사적 가능성을 되새기기 위해서다. 역사를 인식할 때 이미 현실화된 결과만을 놓고, 그것을 필연적이고 불가피한 것으로 합리화하며 단선적으로 이해하는 것은 협소한 역사의식을 가져온다. 그러한 결과가 발생하는 과정에서 희생된 가능성들을 단순히 비현실적인 것으로 부차화, 주변화하기보다는 여기에도 어떤 의미를 부여해야 역사를 좀더 복합적이고 풍부하게 인식할 수 있다. 우리가 겪은 식민지, 분단, 전쟁, 군사독재 하에서의 불균등한 경제성장은 필연적인 것이 아니라 다양한 역사적 가능성의 경합 속에서 다른 가능성들이 희생되어 선택된 결과다. 역사학의 중요한 기능 중 하나는 역사 속에서 현실화되지 못한, 희생된 가능성을 불러오고 보여주는 것이다. 과거에 발생한 결과를 필연적인 것으로 합리화하기보다는 상대화해야 더 깊이 있고 폭넓은 역사적 성찰이 가능하다. 성공한 이야기가 아니라 실패한 이야기 속에서 현실의 문제점들이 더 잘 드러난다.

남북통합과 평화, 경제적 평등, 성평등 등은 한국현대사에서 주로 희생된 가능성이었지만, 이것을 기억하며 미완의 가능성을 실현해보려고 노력할 때 더 나은 미래를 맞이할 수 있다. 그리고 자신이 추구했던 역사의 가능성을 현실화시킨 위대한 인물이나 승리자만 기억되는 것이 아니라 다수의 사람들이 역사 서술에서 부각될 때, 민주주의의 진정한 의미도 채워질 수 있을 것이다.

사건사 서술에 대해서는 무언가 설명이 필요할 듯하다. '사건사'event history라 함은 장기적으로 작용하는 구조를 중심으로 역사를 보는 사람들이 기존의 정치사 중심의 역사 서술을 조롱하면서 사용한 단어이기도 하다. 이때의 '사건사'는 주로 권력을 잡은 사람들이나 승리자들의 영웅담을 의미한다. 그러나 이 책에서는 사건을 다양한 역사적 가능성이 교차하는 순간으로 보고, 권력에서 배제된 주변부 사람들과 패배한 사람들을 중심으로 살펴보려 한다. 현재 한국사회의 역사인식, 특히 한국현대사 인식은 권력을 잡은 최고 지도자의 공과功過 논쟁을 중심으로 전개되는 경향이 크다. 이러한 협소한 인물 중심의 역사보다는 사건사 서술이 역사를 더욱 풍부하게 보고, 다수의 인물을 드러내는 데 상대적으로 나은 측면이 있다.

또한 사건사 서술은 역사를 구체적으로 살펴보는 데에도 유의미하다. 현재 한국사에서 대중적으로 통용되는 역사책들은 대체로 '한권으로' '하룻밤에' 읽는 것을 표방하는 통사 중심의 책들이다. 통사는 역사를 진반적으로 이해하기 위해 필요한 것이지만, 실제로는 권력을 잡은 사람들이나 승리자들의 이야기가 중심을 이뤄, 그 어느 것도 구체적으로 깊이 있게 다루기 힘든 형식이다. 그 때문에 역사의 모든 것을 재빨리 알 수 있을 것 같지만, 그 어떤 것도 구체적으로 깊이 알기 어렵다. 나아가 기존의 역사 서술에서 무엇이 생략되고, 배제되며, 가려져 있는지를 알기란 더욱 어렵다.

비록 점점이 흩어진 8개의 이야기들이지만 작은 사건들을 거대한 역사적 맥락과의 관계 속에서 구체적으로 살펴보며, 한국현대사를 보다 복합적이고 풍부하게 이야기해보려 한다. 평범한 사람들도 역사를 형성해가는 데 참여하고 기여하고 있다는 것을 확인하고, 이를 통해 자신과 주변을 돌아보는 데 이 책이 조금이나마 도움이 되기를 희망한다.

이 책은 역사의 현재성을 강조하기 위해 일반적인 역사책과는 달리 가까운 시기의 사건에서부터 더 먼 과거의 사건으로 거슬러가는 순서로 배열했다. 8개의 이야기가 각기 독립적이기 때문에 큰 불편은 없을 것이라 생각되나, 혹시 불편한 분들은 뒤의 이야기부터 시대순으로 읽어보아도 무방할 것이다.

이 책의 각 사건사 서술은 필자가 연구를 진행하는 과정에서 발굴한 1차 자료에 기초하여 행한 학술 연구를 풀어쓴 것도 있지만, 상대적으로 긴 시기의 다양한 사건들을 다루다보니 다른 학자들의 연구에 빚진 부분도 많다. 또한 그동안 진행된 과거사 진상규명 작업의 성과도 참조했다. 이 책에 인용된 많은 국내외 학자들, 과거사 진상규명 작업에 참여한 분들의 노고에 감사드린다. 혹시 오독이나 잘못된 해석이 있다면 서슴없이 말씀해주시기를 부탁드린다.

이 책의 기획 단계에서부터 많은 이야기를 나누고, 큰 도움을 준 편집자 윤동희 님께 감사드린다. 황혜숙 부장님, 염종선 이사님께도 감사드린다. 창비 편집팀의 도움과 격려가 없었다면 이 책을 집필할 엄두도 내지 못했을 것이다. 자료 수집과 정리에 많은 도움을 준 대학원생 정유진, 김소진, 김인혜, 손광명, 조교 이현주에게 고마운 마음을 전한다. 필자가 하는 연구와 강의에 관심을 가져준 사학과 현대사팀을 비롯한 성신여자대학교 학생들에게도 감사를 표한다.

2017년 4월
홍석률

1장

우연과
우연의 연쇄반응

: 박종철과 6월항쟁

1987년 1월 15일 아침,『중앙일보』신성호 기자는 출입처인 대검찰청 청사에 들어가 기삿거리를 찾았다. 기자들의 용어로 이른바 '마와리'를 돌았던 것이다. 한 검찰 간부 방에 들러 차를 마시는데, 그로부터 "경찰들 큰일 났어!"라는 탄식이 나왔다. 신기자는 마치 다 알고 있다는 듯이 "그러게 말입니다. 요즘 경찰들 너무 기세등등했어요."라고 맞장구를 치면서 멍석을 깔았다. 검찰 간부의 입을 통해 "서울대 학생" "남영동 대공분실" "조사받다가 사망" 정도의 단편적인 정보가 조각조각 흘러나왔다. 신기자는 이야기를 듣는 순간 겉으로는 태연한 척했지만 가슴이 두근거렸다. 한 손으로 찻잔을 들면 마구 떨릴 것 같아 두 손으로 잔을 받쳐들었다.

기사를 쓰려면 적어도 사망자의 신원은 확인되어야 했다. 신기자가 즉시 추가 취재에 나섰을 때 일부 검사들로부터 중요한 정보가 나왔다.

죽은 이는 "박종 뭐더라" 하는 서울대 언어학과 3학년생이라 했다. 재빠르게 서울대 출입기자와 부산 주재 기자를 움직여 '박종철'이라는 이름과 부산에 살던 그의 부모가 경찰의 연락을 받고 급히 상경했다는 사실을 확인했다. 신기자는 그날 오후 곧바로 기사를 작성해 내보냈다. 그날 신기자는 정보기관원이 취재원을 캐기 위해 자신을 잡아갈까봐 집에 가지 못했다. 회사 근처 여관에서 잤다. 신기자는 중요한 정보를 제공해준 취재원 이홍규 검사의 실명을 오랫동안 감추었다가, 아주 최근인 2012년에야 처음 공개했다.

언론 보도가 있자 경찰도 박종철의 사망 사실을 인정할 수밖에 없었다. 그러나 당시 경찰총수 강민창 치안본부장은 박종철을 연행해 조사하던 중 "수사관이 주먹으로 책상을 '탁' 치며 추궁하자 갑자기 '억' 하며 책상 위로 쓰러졌다."라고 발표했다. 정말 '억' 소리가 날 정도의 억지 논리로 고문 사실을 은폐하려 했다. 그래도 넘어갈 수 있을 거라 생각했던 것이다. 이 사건은 이렇게 끝날 수도 있었고, 박종철의 죽음은 독재 정권기에 발생했던 이른바 '의문사' 사건 중 하나가 될 수도 있었다. 그러나 이때의 상황은 다르게 흘러갔고, 그 과정에서 6월항쟁이 발생했다.

중앙대학교 부속병원에 근무하던 오연상 박사는 1월 14일 오전 11시 45분경 갑자기 남영동 대공분실 조사실에 불려갔다. 그곳에 박종철이 누워 있었다. 그는 이미 사망한 상태였고, 조사실 바닥에 물이 흥건했다. 몸이 젖어 있었고, 뱃속에서 꼬르륵 하는 물소리가 났다. 오박사는 이러한 사실을 나중에 찾아온 기자들에게 그대로 말해주었다. 물고문 가능성을 강하게 시사하는 진술이었다. 신문들이 오연상의 발언을 대서특필

하기 시작했다. 오연상은 17일 밤 치안본부 특수대와 검찰에 불려가 철 야로 무려 9시간 동안이나 참고인 진술을 했다. 엄청난 압박이었다. 다음 날 새벽 4시쯤 귀가한 그는 두려워 안절부절하다가 오전에 집을 나가 버렸다.

번민에 휩싸인 또 한 명의 의사가 있었다. 국립과학수사연구소 황적 준 박사였다. 황박사는 부검팀을 이끌고 1월 15일 밤 한양대병원 영안실 에서 박종철 군의 시신을 부검했다. 수사를 맡은 안상수 검사 등이 입회 했다. 부검 다음 날 오후 경찰총수인 강민창 치안본부장, 경찰에서 간첩 이나 용공분자를 잡는 대공 업무를 담당하던 박처원 5차장이 황박사 를 불렀다. 이들은 부검감정서를 "심장쇼크사"로 해달라고 황박사를 회 유했다. 고문에 의해 죽은 것이 아니라 그냥 놀라서 죽은 것으로 하자는 이야기였다. 치안본부장이 황박사에게 "목욕이나 하라"며 100만 원이 든 봉투를 건넸다. "당신 은혜는 잊지 않겠다."라는 말도 덧붙였다.

황박사는 정말 그날 저녁 여의도의 한 호텔에서 목욕을 하고 집에 들 어갔다. 지난밤을 거의 뜬눈으로 새웠는데, 이날도 황박사는 쉽게 잠을 이룰 수 없었다. 다음 날 아침 그는 예사롭지 않게 가족들을 둘러보았 다. 아침 일찍 아이들을 스케이트장에 데려다주면서 황박사는 아내에게 "정의의 편에 서서 감정서를 작성하겠다."라고 결심을 밝혔다. 부검감정 서를 소신 있게 작성하는 것이 가족들의 안위를 걱정하며, 처와 상의해 야 될 만큼 엄중한 일이었다. 황박사는 소신대로 박종철이 목 부위가 눌 려 질식사했다는 부검감정서를 작성했다. 결국 경찰은 고문 사실을 인 정하지 않을 수 없었다. 1월 19일 강민창 치안본부장은 물고문 사실을 인정하고, 조한경 경위와 강진규 경사를 구속했다고 발표했다. 두 명의 의사가 진실을 말하고, 기자들이 기민하게 사실을 캐어 보도함으로써 마침내 사건 발생 5일 만에 경찰이 고문 사실을 인정한 것이다. 그러나 은폐된 진실이 모두 드러난 것은 아니었다.

추모 집회

박종철의 언어학과 친구들은 그의 사망 직후 학과 사무실에 작은 빈소를 마련했다. 그들은 1월 20일 서울대 학생회관 라운지 2층에서 추모제를 지냈다. 이날 왼팔에 검은 천을 두르고 종철의 영정을 들고 교내를 행진했던 정덕환은 당시에는 학생들을 용공세력으로 몰아가는 대규모 공안사건이 연달아 터지는 때여서 종철의 죽음도 결국 지나가는 사건으로 묻혀버릴 것이라 생각했다고 회고했다. 그의 죽음이 "엄청난 파장으로 역사의 물줄기를 돌리는 사건이 되리라고는 당시 아무도 예상하지 못했다."는 것이다.

1987년 2월 7일 야당 정치인과 민주화운동 인사로 구성된 '고故 박종철 군 국민추도회 준비위원회'가 개최한 추도식 행사가 서울의 명동성당과 전국 주요 도시에서 거행되었다. 이날 박종철의 어머니와 누나는 부산 사리암에 들어가 눈물을 흘리며 종을 울렸다. 종소리는 울려퍼졌지만 침묵하는 다수의 시민들을 깨울 수 있을지는 미지수였다. 약 한 달 후인 3월 3일 박종철 군의 사십구재를 맞이하여 각계각층 인사의 참여하에 역시 전국적으로 '고문추방 민주화 국민평화대행진'이 진행되었

1987년 1월 20일, 고 박종철 열사 추모제.

다. 이때는 대학이 이미 개강을 한 상태였지만, 거리에 나온 학생은 모두 6000여 명 정도에 불과했다.

1987년 들어 학생운동은 침체된 모습이 뚜렷했다. 5월에 이르기까지 학생시위 횟수와 참여 인원 모두가 전해에 비해 줄어들었다. 박종철의 죽음이 그냥 지나가는 사건으로 묻힐 것인지, 아니면 시민들의 호응 속에서 커다란 민주항쟁으로 이어질지 쉽게 예측할 수 없었다. 또한 1987년은 전두환 대통령의 임기 마지막 해였다. 기존 헌법에 따라 전과 마찬가지로 대통령 간접선거가 실시되어 군부정권이 연장될 것인지, 아니면 민주화의 새로운 전기를 마련할 수 있을지 역시도 가늠하기 어려웠다.

1980년대의
대학가와 학생운동

1980년대의 대학은 어둡고 뜨거웠다. 광주에서 수많은 시민을 학살하고 집권한 전두환 정권은 학생운동을 철저히 봉쇄하려 했다. 시위 진압 경찰을 아예 대학 내에 상주시키고, 시위 움직임이 시작되면 초반부터 바로 봉쇄했다. 이를 초동진압初動鎭壓이라 했다. 시위 주동 학생들은 경찰이 잡아가기 힘든 옥상, 난간 등 높은 곳에 올라가 시위를 벌였다. 조금이라도 더 시간을 벌기 위해서였다. 일부 학생들은 높은 건물에서 밧줄을 타고 내려오며 시위를 벌여 '타잔'이라는 별명을 얻기도 했다. 이러한 억압에도 불구하고 1981년에 43회의 학생시위가 있었고, 1982년에는 61회, 1983년에는 143회로 늘어났다. 학생운동은 표면적으로는 침체기였지만 내면적으로는 과거보다 훨씬 급진화·조직화되는 양상이었다.

1983년 12월 전두환 정권은 학내에 상주했던 경찰 병력을 철수시키고, 학생운동 때문에 제적된 학생들을 일부 복학시키는 '학원자율화 조치'를 단행했다. 1985년 국회의원 선거, 1987년 대통령 선거 등 중요 정치 일정을 고려할 때 안정적인 정권 재창출을 위해서는 강압 일변도의 정책에서 벗어날 필요가 있었다. 특히 1988년에 예정된 올림픽을 제대로 치르기 위해 국제 여론도 의식해야 했다.

학원자율화 조치는 한편으로 전두환 정권이 이제 학생시위 정도는 충분히 통제할 수 있다는 자신감을 보여준 것이었다. 전두환 정권은 학생시위를 진압할 수 있는 충분한 숫자의 진압 경찰을 준비해놓았다. 전투경찰(전경)은 북한의 대남무력 공세가 한참이던 1960년대 말 창설되었는데, 원래는 시위 진압이 아니라 주로 대간첩작전 및 중요 시설 경비 업무를 담당했다. 그러나 전두환 집권 이후 전경이 시위 진압에 본격적으로 동원되기 시작했고, 1981년에는 충원 방식도 따로 응모를 받는 것이 아니라 군 훈련소에서 필요한 만큼 장병들을 직접 차출하는 방식으로 바꾸었다. 게다가 1983년부터 징집 대상자 중에서 군대에 가는 대신 시험을 거쳐 의무경찰(의경)을 선발하는 제도를 시행했다. 의무경찰도 주로 시위 진압에 투입되었다.

1979년까지 전경의 숫자는 1만 6000여 명 정도였으나 전두환 정부에 접어들어 1981년에 이미 그 숫자가 3만 2000여 명으로 두 배나 늘어났다. 1983년에는 의무경찰 모집까지 실시되어 전경, 의경을 모두 합해 약 4만 6000명가량의 시위 진압 인력이 확보되었다. 1987년 6월항쟁 무렵에는 전·의경이 5만 8000여 명으로 증가했다. 1980년대 내내 전·의경과 학생들이 대치하는 광경이 끊임없이 계속되었지만, 전두환 정부는 대부분 시위에서 집결된 학생들보다 더 많은 숫자의 진압 경찰력을 동원할 수 있었다.

아무튼 학원자율화 조치 이후 1984년부터 학생운동은 전례없이 거세게 분출되었다. 박종철은 바로 이 해, 즉 1984년에 대학에 들어갔다. 그는 입학 직후부터 이념 '써클'에서 활동했고, 학내외에서 벌어지는 집회와 시위에 빠짐없이 참가했다고 한다. 당시 학생운동의 기본 토대가 되었던 이념 써클은 그 회원과 활동에 대해 비밀을 유지하려 했지만 실질적으로는 반쯤 공개되어 있는 조직이었다. 여기에 가입한 1학년생들은 주로 학교 주변 중국집 등을 돌면서『해방전후사의 인식』『전환시대의 논리』등의 책을 학습했고, 선배들과 함께 시위 및 집회에 참여했다. 이러한 예비 과정을 거쳐 신뢰가 쌓이면 좀더 은밀하게 선배들이 자취하는 집을 옮겨 다니며 학습 모임을 이어갔다. 이 단계에서는 마르크스-레닌주의 등 급진적인 서적들을 학습했다. 이념 써클은 비밀리에 활동한다고 해서 언더 써클under circle이라 부르기도 했는데, 실제 학습 모임이 진행되는 자취방들이 대부분 반지하에 있긴 했다. 모임 후 학생들은 마가린 또는 고추장에 밥을 비벼 먹으며 우의를 다졌다. 여건이 좋을 때는 가끔 김치와 김을 곁들이기도 했다.

종철은 학생운동에 적극 가담하다가 1학년 1학기에 성적미달로 학사경고를 받았고, 2학기부터는 언어학과 1학년 과대표로 활동했다. 1985년 2학년이 되어서는 학과 학생회 홍보부장을 맡았고, '제3세계 연구회'라는 학회 지도 선배로 활동했다. 또한 이념 써클의 팀장이 되어 자신의 자취방에서 후배들의 학습 모임을 주도했다. 박종철은 1985년 5월 말과 6월 초 일주일 간격으로 교외 시위에 나갔다가 연행되어 구류를 살았다. 다음 해 그는 3학년이 되어 언어학과 학생회장에 당선되었다. 그러나 얼마 안 되어, 1986년 4월 청계피복 노조가 주관하는 시위에 나갔다가 체포되어 정식 재판을 받았다. 이 시위는 주동자가 도끼를 들고 대열을 이끄는 등 대단히 과격한 방식으로 진행되었고, 종철은 이미 두 차례 구류를 산 경력이 있기에 구속을 면치 못했다. 그는 1986년 7월 15일 징역 10월, 집행유예 2년 판결을 받아 출소할 때까지 약 3개월간 성동구치소에서 감옥살이를 했다.

박종철은 명망 있는 학생운동 지도자가 아니었다. 그는 총학생회 간부도 아니었고, 단과대학 차원의 간부도 아니었다. 또한 어떤 특정 학생운동 그룹의 지도자급 인물도 아니었다. 언어학과 학생회장(과대표)에 선출되었지만, 활동 기간도 한 달 정도밖에 안 되었다. 게다가 언어학과는 인원도 적고, 당시 인문대에서 학생운동에 중요한 비중을 차지한 학과도 아니었다. 박종철은 학생운동의 하부에서 열심히, 헌신적으로 활동했던 중견활동가라 할 수 있을 것이다.

종철은 정식으로 구속되기 전 이미 두 차례 구류를 살았지만, 이 사실을 부산에 있는 부모님께 알리지 않았다. 그의 부모는 1986년 종철이 장기간 감옥살이를 할 때서야 아들이 학생운동에 적극 가담하고 있다는 것을 알게 되었다. 종철이 감옥에서 가족에게 쓴 편지에서도 그는 신념을 굽히지 않았다. 그가 누나에게 보낸 편지에는 이러한 구절도 있었다.

우리나라의 대학생들은 대학생이 되면서부터 어느 정도 계층 상승의 조건이 주어지고 또한 그러한 욕구들을 가지게 된다. 특히 소위 일류대학이란 델 들어가면 더욱 그렇지. 하지만 우리 앞엔 외면할 수 없는 역사와 현실이 있다.

'역사'와 '현실'이라는 것을 외면하지 못했던 학생들은 끊임없이 희생을 감당하며 군사독재 정권에 저항했다. 1985년에는 전국학생총연합(전학련)이 출범하고, 5월에는 서울 지역 대학생 70여 명이 "광주학살 책임지고 미국은 공개 사과하라"며 미문화원을 점거하고 농성을 전개하기도 했다. 1986년에 접어들어 대학가에 반미자주화반파쇼민주화투쟁위원회(자민투), 반제반파쇼민족민주투쟁위원회(민민투) 조직이 출현하면서 운동노선을 둘러싼 논쟁이 치열하게 전개되었다. 1986년 10월 28일 자민투, 민민투 계열의 학생조직이 모두 망라되어 건국대에서 "전국 반외세반독재 애국학생 투쟁연합"(애학투) 결성식을 거행했다. 그런데 이날 이례적으로 경찰이 집회 도중 학내에 진입해 집회를 해산시켰고, 학생들은 대학 내 건물로 들어가 나흘 동안 점거 농성을 벌였다. 이때 학생들이 발표한 선언문에 "6·25가 민족해방전쟁"으로 서술되어 있다는 것 등이 언론에 대대적으로 보도되면서 엄청난 용공성 시비가 발생했다. 건국대 사태는 결국 10월 31일 경찰이 헬기에서 최루탄을 쏘면서 농성 학생들을 진압하는 것으로 끝이 났다.

건국대 사태 이후 전두환 정권은 학생운동을 완전히 뿌리 뽑으려 했다. 학생운동 관련자들에 대한 대대적인 검거 선풍이 있었고, 박종철도 이러한 상황에서 경찰에 연행된 것이었다. 당시 서울대에서 학생운동을 했던 이원배의 증언에 따르면 서울대 학생운동권은 건국대 사건을 겪으면서 거의 와해 상태였다고 했다. 3학년 이상은 다 구속되었다고 해도 과언이 아니었고, 학생들의 심리도 대단히 불안한 상태였다고 했다.

4·13호헌조치와
추가 폭로

박종철 고문치사 사건을 둘러

싼 교착 국면에서 새로운 돌파구를 열어준 이는 다름 아닌 전두환 대통령이었다. 전두환 정권 수립 직후 대부분의 야당 정치인들은 정치활동 규제에 묶여 기존 정치권에서 쫓겨났다. 김대중은 사형 선고를 받고 복역하다가 미국으로 가서 망명생활을 했고, 김영삼은 장기간 가택연금을 당했다. 제도 정치권 야당으로 온건한 정치인들로 구성된 민주한국당(민한당)이라는 정당이 존재했으나, 실상 군부독재를 견제하는 역할을 하지 못했다. 김영삼은 1983년 무려 23일간의 단식투쟁을 단행하여 선명한 야당 정치인들이 활동할 수 있는 약간의 공간을 열었다. 김영삼, 김대중 두 정치 그룹은 힘을 합쳐 민주화추진협의회(민추협)라는 조직을 만들었다. 그리고 이를 기반으로 1985년 2월 12일에 치러진 총선에서 신한민주당(신민당)이라는 선명 야당을 급조하여 참여했다. 2·12총선의 결과는 선풍적이었다. 발족한 지 한 달도 안 된 신민당이 제1야당의 지위를 획득했으며, 민한당은 태풍을 맞고 사라졌다.

신민당은 1986년부터 대통령 직선제 개헌을 위한 장외투쟁에 돌입했고, 전두환 정부와 여당인 민주정의당(민정당)도 야당의 공세에 밀려 국회 내에서 개헌을 위한 논의를 시작했다. 협상 과정에서 야당은 대통령 직선제를 주장한 반면, 여당은 의원 내각제를 주장했다. 그런데 1986년 12월 신민당 총재 이민우가 갑자기 당론과는 달리 의원 내각제 개헌도 가능하다는 발언을 하여, 야당 총재가 집권세력의 정치 공작에 넘어간 것이 아니냐는 의혹이 제기되었다. 이에 1987년 4월 8일 김영삼, 김대중계의 국회의원 74명이 대거 신민당을 탈당했고, 4월 13일 선명 야당의 기치를 걸고 통일민주당 발기인대회를 개최했다. 그런데 바로 이날 전두환 대통령이 TV에 나타났다.

전대통령은 방송에서 이야기할 때마다 항상 "본인은…" 하고 시작했다. "저는"이라고 말하면 약해 보이는 것일까? 그날도 언제나 그러하듯 단호한 표정을 지으며 "본인은 임기 중 개헌이 불가능하다고 판단하고 현행 헌법에 따라 권력을 이양하겠다."라고 발표했다. 더이상 개헌 논의나 협상 같은 것은 없으며, 다음 대통령도 기존 헌법에 따라 간접선거로 선출하겠다는 것이었다. 4·13호헌조치는 정치적 협상의 가능성 자체를 봉쇄함으로써 민주화를 열망하는 많은 사람들의 분노와 행동을 촉발했다.

4·13호헌조치에 반발하는 대학교수들의 시국선언이 이어졌다. 정국이 다시 요동치는 상황에서, 1987년 5월 18일 서울 명동성당에서 5·18민주화운동 7주년을 기념하는 미사가 열렸다. 이날 김승훈 신부는 천주교정의구현사제단을 대표해서 박종철 사건이 축소 은폐되었다고 폭로했다. 김신부는 이미 감옥에 가 있는 두 명의 경찰 이외에 고문에 직접 가담한 경찰이 세 명이나 더 있다는 것과, 경찰 간부들이 이 사건을 축소 조작했다는 사실을 폭로했다. 또한 검찰 역시 그 진실을 알고 있으면서도 제대로 밝히지 않았다고 주장했다. 이 폭로로 다시 큰 파문이 일었다. 검찰은 마침내 재수사에 착수했고, 고문에 직접 가담한 황정웅 경위, 반금곤 경장, 이정호 경장 등 경찰 세 명이 추가로 구속되었다. 또한 이 사건의 축소 조작을 주도한 경찰 간부인 치안본부 5차장 박처원, 대공수사 2단 5과장 유정방, 5과 2계장 박원택도 구속되었다. 진실이 또 한꺼풀 벗겨지는 순간이었다.

박종철 사건의 축소 조작에 대한 제보는 애초 두 명의 경찰이 구속 수감된 영등포구치소로부터 나왔다. 당시 여기에 갇혀 있던 민주화운동 가 이부영은 교도관 등으로부터 고문 혐의로 잡혀간 두 명의 형사가 가 족들과의 면회에서 자신들이 모든 것을 뒤집어썼다고 억울해한다는 이 야기를 들었다. 경찰 간부가 면회를 와서 이들에게 돈이 든 통장을 보여 주며 회유하고 갔다는 소식도 들려왔다. 이부영은 원래 기자 출신이었 다. 그는 교도관 등을 통해 가능한 한도까지 조각조각 사실을 캐내고 취 재했다. 그리고 교도관 한재동의 협조를 얻어, 관련 사실을 3통의 편지 로 정리해 밖으로 내보냈다.

이 편지는 재야 민주화운동가 김정남이 입수했다. 조작된 사실을 폭 로해야 하는데, 이건 간단한 일이 아니었다. 감옥에서 전달된 정보를 알 기 쉽게, 일목요연하게, 당시의 정치적 맥락을 곁들여 가급적 명확하고 짧게 정리해야 했다. 김정남은 당시 수배 중이라 행동이 자유롭지 못했 지만, 박종철 사건에 대한 신문 보도를 모조리 뒤져 참조하면서 이부영 이 전달한 사실들을 다시 정리해 하나의 문건으로 만들었다. 문제는 이 것을 어떻게 세상에 폭로하느냐였다. 김정남은 우선 야당의원과 접촉해 대정부질의 때 이 사실을 폭로해줄 것을 부탁했다. 그런데 야당의원은 "자신을 시험에 들지 않게 해달라"고 거꾸로 사정해왔다. 부담이 컸던 것이다. 결국 이 일은 함세웅 신부 등의 노력으로 천주교 정의구현사제 단이 맡게 되었다. 진실은 물론 언젠가는 드러난다. 그러나 그냥 드러나 지는 않는다. 수많은 사람들의 번민과 용기 있는 행동, 사실을 확인하려 는 치밀한 노력이 있어야 드러나는 것이다.

국민운동본부 결성

　　　　　　　　　　　많은 사람들이 역사를 단선적으로 설명하려 하지만, 실제 역사는 일직선을 그리며 전개되지 않는다. 역사는 언제나 다양한 갈림길에 놓여 있으며, 다양한 가능성이 교차하고 경합하는 과정 속에서 진행된다. 역사의 전개에서 물론 객관적으로 작동하는 구조와 틀은 존재한다. 그러나 구조가 작용은 하지만 역사의 향방을 완전히 결정짓는 것은 아니다. 각 개인 또는 집단들이 어떻게 행동하느냐에 따라 엎치락뒤치락하며 역사의 경로가 정해진다. 단지 사람들이 이러한 복잡한 과정을 설명하기 어려워 직선적으로, 도식적으로 역사를 설명할 따름이다.

　4·13호헌조치와 박종철 사건의 축소 조작 폭로는 사람들의 분노가 문턱을 넘어 모종의 행동으로 갈 수 있는 전환점을 형성했다. 침체되었던 학생운동이 다시 살아나는 조짐을 보였다. 1987년 5월 23일 서울 지역 총학생회의 연합회인 '서울 지역 대학생대표자협의회'(서대협)가 결성되고, 5월 29일에는 각 대학 투쟁조직의 연합체인 '서울 지역 학생협의회'(서학협)가 결성되었다. 서대협과 서학협을 이끈 학생들은 학생운동의 대중성 회복을 중시했다. 1986년 자민투, 민민투 논쟁을 거치면서 학생운동이 너무 급진화되어 일반 학생들과도 괴리감을 형성하고, 전사회적으로도 고립되는 양상이었다. 이에 학생운동의 대중성 회복을 강조했던 것이다.

　서대협은 5월 23일 탑골공원에서 5·18민주화운동 7주년 범국민 민주영령 추모대회를 개최하면서 본격적인 투쟁에 나섰다. 서대협은 대중

28

노선을 관철시키기 위해 학생들에게 돌, 화염병, 각목 등 어떤 것도 휴대하지 못하도록 지침을 내렸다. 헌신적인 투쟁과 대중의 지지로 난관을 돌파한다는 것이었다. 구호도 급진적인 구호는 일단 접고, 오직 "호헌철폐" "민주쟁취"로 단일화했다. 서대협이 총력을 기울였지만 5월 23일 집회에는 1000~2000명 정도의 학생만 탑골공원에 모였다. 그러나 이날 각 대학의 학생회 간부들은 혈서로 투쟁의 의지를 다졌고, 학생들이 비폭력 또는 덜 폭력적인 수단으로 전투경찰과 맞서자 시민들이 "우우~"하는 야유와 함께 전경들에게 항의하기 시작했다. 당시 학생운동을 했던 서울시립대 86학번 정원오는 서대협 하면 기억나는 것이 "한 사람의 열 걸음보다 열 사람의 한 걸음"이라는 구호였다고 했다.

직선제 개헌을 바라는 각계각층 인사들의 힘을 모으기 위한 움직임도 빠르게 진행되었다. 재야 민주화운동 인사, 야당 정치인, 종교인 등은 1987년 5월 27일 '호헌철폐 및 민주헌법쟁취 국민운동본부' 발기인 대회를 개최하기로 했다. 경찰의 삼엄한 감시와 통제를 뚫고 민주화운동 관련 여러 단체와 조직을 대표하는 사람들이 한곳에 모여 회합한다는 것 자체가 당시에는 정말 어렵고도 어려운 일이었다. 사전에 광화문과 종로 도심 한복판에 있는 성공회 대성당, 향린교회, 복음교회, 종로기독교회관 네 곳을 행사 장소로 미리 교섭해놓고, 27일 당일 아침 상황을 보아 최종적으로 가장 적합한 장소를 선정해 집결하는 작전을 짰다. 새벽의 고요함이 가시지 않은 27일 오전 6시, 민주화운동가 황인성이 예비 모임 장소 네 곳을 둘러보며 답사를 했다. 성공회 대성당 앞에는 전경 버스가 서 있었다. 향린교회 근처에 전경과 형사가 지키고 있었지만 골

목 안에 자리 잡은 교회 앞에는 아무도 없었다. 황인성은 오전 7시쯤 종로 YMCA 건물로 와서 오충일 목사와 논의 끝에 최종적으로 향린교회를 발기인대회 장소로 결정했다. 이 무렵 각계각층의 인사를 대표한 발기인들은 형사와 정보기관원들의 추적을 알아서 따돌리고 시내 다방 등 중간 집결지로 모여들고 있었다. 황인성은 종로3가 전철역으로 향했고, 이곳에서 오전 8시경 하나둘씩 나타나기 시작한 연락 책임자들을 하나하나 직접 내변하면서 '향린교회'라고 속삭였다. 연락 책임자들은 곧바로 발기인들이 모여 있는 중간 집결지로 퍼져나갔다.

당시에는 휴대폰 같은 것도 없었는데, 이런 방식으로 불과 30여 분만에 경찰들이 삼엄하게 지키고 있는 명동성당 바로 코밑에 있는 향린교회로 전국 2191명의 발기인을 대표하는 150명의 각계 인사들이 모이는 데 성공했다. 원래 이날 발기인대회를 하고 다음 날 결성대회를 가질 예정이었지만, 당국의 감시가 너무 삼엄해 발기인대회와 동시에 결성대회도 치르기로 했다. 여기서 조직의 명칭을 '민주헌법쟁취 국민운동본부'(국본)로 확정했다. 김승훈 신부가 결성선언문을 낭독하고, 만세삼창 순으로 결성대회를 마쳤다. 그리고 모여든 기자들에게 조직 결성 사실을 알렸다. 경찰은 나중에야 헐레벌떡 뛰어왔다.

국본은 재야 민주화운동, 청년운동, 노동운동 등 각 부문 운동 대표들, 야당 정치인과 종교인 등 각계각층을 망라한 조직이자 각 지역별 대표자들까지 참여한 전국적인 조직이었다. 이러한 조직이 만들어진 것 자체가 민주화운동 역사에서 극히 이례적이었다. 국본은 재야인사와 야당 정치인들이 만든 '박종철 군 고문살인 은폐조작 범국민대회 준비위원회'와 함께 여당인 민정당이 대통령 후보를 추대하는 당대회가 열릴 예정인 6월 10일에 대규모 집회 및 시위를 단행하기로 하고 이를 준비해 갔다.

연세대생 이한열

연세대 경영학과 86학번 이한열은 박종철의 죽음에 분노하여 행동한 젊은이 중에 한 사람이었다. 이한열은 학자가 될 꿈을 꾸고 있었다. 그는 일기에 대학원에 가서 조직행동 분야를 연구하고, 유학도 가고, 모교에서 강의도 하고 싶다고 썼다. 그리고 "더불어 남을 인식하고 좀더 넓은 것을 알기 위해서 사회과학 공부를 병행할 생각이다. 그리고 현재 처한 모순을 타파하기 위해 젊음을 발산하려 한다."라고 했다.

이한열은 사회 현실을 외면하기 어려워, 1학년 때부터 '민족주의 연구회'라는 이념 써클에서 '사회과학'을 학습하며, 학생운동에도 참여했다. 그런데 박종철 사건으로 어수선하던 1987년 4월의 어느 날 고향인 광주에 사시던 한열의 어머니가 그가 누나와 함께 생활하던 서울 개봉동 자취방으로 갑자기 연락도 없이 찾아왔다. 어머니는 누나로부터 한열이가 학과 공부보다는 사회과학 서적 같은 것이나 읽고, 학생운동을 하는 친구들과 어울려 지낸다는 말을 듣고 걱정이 되어 찾아온 것이었다. 그날 밤 이한열은 온몸에 최루탄 냄새를 풍기며 자취방으로 들어왔다. 어머니는 한열에게 왜 공부는 안 하고 데모나 하고 다니느냐고 야단을 치며, "당장 짐 싸그라!"라고 했다. 한열은 묵묵히 짐을 챙겨 어머니를 따라 광주 고향집으로 가서 하룻밤 잤다.

그러나 이 아들은 집에 오래 머무를 수 없었다. 그의 머릿속에는 내일 잡혀 있는 87학번 후배들과의 학습, 이틀 뒤에 있을 4월혁명 기념식 생각이 떠나지 않았다. 부모님의 기대를 저버리기도 어렵지만, 박종철처럼 독재정권과 맞서 싸우다가 희생당한 동료들을 외면하기도 어려웠나. 한열은 아침에 일어나자마자 아침밥을 먹고 어머니에게 서울로 다시 올라가겠다고 했다. 어머니가 "그럴 거면서 어젯밤에는 왜 엄마를 따라 왔냐?"라고 하니 "하룻밤 집에서 자면서 엄마를 안심시키고 싶어서 그런 거예요."라고 대답했다. 그는 거듭 걱정하지 마시라고 하면서 집을 떠났다.

그로부터 한 달 반쯤 지난 1987년 6월 9일 이한열은 교문 앞에서 진압 경찰과 싸우고 있었다. 이날은 하루 앞으로 다가온 '6·10국민대회'에 학생들의 참여를 독려하고, 결의를 다지기 위해 각 대학에서 출정식이 있었다. 출정식을 마치고 연세대 학생들이 교내 시위를 벌였다. 통상 시위 때면 2학년 학생들이 맨 앞에 나가 가장 과격하게 싸우는 것이 일반적이었다. 1학년에 비해 시위 경험이 있고, 3~4학년과는 달리 각종 '조직'에서 아직 그리 중요한 역할을 맡고 있지 않기 때문이었다. 한열은 각목과 화염병으로 무장한 동료 학생 30~40명과 함께 교문 앞 5미터 지점까지 진출해 전투경찰과 직접 대치했다. 탕, 탕, 탕, 최루탄 발사 소리가 들려오고, 최루탄 깡통이 쐐액 소리를 내며 날아올랐다. 학생들은 재빨리 뒤돌아 학교 안으로 도망쳤는데, 이한열이 뒤돌아서는 순간 최루탄

하나가 직선으로 날아와 그의 뒷머리를 강타했다. 도서관학과에 다니던 이종창이 쓰러진 이한열을 일으켰다. 몸은 이미 축 늘어져 있었고, 뒷머리에서 피가 나고, 코에서도 피가 흐르고 있었다. 한열은 학교 바로 옆 세브란스병원 응급실로 옮겨졌는데, 지독한 최루탄 냄새 때문에 의사와 간호사가 눈을 제대로 뜨지 못해 한동안 진료가 불가능했다. 한열은 병원에 도착할 당시에는 의식도 있었고, 간간이 말도 했다. 그는 온몸을 쥐어뜯으며 "뒤통수"라고 외치기도 하고, "전신마비"라고 외치기도 했다. "내일 시청에 나가야 하는데"라고 하면서 걱정하기도 했다.

그러나 그는 점점 의식을 잃어갔다. 최루탄이 이한열의 뒷머리를 강타해 두개골이 함몰되는 순간에 폭발했는데, 이때 뇌관에서 나온 작은 금속성 파편이 그의 손상된 두개골을 뚫고 뇌 속에 박혀, 혈관을 타고 뇌 조직을 파괴하고 있었던 것이다. 한열은 6월항쟁 기간 내내 의식을 잃고 사경을 헤맸다. 학생들이 병원에 몰려들어 그를 지키며 농성을 했다. 이대학 아이스하키 선수 백성기는 한열이 부모님의 경호를 맡아주기도 했다. 민중화가 최병수도 병원에 찾아와 학생들과 함께 최루탄에 피격당한 이한열이 친구의 부축을 받는 장면을 대형 판화로 만들어 걸었다. 학생들은 "군부독재 타도하고 2학기에 공부하자" "군부독재 타도하고 부모님께 효도하자"는 구호를 외치면서 6월항쟁에 돌입했다.

최루탄과 화염병

이한열을 죽음으로 몰고간 최

루탄은 1980년대 경찰이 시위 진압용으로 가장 많이 사용한 'SY-44탄'이었다. 이것은 원통형 깡통 모양인데 총을 이용해 화약추진력으로 쏘아올려 시위대의 머리 위에서 터지면서 최루탄 분말을 살포하는 방식이다. 학생들은 이를 '깡통탄'이라 불렀다. 이밖에 당시 경찰이 사용하는 최루탄으로는 수류탄처럼 손으로 던지는 'KM-25탄'도 있었다. 모양이 사과 같아 보여 '사과탄'이란 별명을 얻었다. 1985년부터는 전기 점화에 의해 로켓탄처럼 날아가는 다연발 최루탄도 등장했다. 다연발 최루탄을 발사하면 다연장 로켓포가 터지는 것과 흡사한 불꽃과 폭발음이 나면서, 필름 카메라에 넣는 필름이 들어 있는 까만색 통 모양의 작은 통 수백 개가 공중에서 하얀 최루가스를 내뿜고, 지그재그 불규칙 운동을 하면서 순식간에 광대한 지역에 연막을 형성했다. 시위대는 다연발 최루탄을 '지랄탄'이라 불렀는데, 이것이 터지는 순간 정말 문자 그대로 '지랄' 같은 상황이 창출되었다.

각각의 최루탄들은 독특한 발사 방식과 분사 방식, 그리고 각기 독특한 고통과 자극, 색깔과 냄새를 갖고 있었다. 깡통탄은 노란색 분말인데 눈을 자극하고, 기침을 유발하는 정도를 넘어 얼굴과 목 주위 피부까지 바늘로 사정없이 찌르는 것 같은 통증을 주었다. 사과탄은 하얀색 분말인데 자극의 강도는 약하지만 손으로 던지는 것인 만큼 근거리에서 터져 위협적이었다. 지랄탄 가스는 흰색인데, 눈과 피부 자극보다는 뱃속 깊숙이 들어와 메슥거리게 만들어, 토할 듯하면서도 잘 토해지지 않는, 그야말로 시위대의 기운을 쏙 빼놓는 효과를 발휘했다. 깡통탄으로 피부가 심하게 자극된 상태에서 지랄탄으로 속까지 메슥메슥해지면 정말 어찌할 수 없는 문자 그대로의 상태에 빠지게 된다.

당시 최루탄은 대부분 국산화되어 국내 방위산업체에서 생산되고 있었다. 경찰은 시위 현장에서 엄청난 양의 최루탄을 사용했다. 1984년 경찰은 총 9만 1000발, 총 비용 17억 4000여만 원어치의 최루탄을 사용했다. 1985년에는 전해에 비해 2배가 넘었는데, 총 20만 4000발, 총 비용 39억 7000만 원어치의 최루탄이 뿌려졌다. 1986년은 1월부터 9월까지 9개월 동안에만 총 31만 3000발, 총 비용 59억 4000만 원어치의 최루탄이 사용되었다. 시위 횟수나 참여 인원 면에서 1986년은 1985년과 큰 차이가 없었다. 그러나 최루탄 사용량은 엄청나게 증가했다. 군사독재 정권은 이처럼 엄청난 '고비용' 구조를 갖고 있었다.

경찰이 사용하던 최루탄은 시위 진압용이라기보다는 군사용에 가깝다는 의혹을 받았다. 최루탄에 장시간 노출되면 주로 목 주위에, 여학생의 경우 가슴 부위까지 수포가 발생하는 등 여러 피부병이 유발되었다. 총으로 발사하는 깡통탄의 경우 45도 각도 이상 곡사로 발사해서 시위대의 머리 위에서 터지게 하는 것이 규칙이었다. 그러나 진압 경찰이 격렬한 시위에 자극을 받으면 이러한 원칙을 지키지 않는 경우가 있었다. 직사로 최루탄을 발사할 경우 최루탄 깡통이 시위대의 얼굴을 향해 날아오고, 이는 커다란 부상을 유발할 수 있었다. 특히 눈 주위에 직격탄을 맞아 실명하는 학생들도 다수 발생했다.

반면 학생들은 돌과 화염병으로 진압 경찰에 대응했다. 학생들이 사용한 돌은 주로 보도블록을 깨서 만든 것으로 크고 무거웠다. 진압 경찰은 로마 병정이 쓰는 것 같은 투구 모양의 철제 방석모와 속에 대나무가

이한열을 죽음으로 몰고간 최루탄에 반대하는 시민들.

들어 있는 방석복을 착용했지만, 이는 충분한 보호장구가 되지 못했다. 게다가 장비 자체가 무겁고 거추장스러워 진압 경찰의 행동을 제약했다. 특히 더운 여름이 문제였다. 학생들이 던지는 돌을 피하지 못할 경우 치명적인 부상을 입을 수도 있었다. 학생들이 던진 돌에 머리를 맞아 전경(이호경 일경)이 숨지는 사건도 있었다.

화염병은 1986년부터 시위 현장에 본격적으로 나타났다. 화염병은 인화물질을 소주병에 담아 불을 붙여 던지는 것이다. 이것이 투척될 경우 반경 1미터 또는 1.5미터 정도의 공간에 1~2분 정도 화염이 발생했다. 화염병은 진압 경찰에게 아주 심각한 부상을 입혔을 뿐만 아니라 시위가 벌어진 대학가 인근 상점을 불태우는 등 많은 재산 피해를 야기했다. 1985년부터 진압 경찰은 진압복에 방염처리를 했지만 비를 맞거나 세탁을 하면 거의 효능이 사라지기 때문에 큰 효과는 없었다고 한다. 많은 경찰이 화염병으로 인해 중상을 입었고, 후유 장애도 발생했다.

1980년대 시위 과정에서 경찰은 최루탄보다 더 강력한 진압장비를 사용할 수 있었고, 학생들 역시 돌과 화염병보다 더한 것을 사용할 수도 있었다. 그러나 양측 모두 그 이상의 폭력수단을 사용하지는 않았다. 과도한 폭력의 사용이 시민들의 여론을 악화시킬 것을 우려했기 때문이었다. 결국 문제는 최루탄과 화염병이 난무하는 상황에서 사람들이 어느 쪽의 폭력을 더욱 부당한 것으로 보느냐였다. 전두환 정권기의 상황은 지속적인 저항 속에서 돌과 화염병보다는 경찰의 최루탄 사용을 더 비난하는 상황으로 옮겨갔다. 6월항쟁 때 시민들이 외친 "쏘지 마, 쏘지 마"라는 구호는 군사독재 정권을 떠나보내는 확실한 장송곡이었다.

6월항쟁

마침내 1987년 6월 10일이 왔다. 이날 오전 여당인 민정당은 잠실체육관에서 전당대회를 치르고, 노태우를 차기 대통령 후보로 추대했다. 이 집회에는 당시 유명 개그맨이 나와 야당 지도자를 비난하며 자신의 유행어 "지구를 떠나거라!"를 날렸다. 이 사람은 다수 시민들의 질타와 조롱을 받았다.

국본은 이날 "박종철 군 고문살인 은폐규탄 및 호헌철폐 국민대회"를 거행했다. 시민들의 참여를 독려하기 위해 일부러 퇴근시간인 오후 6시에 대회를 시작했다. 이때는 마침 올림픽을 앞두고 서머타임제가 실시되어 오후 9시까지 해가 지지 않았다. 국본은 미리 발표한 '6·10국민대회 행동요강'을 통해 오후 6시 국기 하강식을 기해 전시민은 있는 자리에서 애국가를 제창하고, 그것이 끝난 후 자동차는 경적을 울리고, 전국 사찰, 성당, 교회는 타종을 하고, 상황과 형편에 따라 만세삼창을 하라는 지침을 내렸다. 그리고 폭력을 사용하거나 기물 손괴 등을 자행하는 사람은 국민대회를 오도하려는 외부세력으로 규정한다며, 비폭력 저항을 강하게 강조했다.

오후 6시가 다가오자 성공회 대성당 확성기에서 애국가가 울려퍼지고, 종이 42회 울렸다. 1945년 해방 이후 42년 동안 지속된 민주주의를 위한 노력과 희생을 상징하는 것이었다. 각 교회와 성당에서도 종이 울렸다. 곳곳에 모인 사람들이 시위를 전개했다. 민주화운동을 하다가 감옥에 가거나 박해를 당한 가족의 모임인 민주화실천가족운동협의회(민가협) 여성 회원들은 고난과 평화를 상징하는 보라색 스카프와 손수건을 흔들며 거리를 행진했다. 머뭇거리던 남녀 시민들이 박수를 치거나, "쏘지 마"라고 외치거나, 고층건물에서 두루마리 휴지를 날려 공중에서 풀리면서 꽃종이가 내려오듯 하게 만들거나, 차량의 경적을 울리는 등 작은 행동, 그러나 예상하기 어려웠던 다양한 행동으로 호응했다.

국본은 6·10국민대회에 전국 22개 지역에서 24만 명이 참여했다고 발표했다. 1919년 3·1운동, 1960년 4월혁명 때에도 같은 날 이토록 많은 지역에서 동시다발적으로 시위가 벌어진 경우는 없었다. 그동안의 수많은 희생과 좌절, 실패의 연속 속에서, 그러나 지치지 않고 진행되어 오던 민주화운동이 응축되어 폭발하는 순간이었다.

이날 명동성당에는 경찰의 최루탄 난사에 쫓긴 학생과 시민이 몰려들어왔다. 1986년부터 성당에서 천막농성을 하던 상계동 철거민 73세대 200여 명이 이들을 맞이했다. 성당 앞에서 심야까지 경찰과 대치하다가 새벽 3시경 인원 점검을 해보니 대학생 500명, 노동자 30여 명, 상계동 주민 80여 명, 일반 시민 150명가량이 성당에 모여 있었다. 성당에 모인 사람들은 대표를 선출하고 아침이 오면 어떻게 해야 할지를 논의했다. 일부 시위 주동자급 학생들은 국본의 지침에 따라 농성을 해산하자고 했지만 오히려 평범한 학생들과 시민들이 계속 명동성당에 남아 저항하자고 주장했다. 이들은 "역사의 진행은 우리 예측대로만 진행되는 것이 아니다."라고 하면서 학생들은 캠퍼스에서 쉽게 모일 수 있지만, 일반 시민들에게 투쟁의 집결지는 쉽게 마련되지 않는다면서 명동성당 농성 사수를 주장해 농성이 지속되었다.

정말 예측할 수 없는 일들이 연쇄적으로 일어났다. 다음 날 6월 11일 점심시간 무렵 넥타이를 맨 회사원으로 보이는 사람들이 명동성당 주변에 나타나 성당 앞에서 싸우고 있는 학생과 시민들에게 박수를 보내고, 구호를 따라 부르며 호응했다. 이른바 넥타이 부대의 출현이었다. 농성을 후원하기 위해 모금이 시작되고, 순식간에 2039만 원의 성금이 모였다. 성당 인근에 있던 여학교 학생들은 도시락을 모아 가져다주었다. 명동성당 농성은 6월 15일까지 이어졌고, 서울 시내 각 대학교 학생들은 명동성당에 있는 학우를 구출하러 간다며 매일 오후 집회를 열고 도심으로 향했다. 명동성당 농성은 6월항쟁이 장기화되고, 더욱 확산되는 데 결정적으로 기여했다.

6월항쟁에서는 또한 지방 도시의 활약이 두드러졌다. 특히 부산에서의 항쟁은 그 규모와 열기가 놀라운 수준으로, 6월항쟁 전체에 지대한 영향을 미쳤다. 서울 명동성당과 마찬가지로 부산에서도 가톨릭센터에서 학생들이 장기 농성을 하며 연일 시위를 이어갔다. 부산 시민들은 뭐든지 한번 하면 화끈했는데, 한번 시위가 시작되면 동이 틀 때까지 이어지기도 했다. 6월 18일 새벽 서면 로터리에서 택시들이 심야 경적 시위를 했다. 이날 오후 서면 로터리는 최루탄 추방대회에 참가한 인파로 가득 찼다. 이 시위는 철야로 이어졌다. 19일은 비까지 내렸지만 시위가 계속되었다.

19일 새벽 시위대는 부산 KBS 건물을 포위했다. 경찰 6개 중대가 이 건물을 지키고 있었는데, 최루탄이 떨어져갔다. 1980년 광주의 5·18민주화운동 때 발생했던 방송국 방화 같은 사태가 발생할 위험도 있었다. 부산에서만 최루탄이 부족했던 것은 아니고, 전국적으로도 마찬가지였다. 당시 경찰이 비축하고 있던 최루탄은 1만 7400발 정도였다. 그런데 이 중 1만 5000발은 최후의 비상사태에 대비하기 위해 마련해둔 예비 비축분으로 경찰총수와 장비창고 담당자만 알고 있는 물량이었다. 6·10국민대회 이후 경찰은 하루 평균 2만 발이 넘는 최루탄을 사용하고 있었다. 부산에서의 긴급사태를 해결하기 위해 경찰총수인 치안본부장은 6대의 헬기를 움직여 부산 수영공항까지 최루탄을 날랐다. 시민들의 눈을 피하기 위해 부산 시내 경찰서까지는 쓰레기 청소차를 동원해 날랐고, 다시 경찰서에서 부산 시내에 산재한 각 진압부대에는 민간인 승합차, 일명 봉고차로 나르는 작전이 실행되었다. 그러나 최루탄을 탑재한

봉고차가 포위된 KBS 건물로 향하던 중 시위대에게 발각당하는 사건이 발생했다. 시위대의 습격으로 경찰관 두 명이 팔이 부러지고 머리가 터지는 중상을 입었지만, 봉고차는 마침내 KBS 건물에 도착하는 데 성공했다.

6월 19일은 경찰의 수난일이었다. 이날 부산에서는 회사원 이원춘 씨가 고가도로에서 떨어져 사망했고, 전투경찰 한 명도 자살을 했다. 사망한 경찰은 평소 동료들에게 "근무가 고되어 못살겠다."고 했으며, 시위 진압 위로금 문제를 가지고 고참과 언쟁을 했다고 한다. 같은 날 밤 대전에서도 한 야채 노점상이 버스를 탈취해 몰고 가다가, 저지선을 구축하고 늘어선 전경들을 덮쳤다. 충남 기동2중대 소속 박동진 일경이 사망하고, 두 명의 전투경찰이 중상을 당하는 불상사가 일어났다. 박동진 일경은 고향인 이천에서 고등학교를 졸업하고, 군대에 입대해 전투경찰이 된 청년이었다. 언론 보도에 의하면 그는 제대한 후 가업을 이어받아 농사를 지으려 했었는데, 그에게는 이렇게 소박하게 살아갈 기회도 주어지지 않았다. 박일경의 아버지는 인터뷰에서 "전투경찰인 아들이 같은 또래의 젊은이들이 벌인 시위 과정에서 숨진 것이 안타깝다."고 했다.

같은 날 6월 19일 오전 전두환 대통령은 청와대에 고위 군 장성들을 불러모았다. 경찰만으로는 시위 진압이 어렵다고 생각해, 1980년 5월 18일에 그러했던 것처럼 비상조치를 실행하려 했다. 그러나 경찰과 군 모두에서 군 투입 조치에 미온적이거나 반발하는 흐름이 있었고, 미국도 압력을 가해와 결국 단념할 수밖에 없었다. 전국적으로 시위대가 거리에 나서고, 시민들이 박수와 호응을 보내고 있는 상황에서 군이 투입

될 경우 사태가 어디로 갈지 예측이 불가능했기 때문이다.

6월 24일 타협을 위해 전두환 대통령과 야당인 통일민주당 총재 김영삼이 영수회담을 했지만, 김영삼은 회합 직후 회담 결렬을 선언했다. 6월 25일 야당 지도자 김대중이 오랜 가택연금에서 해제되었다. 6월 26일 국본은 다시 '국민대행진'으로 명명된 전국적·동시다발적인 대규모 시위를 기획했다. 이날은 무안군, 완도군, 거창군, 광양군 등 군 단위 지역까지 포함해 전국 37개 시·군에서 시위가 발생했다. 6월항쟁 중 가장 큰 시위였다. 경찰은 전국적으로 5만 8000명이 참여했다고 했고, 국본은 130만 명의 참여를 주장했으며, 주요 일간지들은 20여만 명이 참여했다고 보도했다. 마침내 6월 29일 민정당 대통령 후보 노태우가 직선제 개헌 등을 약속하는 6·29선언을 발표함으로써 6월항쟁은 항쟁 주체들의 승리로 일단락되고, 한국은 민주화 이행을 시작하게 되었다.

6월항쟁이 6·29선언으로 일단락된 직후인 7월 5일 새벽, 사경을 헤매던 이한열이 더이상 버티지 못하고 사망했다. 7월 9일 연세대 교정에서 영결식이 열렸고, 노제가 벌어진 시청광장에는 10만 명이 넘는 인파가 모여 장지인 광주 망월동으로 가는 이한열을 배웅했다.

진실과 연대의 의미

6월항쟁의 출발점이 된 6·10국민대회의 정식 명칭은 "박종철 군 고문살인 은폐규탄 및 호헌철폐 국민대회"였다. 사실상 고문을 규탄하는 것과 개헌처럼 정치구조 자체를 바꾸는 것은 사안 면에서 엄청나게 큰 차이와 간격이 있다. 박종철 고문치사라는 개별적인 사건이 헌법 개정과 대통령 직선제 부활, 민주화 이행이라는 거대한 정치적·역사적 전환으로 어떻게 연결될 수 있었을까? 그것이 연결되는 중요한 고리는 진실규명이었다.

권력을 쥔 사람들은 그 힘을 바탕으로 다른 사람의 삶의 조건과 행동을 통제할 뿐만이 아니라 사회 여론, 사고와 관습까지도 쉽게 장악한다. 소수의 헌신적인 사람들이 계란으로 바위치기 같은 저항을 하거나, 권력의 치부가 드러나는 사건이 생겨 권력의 단단한 보호막에 작은 균열이 생겨도, 권력은 자신이 가진 다양한 힘을 활용해 쉽게 균열을 봉합해 간다. 그러나 어느 순간 떨면서도 진실을 말하는 사람들이 생겨나고, 진실에 관심을 갖고 알고자 하는 사람들이 많아지면, 그 균열은 쉽게 봉합되지 못한다. 점차 많은 사람들이 그 균열 사이로 어렵게 빠져나와 희생자를 애도하며 더 큰 진실을 밝혀내려 노력하고, 뿔뿔이 흩어진 무기력한 시민들이 연대감을 형성하기 시작한다.

4월혁명 때는 김주열의 죽음이 있었고, 6월항쟁 때는 박종철과 이한열의 희생이 있었다. 한양대 84학번 김정수는 6월항쟁을 회고하며 "지금 와서 보면 1987년 6월 9일까지는 박종철 열사가 투쟁을 했고, 6월 10일부터는 이한열 열사가 투쟁을 했다는 생각이 든다."라고 했다.

사람들이 억울한 죽음에 항의할 때 더 큰 진실이 드러나며, 시민들의 연대와 행동도 커져간다. 다수의 사람들이 박수와 야유를 보내고, 자동차 경적을 울리고, 점심시간에라도 나와서 호응하는 등 작은 행동이라도 하면, 권력은 더이상 수습하기 어려운 균열을 맞게 되고, 결국 항복하거나 양보한다. 그러면서 어느 순간 문턱을 넘어 역사의 전환이 이루어지는 것이다. 평소에 보이지 않았던, 존재감이 없었던 평범한 작은 사람들, 그러나 대다수의 사람들이 작은 행동의 변화를 보일 때, 역사가 바뀌는 것이다.

계속되는
진실을 향한 물음

그런데 지금도 우리는 박종철 사건의 모든 것을 알고 있는 것은 아닌 것 같다. 최근 박종철 사건을 수사한 검사 한 사람이 이 사건의 은폐 조작에 가담했다는 의혹과 문제 제기에도 불구하고, 논란 끝에 이 나라의 대법관이 되었다. 30년 가까운 시간이 흘렀지만 그날 박종철이 경찰에 연행된 시간 같은 단순한 사실도 여전히 논란거리다. 경찰은 박종철을 그의 하숙집에서 1987년 1월 14일 오전 8시 10분에 연행했다고 주장했지만, 하숙집에 있었던 사람들이 다른 진술을 하자 오전 7시대로 시간을 변경했다. 박종철의 지인들은 그날 종철은 하숙집에 들어간 사실이 없다고 이야기한다. 유족들은 13일에서 14일로 가는 한밤중 자정 무렵 그가 하숙집 근처에서 연행되었을 것으로 본다. 이것이 사실이라면 박종철은 남영동 대공분실에 더 오래 머물다가 사망했다는, 더 오랜 시간 고문 등 가혹행위를 당했다는 것을 의미한다.

박종철이 끌려간 남영동 대공분실은 당대 최고의 건축가 김수근이

남영동 대공분실에 있는 회오리 모양의 철제 원형계단.

설계한 것으로 알려져 있다. 검은색 벽돌 건물로 곳곳에 멋을 낸 건축물이다. 이 건물 5층에 있는 조사실로 올라가는 계단 중에는 회오리 모양으로 빙글빙글 돌아가는 철제 원형계단이 있다. 철제 원형계단은 건축가 김수근의 일종의 시그니처 같은 것이었나 보다. 그의 사무실이 있던 '공간' 사옥에도, 그가 누이에게 설계해준 집에도 비슷한 모양의 원형계단이 있다. 그런데 남영동 대공분실로 연행된 사람들이 5층 조사실로 통하는 원형계단을 빙글빙글 돌며 올라갈 때 어지럽고 공간 감각이 사라져 더욱 공포스럽지는 않았을까?

남영동 대공분실로 연행된 사람들은 두건으로 얼굴을 가린 채 건물 뒤쪽에 있는 출입구로 들어온다고 한다. 이 출입구는 문이 정면에서는 보이지 않는다. 벽면 안으로 움푹 팬 공간이 있고, 왼쪽 벽면에 직각으로

문이 달려 있다. 움푹 파인 곳의 오른쪽 부분은 둥글게 부채꼴 모양의 곡선으로 처리했다. 뒷문으로 들어온 연행자는 5층까지 아마도 철제 원형 계단을 밟으며 올라갔을 것이다. 5층에 이르면 가운데 복도가 있고, 좌우로 아파트 현관문 모양의 녹색 철제문을 단 조사실이 칸칸이 늘어서 있다. 원형계단에서 복도로 연결되는 곳에도 조사실 문짝과 똑같이 생긴 철문을 달아 놓았다. 체포된 사람들이 혹시 조사실에서 도망쳐 나와도 어느 문을 열어야 계단인지 알 수가 없다.

조사실은 일반적인 교수 연구실의 반 칸 정도밖에 안 되는 크기다. 여기에 들어서면 침대가 있고, 조사받는 책상이 있는데 자해 등 사고를 방지하기 위해 침대와 책상 모두 볼트와 너트로 바닥에 단단하게 고정되어 있다. 벽면은 녹음실처럼 구멍이 뚫린 마감재로 처리하여 소리가 밖으로 새어나가는 것을 막았다. 그리고 창가 쪽에 허리 정도까지만 오는 타일 벽으로 칸막이가 된 공간에 욕조, 세면대, 변기가 놓여 있다. 그 뒤의 벽면에는 사람의 머리통 하나도 빠져나갈 수 없는 가느다란 직사각형 창문이 있다.

남영동 대공분실 건물 전면의 창문은 대부분 크고 약간 밖으로 돌출되어 있다. 다만 군데군데 가느다란 직사각형의 창문을 만들어 디자인적인 변화를 주었다. 5층 조사실의 창문들은 모두 가느다란 직사각형이다. 원형계단에 있는 창문도 모두 그렇다. 체포된 사람은 가느다란 창문만 보게 된다. 초현대식 조형미와 세밀한 설계를 뽐내는 건물에서 자행된 고문을 어떻게 설명해야 할까? 이를 부조화하고 아이러니하다고 보는 사람도 있겠지만, 우리가 살아가는 근대문명의 본질을 예외적이고 노골적으로 보여주는 것이라 하는 사람도 있을 것이다.

박종철이 조사실에 들어가 두 개의 가느다란 창문을 보았을 때, 원형 계단을 빙글빙글 돌면서 생긴 현기증에 더해 엄청난 공포감이 밀려왔을 것이다. 그에게 떨어진 질문은 서울대 민추위 사건으로 장기수배 중인 선배 박종운이 어디에 있느냐는 것이었다. 두 사람은 같은 이념 써클의 선후배 관계였다. 동료들의 증언에 의하면 박종철이 연행되기 6일 전인 1987년 1월 8일 박종운이 종철의 하숙집으로 찾아와 다수의 활동가들이 체포되어 큰 타격을 입은 제헌의회 그룹의 조직재건 문제를 논의했다고 한다. 제헌의회 그룹은 1980년대 학생운동의 양대 산맥이었던 자민투와 민민투 중 민민투 계열의 한 분파인데 당시 전반적으로 급진적이었던 학생운동 그룹 중에서도 원론적인 마르크스-레닌주의 입장을 견지하고, 러시아혁명 모델을 대단히 직접적으로 한국사회에 적용하려는 논리를 갖고 있던 집단이었다.

6월항쟁 때에도 다른 대부분의 학생들이 "호헌철폐, 직선개헌" 같은 구호를 외쳤지만, 제헌의회 그룹의 학생들은 "혁명으로 제헌의회"를 소집하자는 구호를 외쳤다. 종철이 이 그룹과 얼마만큼의 연계가 있었는지, 어느 위치에 있었는지는 잘 모른다. 아무튼 그가 살아 있었다면 아마도 이러한 구호를 외쳤던 학생 중에 하나였을 가능성도 있다.

제헌의회 그룹은 일반 학생은 물론이고 운동권 학생들 사이에서도 너무 비현실적으로 정통적이고, 교조적 논리를 내세우는 집단으로 인식되고 있었다. 유신시절 민청학련 운동을 주도했던 역사학자 서중석은 6월항쟁을 다룬 방대한 저작에서 제헌의회 그룹의 활동에 대해 다음과 같이 서술했다.

6월항쟁에서 제헌의회계 학생들은 서울에서 큰 시위가 있을 때마다 일반 학생시위대와 멀찍이 떨어져 독자적으로 움직였다. 이들은 독자적 시위로 자신들의 주장을 펼치려고 했지만 별다른 반응이 없었고, 시민들로 하여금 그저 이상하다는 생각이 들게 했다.

서구에서는 이미 1968년 이른바 '68혁명' 때부터 급진적인 지식인들 사이에서 레닌주의 전위정당 노선에 입각한 러시아혁명 모델과 소련 등 현실 공산주의 국가의 한계와 문제점에 대해 비판적인 인식이 존재했다. 또한 박종철이 활동했던 1980년대 중반이면 소련에서 미하일 고르바초프Mikhail Gorbachev가 집권해, 개혁·개방을 내세우며 기존 공산주의 이론과 정책을 새로운 현실에 맞게 비판하고 수정하려는 움직임이 나타나던 때였다. 이러한 측면에서 제헌의회 그룹의 입장은 현실과 괴리된 대단히 어색한 것이라 할 수도 있다. 이러한 상황은 단순히 개인적인 문제가 아니라 냉전과 분단이라는 한국사회의 현실과 밀접한 관련이 있다. 극단적인 반공이데올로기는 한국사회가 안과 밖 모든 차원에서 사상적 소통과 진화를 해나가는 데 중차대한 장애를 발생시켰던 것이다.

종철이 살 수 있었다면, 민주화가 진행되고 삶의 경험이 풍부해지면서 그의 사상도 좀더 구체성과 현실성을 확보해갈 수 있었을 것이다. 아니, 완전히 다른 차원의 사상을 갖거나 평범한 사람이 되었을 가능성도 있다. 그도 대부분의 그의 동기생들처럼 평범한 직장인이 되어 배 나온

지친 몸을 벽에 기대고 스마트폰을 들춰보며, 학원 앞에서 자녀들을 기다리고 있을지도 모른다. 그러나 종철에게는 이러한 모든 것들을 선택할 기회조차도 주어지지 않았다.

당시 한국사회의 현실은 인간사회의 불평등과 부조리에 유달리 민감한 감수성을 지닌, 이를 타개하고자 실천적 의지를 갖고 행동했던 학생을 물을 먹여 죽게 만들었다. 그리하여 이러한 젊은이들이 선택할 수 있는 다양한 가능성조차도 물에 잠겼다. 6월항쟁 이후의 한국의 민주화는 사회·경제적 불평등을 해소하는 데에는 큰 성과를 거두지 못했다는 평가를 받고 있다. 이러한 상황은 사회적 불평등에 유달리 민감했던 사람들을 가만히 두지 않고 물 먹인 역사와 무관하지 않을 것이다.

박종철을 고문한 경찰관은 모두 5명이었다고 한다. 박종철의 팔다리를 하나씩 잡고 그의 몸을 들어올려 머리를 욕조 속에 담갔다 뺐다 했다. 종철의 사진을 보면 평범해 보이지만 강한 고집과 결기도 느낄 수 있다. 그가 경찰관의 취조에 고분고분했다면 고문을 당하지 않았을 것이다. 그는 온 힘을 다해 바둥거렸을 것이고, 그럴수록 그의 몸에 더 큰 힘이 가해졌을 것이다. 그는 과거 약한 폐결핵을 앓았던 것으로 보이는데, 그때 생긴 오른쪽 폐의 결절이 물고문으로 욕조 턱에 눌리면서 그 압력으로 터졌거나, 구타 등 외부 충격으로 터져 피가 쏟아졌다. 그 피가 오른쪽 폐의 공기구멍을 막아 왼쪽 폐로만 호흡할 수 있었다.

박종철은 사회현실에 거세게 맞부딪쳐 저항했으며, 다른 사람들도 여기에 동참해주기를 바라고, 일정 부분 강요했던 운동권 학생이었다. 종철이 한참 학생운동을 하던 1985년 5월 종철의 언어학과 84학번 동기생들이 MT를 간 적이 있다. 종철은 5·18 기념일이 있어 한창 학생운동이 진행되는 때에 MT 날짜를 잡은 동기들이 야속했지만, 시위를 하다가 밤늦게 합류했다. MT 방에서 함께 온 운동권 선배가 학회 활성화 문제 등을 논의하려 했지만, 동기들은 오랜만에 모였으니 디스코 클럽에나 가서 놀자며 모두 방을 나갔다. 방에는 외면받은 운동권 선배와 종철만이 덩그러니 남았다. 다음 날 서울로 올라오다가 종철은 혼자 중간에 열차에서 내려버렸다. 동기생들의 외면에 대한 불만의 표출이었다.

남영동 대공분실 509호, 좁은 조사실 안에 6명의 사내들이 뒤엉키고 있었다. 고함과 욕설, 신음소리가 뒤섞였을 것이다. 조사실의 욕조는 보통 가정에서 쓰는 것보다는 길이가 짧아 보인다. 그러나 높이는 훨씬 높아 보인다. 종철은 한쪽 폐로만 숨을 쉴 수 있었는데, 물고문으로 폐에 물이 들어오고 있었고, 게다가 목이 욕조 턱에 걸려 있었다. 익사와 질식사가 결합되어 종철의 생명은 그의 곁의 창문처럼 가늘게 붙어 있었다. 눈도, 귀도, 코도, 입도 물에 잠겨 보이지도, 들리지도, 숨쉴 수도, 말할수도 없는 상태에서 흐릿한 의식이 깜빡였을 것이다. 고문 피해자의 증언에 의하면 물고문을 받으면 "밑바닥이 닿지 않는 수렁에 빠져 허우적거리며 질식해가는" 느낌과 고통을 받는다고 한다.

박종철의 동기들이 쉰 살 언저리쯤 되었을 때 세월호라는 배가 물에 잠겼다. 그들의 아들과 딸 나이쯤 되는 고등학생 아이들이 4월의 차가운 물속에 잠겼다. 유족들은 보상보다도 진실을 규명하라고 요구한다. 외면하기 어려운 진실이 또한 놓여 있다. 그것을 알려고 노력할 때, 얻을수 있는 보이지 않는 역사의 가능성도 아직 우리 앞에 있다.

2장

차라리
재판을 받게 해달라

: 박영두와 삼청교육대

1984년 10월 12일 청송교도소 7사동, 박영두라는 재소자가 몸이 아프다며 의무과로 보내달라고 소리치고 감방문을 발로 차는 등 소란을 피웠다. 청송교도소, 그 안의 7사동 건물, 그곳은 모두 특별한 곳이었다.

전두환 정부 출범 직후 재범의 우려가 높은 범죄자에게 선고된 형량에 덧붙여 보호감호 처분까지 내릴 수 있는 '사회보호법'이 만들어졌다. 1983년 초 보호감호 처분을 받은 사람들을 특별 수용할 보호감호소가 경상북도 청송군 비봉산 절벽 아래 신축되었다. 이들 중 아직 형기가 남아 있는 재소자를 수용하는 교도소도 같은 구역에 마련되었다. 청송교도소 7사동은 문제를 일으킨 재소자들을 솎아내 독방에 격리, 감금하는 특별한 감옥이었다. 이 건물 아래층에는 한 평도 안 되는 독방이 쭉 늘어서 있었다. 박영두는 1983년 11월 동료 재소자들과 함께 "재소자의 의무과 치료 및 외래 진료를 보장하라" "보호감호제를 철폐 내지 개정하라"

는 요구를 내걸고 집단 단식투쟁을 하다가 7사동으로 옮겨졌다.

청송교도소의 수형자들은 선고받은 형기에 더해 졸지에 보호감호 처분까지 받았으니 불만이 컸다. 탈옥으로 사회를 떠들썩하게 했던 조세형, 신창원 모두 보호감호 처분을 받은 사람들이었다. 특히 삼청교육대에 끌려가 황당하게 재판 한번 받아보지 못하고 보호감호 처분까지 받아 여기에 온 사람들의 불만은 극에 달했다. 박영두도 삼청교육대 출신이었다. 당시 감옥은 극도의 긴장상태였다. 또한 청송의 수형시설은 급하게 만들어지다보니 운영에도 문제가 많았다. 당시 재소자의 증언에 의하면 몸이 아파도 제대로 치료를 해주지 않는 일이 다반사였다고 한다.

박영두가 소란을 피우자 교도관들이 그를 독방에서 끌어냈다. 그런데 그를 데려간 곳은 의무과가 아니라 인근 8동 지하실이었다. 소란을 일으킨 재소자에게 본보기를 보여주려 한 것이다. 교도관들은 밧줄을 이용해 팔과 다리를 팽팽하게 묶어 고통을 주는 이른바 '비녀꽂기'와 '통닭구이' 등을 하며 박영두에게 가혹행위를 했다. '통닭구이' 같은 것은 조금만 오래 하면 사람을 불구로 만들 수 있는 아주 위험천만한 가혹행위였다. 나아가 교정봉, 공업용 벨트, 고무호스 등으로 박영두를 마구 구타했다. 매타작하는 소리와 박영두의 비명이 스산한 감옥의 통로를 타고 퍼져나갔다. 박영두와 함께 삼청교육대에 끌려갔다가 교도소에 함께 온 동료 재소자 한 사람이 감방문을 차며 항의했다. 그러자 교도관들은 그도 지하실로 끌고가 박영두 옆에 두고 함께 구타했다. 함께 구타당한 동료 재소자의 증언에 의하면 박영두는 1시간 가까이 구타와 가혹행위를 당했으며, 그가 실신하자 교도관들은 물을 부어 깨어나게 했다고 한다. 박영두는 "차라리 죽여라"라고 소리치며 계속 반항했고, 그러자 그의 입에 소리를 지르지 못하게 만드는 도구, 이른바 '노루좆'이 물려졌다.

동료 재소자와 일부 교도관의 증언에 의하면 박영두는 구타와 가혹행위를 당한 후 그날 저녁 수갑이 채워지고 밧줄에 묶여, 마치 사냥감으로 잡힌 짐승처럼 팔과 다리 사이에 목봉이 끼워져 들린 채로 그의 독방으로 옮겨졌다고 한다. 감방에 들어간 후 목봉은 제거되었지만 박영두는 여전히 수갑과 밧줄로 묶인 상태였다. 그는 계속 신음소리를 내고 구토를 하며 고통을 호소했다. 같은 날 오후 9시경 청소를 담당하는 동료 재소자가 박영두의 감방에 들어가 구토물을 청소하고, 소변을 배설한 바지를 갈아입혀 주었다. 13일 새벽 교도관들은 박영두가 계속 신음하자 밧줄과 수갑을 다소 느슨하게 풀어주었다. 그러나 치료를 해주는 등의 조치는 없었다. 이날 오전 5시 30분경 교도관들이 다시 그의 독방에 들어가니 박영두는 양손이 수갑으로 채워진 채 엎드린 상태로 변기에 얼굴을 처박고 있었다. 바지를 벗겨 보니 대변을 싼 상태였으며, 상의를 들춰보니 등 전체가 시커멓게 변해 있었다. 눈동자는 흰자만 보이고 윗니가 아랫입술을 꼭 깨문 채 이미 숨을 거둔 상태였다.

박영두가 사망하자 당시 교도소장은 교노관과 재소자들에게 박영두가 폭행당한 사실에 대해 일체 함구하도록 엄명을 내렸다. 대구지방검찰청 의성지청 검사가 왔고, 청송 근처의 외과병원 의사가 불려와 시신을 살폈다. 박영두의 죽음은 폭행사실이 은폐된 채 "원인불명(심장마비 추정)"으로 법무부에 보고되었다. 그리고 교도소 측은 유족들의 입회도 없이 박영두의 시신을 청송교도소 내 공동묘지에 가매장했다.

1984년 대학가, 그리고 청송교도소

박영두가 사망할 무렵인 1984년 10월의 대학가는 시끌벅적했다. 전두환 대통령은 광주에서 시민들을 학살하고 권력을 잡았다. 그의 집권 직후 대학에는 경찰들이 상주했다. 경찰은 사복을 입고 학생들과 함께 등교해서 강의실까지 배회했고, 캠퍼스 잔디밭에 모여 앉아 도시락을 까먹었다. 그러다가 전두환 정부는 1983년 12월 이른바 학원자율화 조치를 취했다. 대학 내에 상주했던 경찰들이 철수하고 조금 숨통이 트였다. 이에 1984년 봄부터 군사독재 정권 타도와 광주학살에 대한 진상규명을 요구하는 학생들의 시위가 크게 증가했다.

당시 대학에는 학생들이 자치적으로 구성하는 학생회가 허용되지 않았다. '학도호국단'이라고 불렸던 학생 군사조직 같은 것이 학생회 역할을 대체했다. 그러나 학원자율화 조치 이후 1984년부터 학생들은 사치 학생회를 구성하기 위해 선거를 치르는 등 일련의 활동을 전개했다. 물론 당국은 자치 학생회를 인정하지 않았고, 학생회장으로 선출된 사람들을 연행해갔다. 그해 10월 서울대와 전남대 학생들은 중간고사를 거부하며 자치 학생회 탄압에 항의했다. 경찰이 일시에 대학 캠퍼스에

재진입했고, 일부 시험 거부를 주동한 학생들이 잡혀가거나 대학에서 제적되었다. 학생들은 대부분 매일 등교는 했지만 행동통일을 위해 학과방 또는 강의실 근처 잔디밭에서 우왕좌왕했다. 그러다가 저녁이면 역시 시험 거부를 위한 행동통일이었는지 술집으로 몰려갔다.

캠퍼스에 학생들이 몰려다닐 때마다 주변에 경찰들이 에워싸는 등 긴장감이 감돌았다. 내외신 기자들이 캠퍼스에 몰려왔다. 한 신문기자가 찍은 거의 텅 빈 강의실에서 시험을 보는 일부 학생들과 그 유리창 밖에서 로마 병정 같은 모습으로 방석모를 쓰고 방석복을 입은, 새벽에 투입되어 피곤에 지친 모습으로 힘없이 서 있는 전투경찰의 모습이 해외토픽감으로 관심을 끌었다. 그러나 같은 시기에 발생한 재소자 박영두의 사망 사건은 당시 언론에 전혀 보도되지 않았고, 사회적으로도 쟁점화되지 못했다.

그로부터 3년 뒤, 1987년 6월항쟁으로 대통령 직선제가 부활하고, 전 사회적으로 민주화의 물결이 일기 시작했다. 청송교도소의 재소자들도 이 무렵 박영두의 사망에 대한 진상규명과 재소자 처우개선을 요구하며, 단식투쟁을 벌이고 교도관을 인질로 삼는 등 극한 투쟁을 전개했다. 또한 이들은 박영두의 폭행 사망과 교도관들의 가혹행위에 대해 고소 및 재정신청을 했다. 그리고 1988년에는 청송감호소 내의 인권실태에 대해 당시 야당이던 평화민주당의 조사활동이 있었다. 박영두가 교도관의 가혹행위 및 폭행 때문에 사망했다는 의혹도 이때 『한겨레』에 의해 처음으로 언론에 보도되었다.

김대중 정부 때인 2000년, 유가족들의 1년이 넘는 항의 농성의 결과로 민주화운동 관련자의 의문사 사건을 진상규명하는 '대통령소속 의문사진상규명위원회'(의문사위원회)가 설립되었다. 박영두 사건은 당시 청송교도소에 근무했던 한 교도관의 진정에 의해 이 위원회에서 재조사되었다. 의문사위원회는 2001년 6월 박영두가 심장마비로 병사한 것이 아니라 교도관들로부터 가혹행위를 받아 사망했다고 발표했다. 박영두 사건은 의문사위원회가 과거에 단순사고사, 병사 또는 자살 등으로 처리되었던 것을 타살로 밝혀낸 첫 번째 사건으로 언론의 주목을 끌었다. 의문사위원회는 박영두가 위법한 공권력의 행사로 말미암아 사망했고, 나아가 재소자의 권리를 부당하게 침해한 교도소 당국에 저항한 점을 인정하여 이를 민주화운동과 관련된 의문사 사건이라 인정하는 결정을 했다. 이렇게 해서 사망 사건 발생 후 무려 17년 만에 박영두의 억울한 죽음의 진상이 밝혀졌다.

의문사위원회는 박영두 사건을 주로 청송교도소 안에서 벌어진 일로 다루었다. 위법한 공권력 행사 문제도, 민주화운동 관련성 문제도 모두 교도소 안에서 벌어진 일을 중심으로 판정했다. 그러나 박영두 사건은 단순히 교도소 내에서 교도관과 재소자들의 갈등 속에서 발생한 사건이 아니다. 여기에는 삼청교육대 강제연행이라는 대대적인 인권침해 사건이 직접 연관되어 있었다. 이 사건은 전두환과 신군부가 12·12쿠데타와 광주에서의 학살을 거쳐 집권하는 정치적 과정과 깊은 관련이 있다. 또한 이는 과거 군사독재 정권이 권력을 창출하고 유지하던 방식을 잘 보여준다.

삼청교육대 강제연행

1979년 10월 26일 박정희 대통령이 중앙정보부장 김재규에 의해 암살되는 사건이 발생했다. 이 사건 이후 계엄령이 장기간 내려졌지만, 많은 사람들이 박대통령이 사망했으니 유신체제가 철폐되고 새로운 민주 정부가 출범할 것이라 기대했다. 국무총리로 재직하다가 유신헌법 절차에 따라 대통령직을 승계한 최규하는 정치권과 논의를 거쳐 개헌을 하고 새로운 정부를 구성하겠다고 약속했다. 그러나 5·16쿠데타 이후 군사정권은 이미 18년 동안 지속되었다. 그 수혜를 누렸던 정치군인 집단이 쉽게 권력을 포기할 리는 없었다. 1979년 12월 12일 박정희 대통령 암살 사건을 수사하는 책임을 맡은 보안사령관 전두환 장군과 하나회 신군부 세력들이 하극상 쿠데타를 일으켜 군부를 장악했다.

1980년에 접어들면서 여전히 계엄령 상태가 지속되었지만 '서울의 봄'이라 하여 과거 여권 및 야권의 정치인들이 개헌과 새로운 정부의 구성을 위해 정치활동을 재개했다. 학생운동, 노동운동도 크게 분출되었다. 그러나 전두환과 신군부 세력은 1980년 5월 18일 0시를 기해 계엄령을 해제하는 것이 아니라 오히려 제주도까지 포함해 전국으로 확산하고, 김대중 등 야당 정치인과 민주화운동가들을 기습적으로 일제 검거했다. 정치권력을 장악하기 위한 본격적인 행동에 돌입한 것이다. 전라남도 광주에서는 여기에 항의하는 시민의 거센 저항이 있었고, 전두환과 신군부는 이들을 학살하며 항쟁을 무력진압했다.

광주학살 직후인 1980년 5월 31일 이른바 "국가보위비상대책위원회"(국보위)라는 조직이 출범했다. 국보위는 형식적으로는 "계엄업무를 지휘감독함에 있어서 대통령을 보좌"하는 기구였다. 국보위의 위원들은 정부 고위 관료와 군 장성들로 구성되었다. 위원장은 최규하 대통령이었지만, 실권자는 양복을 입고 등장한 상임위원장 전두환이었다. 국보위는 사실상 중요 정부조직과 정책을 주관하는 정부 안의 정부였다.

전두환은 국보위 상임위원장에 취임할 무렵부터 언론의 주목을 받았다. 그는 놀랍게도 "정의사회의 구현"과 "복지국가 건설"을 강조했다. 전두환은 과거 빠른 경제성장의 성과가 있었지만 그로 인한 폐단도 많았다고 하면서 이를 시정할 필요가 있다고 했다. 국보위는 산하에 사회정화위원회를 두고 이른바 사회정화 운동을 추진했다. 김종필, 이후락 등 과거 박정희 정부의 핵심 인물들이 권력형 부정축재자로 조사를 받아 재산을 '자진헌납'했다. 그리고 1980년 6월부터 공직자 숙정 작업에 들어가 무려 5000여 명이나 되는 공직자를 사회정화라는 명목으로 숙청했다. 부정부패 청산을 명분으로 내세웠지만 이는 한편으로 공직자들로 하여금 신군부에 협조하도록 길들이는 과정이었다. 1980년 여름부터 가을까지 각 지역(도·시·군)별, 직장별, 학교별로 사회정화추진위원회가 만들어지고 각종 궐기대회 등 대대적인 대중동원을 동반한 사회정화 운동이 벌어졌다. 사회정화 운동을 통해 전두환과 신군부 세력들은 부정부패를 일소하고 정의사회, 복지국가를 구현한다는 명분을 내우면서 자신들의 불법적인 권력 장악을 정당화했다.

사회정화 운동의 여파 속에서 1980년 7월 29일 국보위는 이른바 '삼청계획 5호'라는 부제가 붙은 '불량배 소탕계획'을 작성했다. 이 문건에서 불량배로 지목된 사람들을 일제히 검거해 A, B, C, D급으로 분류한 후, A급은 구속해 감옥에 보내고, B급과 C급은 4주간의 순화교육과 근로봉사를 시키며, D급은 훈방한다는 방침이 결정되었다. 이 문건이 작성될 무렵부터 전국의 경찰서에서는 이미 검거 대상자를 선정하는 등 그 실행을 준비하고 있었다. 마침내 1980년 8월 4일 계엄포고령 제13호가 공표되고 이른바 '불량배'에 대한 일제 검거에 들어갔다. 주로 전과가 있는 사람들이 표적이 되었고, 야외 유원지, 우범지대, 유흥가, 사창가, 해수욕장 등에서 불량배로 지목된 사람들이 일제히 검거되었다. 이와 같은 일제 검거는 계엄령이 해제될 때까지 총 5차에 걸쳐 진행되었다. 무려 6만 755명이나 되는 사람들이 잡혀갔다.

삼청교육대에 끌려간 사람들은 다양했다. 이른바 '삼청계획 5호'에 규정된 일제 검거 대상자는 폭력사범(조직폭력, 정치폭력, 노조폭력), 사회풍토문란사범(공갈범, 사기범, 사이비 기자, 상습도박범), 서민착취사범(사건 브로커) 등이었다. 나아가 "주민의 지탄을 받는 자" "불건전한 생활영위자" 등도 검거 대상에 올랐다. 한마디로 국가권력의 입장에서 볼 때 불량해 보이거나 주민들로부터 불량배로 낙인찍힐 수 있는 사람들을 마구잡이식으로 잡아간 것이다.

일제 검거된 사람들 중에는 불량배와는 거리가 먼 사람들도 많았다. 전과자들이 다수 잡혀갔으나 전과가 전혀 없는 사람도 35.9퍼센트나 되었다. 1970년대 민주노조 운동을 하던 노조운동가들도 노조폭력배라는 명목으로 끌려갔고, 언론인도 사이비 기자라는 명목으로 끌려갔으며, 곗돈 아줌마들도 서민착취사범이라 해서 끌려갔다. 특히 이때가 여름이었는데, 해수욕장에서 문신이 있는 사람들을 집중적으로 검거하기도 했다. 일부 피해자들은 민원 또는 기타 문제로 공무원들과 말다툼을 하다가 찍혀서 끌려갔다고 증언했다. 또한 체불 임금을 내놓으라고 사장 집에 가서 항의하다가 잡혀온 사람도 있었다고 한다.

필자가 입수한 어느 경찰서 삼청교육대 관련 기록에 따르면 한 농업고등학교 학생은 선생님에게 "뚱뚱한 ○○"이라고 모욕적인 언사를 했다고 삼청교육대로 끌려갔다. 지역 수민의 신고에 의해 검거되는 경우도 많았는데, 이러한 경우 사적 감정이 작용하기도 하고 지역사회에서 따돌림을 받는 사람들이 피해자가 되는 경우도 있었다.

범죄를 저질렀거나 전과가 있는 사람이라도 이들에 대한 일제 검거는 당연히 부당한 것이다. 전과자라 하더라도 이들은 대부분 현행범이 아니었다. 나아가 설령 현행범이라 하더라도 삼청교육대 순화교육과 근로봉사 등의 처벌성 조치가 정식 재판도 없이 계엄포고령에 의해 이루어졌다는 것은 법치주의라는 측면에서 상상을 초월하는 일이다.

약 6만여 명의 피검거자들은 사회정화추진위원회 위원들의 심사에 의해 A, B, C, D급으로 분류되었다. 이때 위원으로 심사에 참가한 사람들은 해당 지역 계엄지휘관, 행정기관장, 지방유지(통일주체국민회의 대의원, 새마을 지도자, 예비군 중대장) 등이었다. 이들에 대한 심사는 극히 형식적이었다. 한 사람의 삼청교육대 검거자를 처리하는 데 소요되는 시간은 30초에서 1분 정도에 불과했다. 검거된 사람들이 범죄 혐의에 대해 스스로 항변할 기회 같은 것은 없었다. 이들은 심사위원 얼굴도 보지 못한 경우가 허다했고, 심사 및 분류 내용이 본인에게 통보되지 않아 삼청교육대에서 풀려나올 때까지 자신의 혐의 내용과 분류 등급이 무엇이었는지 모르는 경우도 있었다.

박영두는 1980년 8월 초 고향인 경상남도 통영에 있는 비진도 해수욕장에 놀러 갔다가 계엄군에 의해 충무경찰서로 연행되었다. 박영두는 중학교를 중퇴하고 관광회사 종업원 등으로 일을 했다. 그는 세 차례 처벌받은 전과가 있었다. 의문사위원회가 입수한 박영두의 삼청교육대 분류심사 자료에 따르면 그의 검거 사유는 폭력전과자로 통영 시내 주점을 배회하며 주인을 위협해 무전취식을 일삼는 등 행패를 부렸다는 것이었다. 그러나 가족과 친지들은 검거 당시 박영두는 경기도 이천의 형이 운영하는 체육사에서 점원으로 일하고 있었고, 잠시 휴가차 고향을 방문해 해수욕장에 갔다가 검거된 것이라 증언하고 있다. 무전취식 운운은 사실이 아니라는 것이다. 아마도 박영두는 전과 때문에 삼청교육대에 끌려간 것으로 보인다. 그는 심사 결과 B급 판정을 받았다. 그에게 찍혀진 전과자라는 낙인이 이처럼 엄청난 결과를 발생시킬 것이라고는 아무도 예측하지 못했다.

순화교육과
근로봉사

검거된 사람들 중 3만 9742명이나 되는 사람이 B급과 C급으로 분류되어 전후방 부대에 끌려가서 4주간(여성은 3주)의 이른바 '순화교육'을 받았다. 이들이 순화교육을 받는

삼청교육대에서 소위 '순화교육'을 받고 있는 사람들.

군부대를 통상적으로 '삼청교육대'라고 했다. 대원들은 모두 전원 삭발하고, 군복을 입고 군대식 훈련을 받았다. 순화교육은 선도와 수양을 위한 프로그램이 있긴 했지만 대부분 일렬로 늘어서 커다란 통나무를 집단적으로 들어올리는 목봉체조 등 육체적 고통주기 중심의 교육이었다. 군 당국은 일부 부대의 경우 삼청교육대원들이 군인들이 사용하던 영구막사에서 기거하고, 오히려 이들을 훈련시킨 장병들이 천막에서 생활했으며, 또한 학교를 다니지 못해 문맹인 삼청교육대원들에게 한글을 가르쳐주는 등 인간적인 처우를 해주었다고 주장했다. 그러나 실제 순화교육 과정에서 폭행, 기합 등 비인간적인 가혹행위가 자행되었다.

삼청교육대원들은 얼음장을 깨고 알몸으로 물속에 들어가거나(응달

셈), 나체 상태로 장시간 나무에 매달려 있게 하는 기합(겨울매미) 등을 받기도 했다. 특히 몸에 문신이 있는 사람들은 삼청교육대에 들어가 신체검사를 받는 과정에서부터 무수한 구타를 당했다. 이들의 몸에 새겨진 문신은 비정상성과 불량함을 상징하는 표식이었다. 방송 뉴스에서 삼청교육대 보도를 할 때면 군 당국자들은 문신이 있는 대원들을 일부러 앞쪽에 서게 했다. 당시 군 당국이 발행한 책에도 삼청교육대원들이 식사를 할 때 외친 구호 중에 하나가 "돼지보다 못하면 돼지고기를 먹지 말고 소보다 못하면 쇠고기를 먹지 말자"였다고 서술되어 있다. 사람이 돼지와 소에 자신을 비교하며 식사를 해야 했다. 박영두도 창원에 있는 모 사단에 입소해 이와 같은 순화교육을 받았다.

순화교육을 마친 삼청교육대원 중에 4분의 3 정도는 사회로 돌아갈 수 있었다. 그러나 나머지 1만 16명은 전방 부대로 옮겨져 근로봉사를 해야 했다. 이들은 전방 지역의 군이 활용하는 진지를 구축하고, 도로를 만들며, 통신망을 매설하는 등의 작업에 동원되었다. 근로봉사는 형식적으로 자원하는 방식이었지만, 지원서에 날인하는 과정에는 공공연한 협박과 회유가 있었다. 근로봉사에 동원된 사람들은 하루 3000원의 일당을 받았다. 그러나 이들에게 제공된 식사비용을 임금에서 떼어갔고, 생활에 필요한 물품도 받은 임금으로 마련해야 했다. 일부 교육생 중에는 근로봉사를 통해 장사 밑천이라도 마련하려고 진짜 자원해서 들어온 사람도 있었다고 한다. 그러나 밥값과 생활에 필요한 물품을 구입하고 나면 남는 돈은 얼마 되지 않았다.

근로봉사 과정에서 처우도 열악했고, 가혹행위도 계속되었다. 피해자 여○모 씨는 후일 삼청교육대 피해보상 신청 과정에서 자신이 근로봉사를 하면서 작성한 수양록을 증거자료로 제출했다. 필자가 읽어본 그 수양록의 일부는 영어로 쓰여 있었다. 거기에는 근로봉사 과정에서 일부 대원들이 밭에서 땅콩을 훔쳐먹다 적발되어 부대원 전체가 싸늘한 가을비 속에서 팬티 바람으로 낮은 포복을 했다고 적혀 있었다. 또한 일부 대원들이 담배를 피워 팬티 바람에 약 1시간 동안 무릎을 꿇고 앉아 있었다고 했다. 삼청교육대에 끌려갔던 류영근은 4주간의 순화교육도 지옥 같았지만, 나중에 전방으로 가서 근로봉사를 할 때의 생활과 비교하면 그나마 순화교육장은 '천국'이었다고 증언했다. 박영두도 이처럼 전방에서 하는 근로봉사에 처해진 사람 중에 하나였다. 근로봉사에 처해진 삼청교육대원들은 1981년 1월 계엄령이 해제될 때까지 수개월 동안 가혹한 조건에서 노동을 해야 했다. 그러나 그것이 끝이 아니었다. 더 무서운 것이 기다리고 있었다.

삼청교육대 강제연행의 정치학

왜 전두환과 신군부 세력들은 이처럼 대대적으로 삼청교육대에 사람들을 끌고가 박해했을까? 삼청교육대 사업은 사회정화 운동의 일환으로 진행되었다. 이는 물론 쿠데타로 권력을 잡은 집단이 소위 '불량배 척결'이라는 명목으로 대중의 환심을 사고, 부족한 정통성을 보완한다는 맥락에서 진행되었다. 1961년

5·16쿠데타 때에도 군부는 1만 5800여 명에 달하는 깡패, 폭력배로 규정된 사람들을 잡아가 국토건설사업 등에 취역시킨 바 있었다.

쿠데타가 발생할 때마다 반복되었던 이른바 불량배 척결 운동은 권력의 입장에서 볼 때 두 가지 효과를 동시에 노린 것이라 할 수 있다. 우선 불량배로 지목된 사람들을 박해하고 사회에서 격리시키면 쿠데타로 집권한 새로운 권력이 개혁과 정의를 추구한다는 이미지를 대중들에게 심어줄 수 있다. 한편으로 이는 새로운 쿠데타 권력이 자신의 힘을 대중들에게 확실하게 과시함으로써 공포 분위기를 조성하는 효과도 있다. 시민들이 쿠데타에 대한 저항을 꿈도 꾸지 못하게 만드는 효과가 있었던 것이다.

거리에서 힘 좀 쓴다고 하는 '깡패'로 지목된 사람들이 잡혀가 군인들에게 꼼짝없이 목봉을 들고 기합을 받는 장면에서 대중들은 거침없이 과시되는 군사통치 권력의 힘 앞에 주눅이 들 수밖에 없었다. 이와 같은 폭력의 과시가 학생들이나 종교인, 일반 시민들을 대상으로 자행되었다면 물론 큰 반발이 있었을 것이다. 그러나 이른바 '불량배'로 낙인찍힌 사람들이라면 상황은 달라진다. 거침없는 폭력의 과시가 오히려 권력에 대한 지지 또는 묵인으로 연결될 수도 있는 것이다.

삼청교육대 강제연행은 나치의 유대인 학살 같은 인종 청소와 유사한 맥락 속에 있다. 유대인들은 이미 독일만이 아니라 유럽 전체에서 차별과 멸시를 받으며 일반 시민들과 구별되는 존재였다. 파시즘 권력은 이들을 대대적으로 박해하면서 권력이 갖고 있는 폭력을 거침없이 과시하고 공포 분위기를 조성했다. 동시에 당시 사회에 만연한 반유대인 정서와 감정을 활용해 대중들이 억압적 권력을 지지하거나 묵인하게 만들고, 나아가 권력의 공모자가 되도록 유도했다.

놀랍게도 삼청교육대 진상규명을 촉구하는 단체가 편찬한 『삼청교육대백서』에는 삼청교육대가 일종의 인종 청소와 같은 것이었다고 지적하고 있다. 이 책은 삼청교육대가 나치의 유대인 학살, 1990년대 중반 세르비아 군대가 보스니아의 이슬람계 성인 남자를 대대적으로 학살한 것과 유사한 맥락이었다고 주장한다. 이른바 "'불량배 청소'라는 이름의 '인간 순화교육'은 정부가 공권력을 동원해 민간인을 집단학살한 것과 같은 일종의 '인종 청소'였다."는 것이다.

삼청교육대 강제연행이 대대적이고 체계적인 학살로 이어지지 않은 만큼 이를 인종 청소로 이야기하는 것은 무리라고 할 수도 있다. 그러나 일부 사람들을 '불량배' 집단으로 낙인찍고, 이들을 인간 이하의 존재로 대하며 잔혹하게 박해하고, 국민의 일반적인 권리에서 철저하게 예외가 되는 존재로 취급하면서 '비국민非國民'으로 배제해가고, 이를 통해 억압적 권력에 대한 묵인과 지지를 얻어내는 측면에서 인종 청소와 유사한 맥락이 있다.

대통령 전두환과
삼청교육대 보호감호 처분

삼청교육대 강제연행과 순화교육이 한창 진행될 무렵인 1980년 8월 16일 예견된 바대로 최규하 대통령이 자진 사퇴했다. 그 직후 9월 1일 전두환 장군이 유신헌법 절차에 따라 통일주체국민회의에서 간접선거를 통해 대통령에 취임했다. 전두환의 대통령 취임이 12·12쿠데타 이후 진행된 신군부의 기나긴 권력 장악 과정의 완전한 종결을 의미하지는 않았다. 전두환과 신군부 세력은 5·16 때와 달리 광주에서 시민을 학살하는 유혈 쿠데타로 권력을 장악했다. 이에 제도적으로는 훨씬 치밀하고 단계적이며 점진적인 방식으로 정치권력을 장악해갔다. 또한 권력의 안정적인 유지와 재창출을 위해서라도 유신헌법과 유신체제라는 틀을 군사독재가 유지되는 한도에서 형식적으로는 바꿀 필요가 있었다.

전두환이 대통령에 취임하자마자 강압적인 분위기 속에서 부실기업을 통폐합하는 산업구조 조정이 단행되었다. 언론 통폐합도 진행되었다. 그리고 같은 달인 1980년 9월 29일 새로운 헌법안이 공고되고, 10월 22일 새로운 헌법안은 여전히 계엄령이 내려진 상태에서 국민투표를 통해 확정되었다. 유신헌법이 1972년 계엄령하에서 진행된 국민투표에서 확정되었던 것과 마찬가지였다. 그리고 새로운 헌법에 규정된 간접선거 방식을 통해 전두환이 대통령에 당선되고, 1981년 1월에야 계엄령이 해제되었으며, 전두환은 마침내 1981년 3월 3일 다시 대통령에 정식 취임했다. 이로써 전두환과 신군부는 12·12쿠데타 이후 1년 3개월 만에 권력 장악 작업을 완료했다.

새로운 헌법이 발표되자 신군부 세력은 1980년 10월 28일 국회 기능을 대신하는 국가보위입법회의(입법회의)라는 것을 만들었다. 입법회의는 법률을 제정하는 권한이 있었지만, 국민이 직접 선출하는 의원이 아

전두환 대통령 취임식.

니라 대통령이 일방적으로 임명하는 의원으로 구성되었다. 이처럼 대의
정치제도의 기본 원칙에서 크게 벗어난 입법회의는 다섯 달 남짓 되는
활동 기간 동안 무려 189건의 법안을 처리하며 새로운 권력의 기반을 다
져갔다.

입법회의가 제대로 된 토론이나 여론 수렴도 없이 처리한 무수한 법
안 중의 하나가 1980년 12월에 통과된 '사회보호법'이었다. 사회보호법
은 재범의 우려가 있는 범죄자들을 법원의 결정에 의해 '보호감호' 처
분을 하여 "사회복지적 측면에서 각인各人에 합당한 교육과 훈련을 가
하거나 적절한 치료와 선도를 행함으로써 훌륭한 사회인으로 갱생시켜
새 시대에 동참케"하는 것이 목적이라 했다. 그런데 사회보호법 부칙 제

5조에는 계엄포고령 제13호에 의거해 삼청교육대에 강제연행된 사람들을 법무부 사회보호위원회에서 보호감호에 처할 수 있다는 조항이 슬그머니 삽입되어 있었다.

사회보호법에 따르면 일반 보호감호 처분은 재판 중에 판사가 결정한다. 그러나 삼청교육대 피연행자의 경우 법원에서의 정식 재판도 없이 법무부 사회보호위원회에서 결정했다. 삼청교육대 강제연행자들은 법률 부칙 조항 하나만으로 정식 재판 없이도 장기간 구금될 수 있었다. 이들이야말로 일반적 시민권에서 철저히 배제되고, 예외로 취급받는 존재였던 것이다.

법무부 사회보호위원회는 1981년 1월 20일 삼청교육대에 끌려가 근로봉사를 하고 있던 사람들 중 총 7578명에게 5년에서 1년에 달하는 보호감호 처분을 내렸다. 그러고 나서 1981년 1월 25일 박정희 대통령 암살 사건 이후 지속되었던 계엄령이 마침내 해제되었다. 삼청교육대 강제연행의 법률적 근거는 계엄포고령 제13호였다. 따라서 계엄령이 해제되면 계엄포고령도 효력을 상실할 수밖에 없다. 전두환 정부는 계엄령 해제 직전에 서둘러 사회보호법 부칙에 삼청교육대 관련 조항을 삽입함으로써 이들을 장기 구금할 수 있는 법적 조치를 취한 것이다. 당시 근로봉사 처분을 받아 장기 구금된 삼청교육대 피해자가 1만 16명이었다. 따라서 근로봉사에 처해진 피해자 중 무려 75퍼센트 이상 되는 사람들에게 대대적으로 보호감호 처분을 내려 장기 구금했던 것이다.

군부대에서 근로봉사를 하고 있던 삼청교육대원들은 계엄령이 해제되자 이제 곧 구금생활에서 풀려날 수 있을 것이라 기대했다. 그러나 전두환이 로널드 레이건Ronald W. Reagan 미국 대통령의 초청을 받아 두 대통령과 영부인 이순자 여사와 낸시 레이건Nancy Reagan 여사가 백악관 발코니에서 우아하게 손을 흔들던 1981년 2월 초, 이들은 마른하늘에 날벼락 치는 소리를 들었다. 그들 중 다수가 사회보호법에 의해 보호감호 처분에 처해졌다고 일방적으로 통보받은 것이다. 그들의 운명은 자신들도 모르게 법무부 탁자 위에서 이미 결정되어 있었다. 박영두도 보호감호 2년 처분을 받았다. 보호감호 처분을 받은 사람을 수용할 시설은 청송에 건설 중이었다. 이에 삼청교육대에 연행되었다가 보호감호 처분은 받은 사람들은 계속 군부대에 수용되어 1981년 말까지 지내야 했다.

불온한 빈민과
삼청교육대

5·16쿠데타 때에도 불량배에 대한 대대적인 검거와 근로봉사('국토건설단')까지는 있었지만 이들을 장기간 구금하지는 않았다. 전두환 정부는 왜 사회보호법 부칙까지 활용해 삼청교육대 피해자들을 장기 구금시켰을까? 워낙 대대적인 인권침해를 저질렀던 만큼 그 피해자들이 일거에 사회로 풀려나와 진상을 폭로하고 저항할까봐 두려워했다는 것이 중론이다. 이에 1년에서 5년 동안 보호감호에 처하면서 순차적으로 풀어주는 방식을 택했던 것이다. 권력은 삼청교육대 피해자들을 권력 장악을 위해 철저히 이용했지만, 또 한편으로는 두려워했다.

삼청교육대에 끌려간 사람들은 방송사 사장 등 예외적인 경우도 많지만 날품팔이 노동자, 행상, 무직자, 상점 점원 등 빈민층이 대부분이었다. 학력도 다수가 초등학교나 중학교를 졸업한 정도였다. 삼청교육대 피해자들은 대부분 도시와 그 인근 농촌에 있던 빈민들이었다. 사실 빈민층은 4월혁명 등 중요한 민주항쟁 과정에 크게 기여한 집단이었다. 이들은 대부분 기존 경제구조에 제대로 편입되지 못하고 그 주변부나 바깥에 위치하는 존재들이다. 그렇기 때문에 계급으로도, 계층으로도 단일한 정체성을 형성하기 어려웠고, 워낙 소외되고 고립되어 있기에 스스로든 타인에 의해서든 일률적으로 대변되기 어려운 집단이었다. 그러나 한국 민주화운동 과정에서 학생과 지식인들이 시작한 시위가 시민의 호응을 얻어 대규모 항쟁으로 나아갈 때 빈민집단은 여기에 대거 가담해 저항의 폭발력을 형성하는 데 크게 기여했다. 이들의 대대적인 참여가 권력자들이 저항세력에게 굴복하거나 양보하도록 만드는 데 중요한 역할을 했다. 1979년 부마항쟁이 일어났을 때 빈민들이 대거 참여했고, 이때 박정희 정부는 항쟁을 진압하는 과정에서 전국적으로 폭력배, 우범자 단속을 함께 진행하여 다수의 빈민들을 잡아가기도 했다.

5·18민주화운동 과정에서도 도시빈민은 대단히 중요한 역할을 했다. 이때 시민군으로 활동하고, 목숨을 잃은 사람들의 다수도 빈민들이었다. 전두환 정부가 삼청교육대 사업을 통해 이들을 잡아가고, 박해하고, 장기 구금한 것은 단지 집권의 명분을 얻기 위해 이들을 활용하는 차원만은 아닐 수도 있다. 빈민들은 한국 민주화운동 과정에서 잘 보이지도 않고, 대변되지도 않았지만, 가장 밑바닥에서 엄청난 잠재적 폭발력

을 보여준 집단이었다. 전두환 정부가 이들을 두려워할 만했다. 즉 삼청교육대 사업은 잠재적 저항세력을 길들이고, 이들을 장기적으로 격리시키고 고립시키며, 나아가 무력화하는 작업이기도 했던 것이다.

삼청교육대 강제연행은 학생과 지식인 집단에게는 크게 영향을 미치지 않았다. 그러나 노동운동가 등 기층 민중 출신의 사람들에게 엄청난 공포로 다가왔다. 동일방직 노조활동을 했던 추송례는 그 분위기를 이렇게 전하고 있다.

각계각층에서 목소리를 높여 외치는 사람들은 닥치는 대로 잡혀가 삼청교육대로 보내졌다. 얼마나 무자비하게 잡아갔던지 거리를 나설 수조차 없을 정도였다 (…) 운동권에서 목소리를 높이던 사람들은 깊숙이 숨어들지 않을 수 없었다. 함께 노동조합 활동하던 남자들도 모두 잡혀갔다 (…) 우리 주변의 많은 사람들이 삼청교육대에 끌려갔다.

삼청교육대 강제연행은 노조운동가 등 기층 민중 출신 중에서 저항을 해왔던 사람들에게는 그야말로 살벌한 것이었다.

빈민들의 속성을 볼 때 학생이나 지식인과는 달리 이들은 일률적이고 체계적으로 규정하기도 어렵고, 파악하기도 어려운 집단이다. 삼청교육대 강제연행은 마구잡이식이었고, 따라서 이때 검거된 사람들이 대부분 잠재적으로 저항에 참여할 소지가 있는 사람으로 지목되어 검거되었다고 말하기는 물론 어렵다. 그러나 이들에게 한 달 동안 순화교육을 시키고, 이 중에서 일부를 추려 근로봉사를 시키고, 마침내 보호감호 처분을 내리는 일련의 과정에서 마지막까지 남은 피해자들은 그중에서도 권력이 판단하기에 이른바 "개전의 정이 없는", 즉 고분고분하지 않거나 권력에 순종하지 않는, 잠재적 저항의 위험성이 높다고 판단되는 사람들이었을 것이다.

삼청교육대 피해자들의 집단 저항

장기화된 구금, 황당하기 그지없는 보호감호 처분은 마침내 삼청교육대 피해자들의 분노가 임계점을 넘도록 만들었다. 군부대에서 철저히 통제되는 상황임에도 불구하고 삼청교육대 감호생들의 집단 저항이 발생했다.

1981년 6월 모 사단의 삼청교육대 감호생들 중 일부가 담배와 술을 들여왔다가 적발되어 군인들에 의해 심하게 구타를 당했다. 이에 격분한 감호생들이 철조망을 뚫고 연병장으로 나와 농성했다. 이들은 자신들을 보호감호 처분한 사회정화위원장을 불러오라고 했으며, 죄가 있다면 차라리 교도소로 보내달라고 했다. 마침내 이들은 스크럼을 짜고 부대 밖으로 진출을 시도했고, 군인들이 최루탄, 공포탄, 실탄을 발사하며 이를 저지했다. 이 과정에서 전정배라는 사람이 총상을 입어 사망했고, 감호생 다섯 명이 중경상을 입었다. 전정배는 이후 박영두와 함께 의문사위원회에서 민주화운동과 관련한 공권력의 위법한 행사로 사망했다고 인정받았다.

박영두가 수용되어 있던 군부대에서도 1981년 10월 1일 국군의 날에 집단 저항이 발생했다. 당시 55세였던 한 감호생이 아들 나이밖에 안 되는 군인으로부터 구타당한 것이 발단이 되었다. 보호감호 처분을 받고 군부대에 장기 구금되어 있는 기간에도 구타와 비인간적인 대우는 계속되었다. 청송교도소에서 박영두가 가혹행위를 당했을 때 항의하다가 함께 매를 맞은 동료 재소자는 의문사위원회 조사 과정에서 군부대 감호소에서 지냈던 일에 대해 다음과 같이 증언했다.

전체 감호생 168명이 저녁에 일석점호 때 빤스만 입고 나머지 옷은 다 벗고 점호를 받는데, 교육생 중에 문신이 새겨져 있는 교육생의 경우 새 문신이 있으면 새 사냥한다고 그 부위만 생나무 몽둥이(길이 약 1.5미터 이상)로 집중적으로 때리기도 했고, 호랑이 문신이 있으면 호랑이 사냥 나왔다고 하며 문신 부위를 집중하여 무차별로 때렸습니다.

이와 같은 비인간적인 처우에 대한 불만이 마침내 폭발했던 것이다. 감호생들은 "가혹행위를 하지 말 것" "정식 재판을 받게 해줄 것" "환자들을 제대로 치료해줄 것" 등을 대대장에게 요구하며 군부대 시설을 점거하고 부수는 등 집단행동을 했다. 이들은 저항 과정에서 "차라리 재판을 받게 해달라"고 외쳤다. 그야말로 '비국민'으로 배제된 사람들이 정상적인 시민권을 회복하기 위해 외쳤던 처절한 구호였던 것이다. 결국 이 과정에서 군인 한 명과 감호생 두 명이 사망했다. 박영두는 이러한 집단 저항 과정에서 적극적인 역할을 했다. 그는 이 사건이 진압된 후 군법회의에서 군용물 파손과 특수절도죄로 무려 징역 15년형을 선고받았다. 박영두는 육군교도소에서 복역하다가 1983년 3월 청송교도소로 옮겨졌고, 거기서도 동료 재소자와 함께 부당한 삼청교육대 강제연행과 보호감호 처분에 저항했다.

청송교도소에서 작성된 박영두의 수형 기록에는 그의 지능지수IQ가 상당히 높은 것으로 기록되어 있고, 심리검사 종합평정에 "지능이 우수하며 인성이 차고 자제력이 부족한 자"로서 "개선 가능성이 극히 어려운 자"라고 서술되어 있다. 19세기 영국 식민통치하에서 발생한 인도의 수많은 농민봉기를 연구한 라나지트 구하Ranajit Guha라는 사람이 있다. 그는 권력자에 의해 기록된 문서의 내용을 뒤집어 읽는 것을 통해 항쟁에 가담한 농민들의 의식과 행동에 접근한다. 예컨대 통치 당국이 농민봉기 가담자를 "미친 난봉꾼"이라 했다면, 이는 어떤 깡패집단을 뜻하는 것이 아니라 전투적 투쟁에 가담한 농민들을 의미하는 것이고, "강도마을"이라는 표현은 국가의 억압에 대해 단결하여 저항했던 어느 촌락 주민 전체를 지시하며, "전염"contagion은 농민봉기로 형성된 농민들 사이의 연대를 의미하는 것으로 재해석하는 방식이다. 반항적인 사람들은 대체로 머리가 좋다는 소리를 듣는 경우가 많지만, "인성이 나쁘다" "자제력이 부족하다"라는 이야기를 더 자주 듣는다. 박영두는 자신에게 가해진 부당한 억압에 고분고분하지 않았기에 이러한 소리를 들었던 것이다. 1984년 10월의 어느 날 박영두는 몸이 아픈데도 의무과에 빨리 데려다 주지 않자, 감옥문을 발로 차며 항의했다. 그리고 생명을 잃었다.

한국의 민주화,
그러나 좁혀지지 않는 격차

박영두가 사망한 후 3년 뒤인 1987년 6월항쟁이 발생했다. 역시 학생과 지식인들이 선도적으로 저항의 공간을 열었고, 빈민들이 대거 가세해 역사의 큰 전환을 이룩했다. 이후 한국은 점진적인 민주화의 길로 접어들었고, 이 과정에서 민주화운동 탄압과 인권침해에 대한 과거사 정리 작업이 진행되었다. 그러나 삼청교육대 문제는 그 규모와 인권침해의 심각성에도 불구하고, 여기서도 소외되는 양상이 뚜렷했다.

1988년 서울올림픽 직후 국회에서 전두환 정부(5공)에서 자행된 각종 비리에 대한 청문회가 열렸을 때, 삼청교육대 문제도 물론 쟁점이었다. 1988년 11월 26일 노태우 대통령은 특별담화를 발표하여 삼청교육대 피해자들에 대한 보상과 명예회복을 약속했다. 1989년 1월까지 삼청교육대 피해자 신고 접수가 있었고, 총 3221건의 피해 신고가 접수되었다. 삼청교육대 피해자들도 각종 단체를 만들어 여기에 대응했지만 다른 피해자 집단에 비해 사회적으로 그리 호응을 받지 못했다. 이후 노태우, 김영삼, 김대중 정부를 거치면서도 삼청교육대 관련자 피해보상을 위한 특별법은 통과되지 않았다. 피해자들은 개인적으로 소송을 했지만 대부분 대법원에서 원고 패소 판결이 났다.

노무현 정부에 접어들어 2004년 '삼청교육대피해자보상법'이 통과되고 '삼청교육대 명예회복 및 보상심의위원회'가 만들어졌다. 그러나 이 위원회의 활동은 다른 과거사 정리 관련 위원회와 비교해볼 때 일반 사람들의 관심을 거의 끌지 못했다. '의문사진상규명위원회' '진실·화해를 위한 과거사정리위원회'라는 이름을 들어본 사람들도 삼청교육대 피해 관련 위원회가 존재했다는 사실을 모르는 사람들이 대부분일 것이다. 삼청교육대 피해보상은 절차도 까다롭고, 액수도 몇 십만 원에서 몇 백만 원 수준이었다. 게다가 신청기한도 짧아 보상 신청자가 4600여 명에 그쳤다. 과거사 정리에서 가장 중요한 것은 진상규명이고, 책임자 처벌도 필요하다. 그러나 삼청교육대 문제는 이러한 것들이 제대로 시도조차 되지 못했다. 단지 극히 형식적이고 제한적인 명예회복과 보상이 있었을 따름이다.

삼청교육대 문제가 과거사 정리 과정에서도 소외되는 양상은 쿠데타 권력이 이들에게 씌워놓은 '불량배'라는 낙인과 무관하지 않다. 4월 혁명, 부마항쟁, 5·18민주화운동, 6월항쟁 등 한국 민주화운동의 중요 고비 때마다 학생과 빈민은 저항세력의 두 축을 이루었다. 학생과 지식인들이 끊임없이 희생을 감당하며 지속적으로 민주화운동을 해서 저항을 할 수 있는 공간을 창출했고, 빈민들이 여기에 참여해 폭발력을 발휘했다. 물론 삼청교육대에 끌려간 사람들이 대부분 민주화운동에 연관된 인물이었거나, 잠재적으로 여기에 참여할 수 있는 사람들이었다고 주장하기는 어렵다. 빈민이라는 이들의 사회적 존재 자체가 이 집단을 특정 성향과 이념, 행동양식을 갖는 집단으로 일반화하는 것이 매우 어렵기 때문이다.

그러나 또한 기억해야 할 것은 모든 학생과 지식인들이 민주화운동을 한 것은 결코 아니었다는 것이다. 1960~70년대 대학에서 학생운동을 한 사람들은 전체 학생 중 극히 소수였다. 학생운동이 한층 대중화된 1980년대에도 민주화운동에 가담한 학생들이 절대다수는 아니었다. 그런데 만약 학생들이 삼청교육대 같은 일을 당했다고 생각해보자. 어느 날 갑자기 계엄령 포고로 권력에 의해 '불량 학생'으로 낙인찍힌 사람들이 6만 명 이상 마구잡이로 연행되었고, 이 중 4만 명 가까이가 온갖 가혹행위를 당하며 순화교육을 받고, 1만여 명이 근로봉사에 처해지며, 그 중 7000여 명이 보호감호 처분을 받아 장기 격리되었다면 어떠했을까? 엄청난 사회적 반발과 반향이 있었을 것이다. 사람들은 그 끌려간 학생들이 민주화운동을 했든지 안 했든지 간에 이 일을 당연히 학생운동 탄압의 일환으로 이야기했을 것이다. 또한 이 과정에서 학생들이 저항했다면 이는 당연히 민주화운동이라 생각했을 것이다.

삼청교육대에 끌려간 빈민들에 대한 인권침해와 그들의 저항은 여전히 우리 현대사에서 보이지 않는 역사라 할 것이다. 이러한 상황은 민주항쟁의 두 중요 축이었던 학생과 빈민 사이에 존재하는 실재적, 인식적 격차가 민주화 이후에도 크게 좁혀지지 못했음을 잘 보여준다. 1987년 이후 한국의 민주화 과정이 심화되고 확대되기보다는 계속에서 답답하리만큼 질척거리거나 명백하게 퇴행하는 양상을 보이는 것도 이러한 해소되지 못한 격차와 무관하지 않을 것이다.

3장

똥과 지식

: 여성노동자와 동일방직 사건

아주 오래전 워싱턴 D.C.에 있는 미국역사박물관을 방문했을 때였다. 우리나라는 역사가 길어서인지 박물관에 가면 전시실이 보통 시대별로 되어 있다. 반면 미국역사박물관은 역사는 짧지만, 넓은 지역, 다양한 문화와 인종을 포괄해야 하기 때문인지 주제별로 전시실을 배열했다. 교통수단의 발전, 전쟁사, 백악관 등의 주제별 전시실이 마련되어 있는데, 그중에는 아프리카계 미국인의 역사를 다룬 전시실도 있었다. 그곳에 들어가니 다음과 같은 멘트가 흘러나왔다.

역사는 모든 사람들에게 동일한 것을 의미하지 않는다.

같은 미국의 역사라 하더라도 흑인들이 경험한 역사는 백인들의 그것과 다를 수 있다는 이야기다. 차별받고, 멸시당하며, 심한 박해를 받았던 흑인들의 역사와 관련된 전시물들을 보니 정말 공감이 가는 말이었다. 그들이 경험했던 미국사는 백인들의 그것과 충분히 다를 수 있는 것이다. 2016년에는 역시 워싱턴 D.C.에 '국립 아프리카계 미국인 역사 및 문화 박물관'이 별도의 독립 건물과 조직을 갖추어 개관했다. 개관식에 참가한 조지 W. 부시George W. Bush 전 대통령과 흑인 가족이 포즈를 취하고, 버락 오바마Barack Obama 대통령이 스마트폰으로 사진을 찍어주는 장면이 한국 언론에도 보도되었다.

많은 사람들이 1960~70년대를 유능한 지도자 박정희 대통령의 영도하에 온 국민이 똘똘 뭉쳐 경제개발의 위대한 업적을 이룬 시기로 기억한다. 그러나 이와는 다른 기억과 생각을 갖는 사람들도 존재한다. 1970년대 동일방직이라는 공장의 여성노동자들이 겪어야 했던 "나체시위" "똥물 세례" 같은 노동탄압은 이제 꽤 많은 사람들이 들어본 이야기일 수 있다. 사실 1970년대 민주노조와 여성노동자들의 저항에 대해서는 비교적 많은 연구와 글이 이미 나와 있다. 그러나 이들이 경험했던, 이야기했던 또한 기록했던 역사는 여전히 1960~70년대에 대한 지배적인 역사인식에 심각하게 가려져 있다. 많은 사람들이 아직도 경제개발하면 박정희 대통령의 업적만을 떠올린다. 한국의 경제개발 과정에서 여성노동자들의 역할, 그들이 겪어야 했던 희생과 고통을 생각하는 사람은 많지 않다. 여성노동자들은 수적으로 결코 소수가 아니었다. 그들은 권력관계에서는 철저히 주변부에 위치했으나 경제개발 과정에서 실제 그 중심에서 일하고 기여했던 사람들이다.

동일방직 사건을 단순히 여성노동자들에 대한 억압과 탄압을 상징하는 사건으로만 보는 것은 일면적이다. 이 사건은 당시 여성노동자들이 노동자로서, 인간으로서 성장해가는 과정, 그 과정에서 보여준 여성노동자들의 뛰어난 성취와 잠재적 가능성이라는 차원에서도 충분히 주목할 만하다. 동일방직 사건은 민주노조 운동의 성장, 이것이 한국의 민주화에 기여한 차원만이 아니라 더 큰 역사적 가능성도 보여준 사건이라 할 수 있다.

경제성장의 주역이자
희생자였던 여성노동자

한국의 여성노동자들은 수출주도형 경제성장의 과정에서 가장 중요한 역할을 한 다수였지만, 가장 형편없는 대접과 보상을 받았고, 여전히 역사 서술에서 소홀하게 취급받고 있는 집단이다. 1960년대 한국이 본격적으로 수출주도형 경제개발에 나섰을 때 핵심 수출 품목은 값싼 임금 경쟁력에 의존하는 노동집약적 경공업 제품들이었다. 예컨대 섬유직물, 의류, 가발, 신발 같은 것들을 수출했고, 이 제품을 만드는 공장에는 대부분 여성노동자들이 일했다.

1970년대에 접어들어 한국이 중화학공업화에 나섰지만 여성노동자들이 주로 만드는 섬유, 의류, 신발 등의 경공업 제품과 전자제품이 전체 수출에서 차지하는 비중은 1979년에도 47퍼센트나 되었다. 종업원 1000명 이상 대규모 제조업 사업체에서 여성노동자가 차지하는 비율은 1970년에 61.8퍼센트였고, 1979년에는 56.9퍼센트였다. 수출을 많이 하는 대규모 공장일수록 적어도 1970년대까지는 남성노동자보다 여성노동자가 더 많았던 것이다.

당시 한국의 노동자들은 세계 최고 수준의 노동시간을 감당해야 했다. 서울대 경제연구소가 1976년 경인京仁 지역 220개 업체에 종사하는 노동자를 대상으로 직접 조사한 통계에 의하면 주당 노동시간은 평균 60.7시간이나 되었다. 이렇게 장시간 노동을 했지만 여성노동자들이 받는 임금 수준은 황당할 정도의 저임금이었다. 1970년대 말 남성노동자의 90퍼센트 정도가 10만 원 이상의 임금을 받았지만, 여성노동자들은 평균적으로 5~6만 원 정도의 임금을 받는 상황이었다. 국제노동기구ILO 통계에 의하면 1980년 한국 여성노동자의 평균 임금은 남성노동자에 비해 44.5퍼센트밖에 되지 않았다. 남자들 임금의 반토막도 되지 못했던 것이다.

노동자들이 전반적으로 저임금을 받을 때였지만, 그중에서도 여성노동자들의 임금은 왜 이토록 낮았을까? 이들은 주로 농촌에서 태어나 의무교육인 초등학교 정도만 마치고 도시로 온 사람들이었다. 딸들을 도시의 가정부食母, 食母로 보내거나 공장에 보내 가계 부담을 줄이면서 돈을 벌게 하고, 이 돈으로 아들들을 교육시키는 것이 당시 농촌 가정의 일반적인 풍경이었다. 누이들이 공장에서 번 돈, 식모살이로 번 돈으로 오라비들이 공부해 고도 경제성장 과정에서 입신출세의 기회를 잡는 것이 가난했던 한국인 가족들 대부분이 살아가는 방식이었다.

공장의 여성노동자들은 대부분 10대 후반에서 20대 초반의 나이 어린 미혼 여성들이었다. 자본주의 발흥 과정에서 나타난 아동 노동에서 보이듯 기업주는 어린 사람들에게 월급을 적게 줄 수 있었다. 1970년대 초 사용자 단체인 방직협회는 섬유노조와 임금협상을 하면서 대부분의 섬유공장 노동자들은 "생계유지의 책임이 없는 17~18세의 미성년자라는 점을 들어" 임금을 많이 줄 이유가 없다고 주장하기도 했다.

한편 당시에는 여성노동자의 경우 결혼을 하면 직장을 떠나는 것이 관례였다. 따라서 이들은 대체로 10년 미만으로 일하는 경우가 대부분이었다. 정규직이라 하더라도 실제 임시적·단기적으로 노동을 하는 사람이었다. 그렇기 때문에 임금이 적었다.

게다가 이들은 여성이었다. 한국사회의 남녀 성차별은 정말 심각했다. 남녀 임금격차는 1980년 국제노동기구 통계가 있는 나라 중에 정확히 꼴찌였다. 심지어 당시 노동운동을 지원하던 도시산업선교회에서 일했던 조화순 목사도 여성이라서 다른 남성 목사들에 비해 적은 임금을 받았다고 하니 무슨 말이 필요하겠는가?

나이 어린 미성년자이고, 단기간 고용되어 있고, 게다가 여자인, 당시 여성노동자들은 저임금의 삼박자를 모두 갖춘 사람들이었다. 경제개발에 나선 한국사회에서 가장 밑바닥에 위치한 이들의 값싼 노동력과 희생이 수출의 원동력이자 경제개발의 발판이 되었던 것이다.

동일방직 공장의
여성노동자

인천시 만석동에 있는 동일방

직 공장은 원래 일제강점기에 일본인이 설립한 공장으로 일본인 소유였다. 해방 직후 적산敵産으로 미군정 소유로 편입되어 대한민국 정부로 인계되었다가 1955년에 민간에 불하되어 사유화되었다. 동일방직은 1950년대 원조경제하에서 부흥한 삼백산업(면화, 밀가루, 설탕) 업체 중에 하나로 번창했고, 박정희 정부 들어 수출기업으로 성장했다.

1970년대 동일방직 인천 공장은 노동자들이 선망하는 직장이었다. 이 공장에서 노동조합 활동을 하다가 쫓겨난 여성노동자들도 그곳은 깨끗하게 잘 가꾸어진 잔디밭이 있고, "오월이면 회색 담을 빨갛게 장미가 장식"했으며, 인천 만석동에서 "유일하게 꽃과 나무가 있는 곳"이었다고 이야기한다. 여성노동자들이 기거하는 기숙사 시설도 좋은 편이었다. 목욕탕과 신식 화장실 시설을 갖추고 있었고, 한방에 4~5명씩 생활했는데 당시 기준으로는 충분한 공간이었으며, 한쪽 벽면에는 살림도구를 챙겨놓을 수 있는 옷장까지 구비되어 있었다고 한다. 또한 기숙사에는 도서실도 있고, 음악 감상과 TV 시청이 가능한 시설도 있었다. 동일방직은 상대적으로 월급이 괜찮은 회사였고, 3교대 근무가 정착되어 노동시간도 하루 8시간 정확한 편이었다. 이렇듯 여건과 환경은 좋은 회사였지만, 그런 만큼 노동강도는 상당히 센 편이었다.

동일방직은 솜에서 실을 뽑아 면포를 만들고, 기타 화학섬유 제품을 생산하는 회사였다. 이곳에서 일하는 생산직 노동자들은 대부분 여성이었고, 주로 방적과와 직포과에서 일했다.

방적과는 솜뭉치가 실로 만들어지는 공정이 진행되는 곳이다. 이 과정에서 많은 열이 발생했다. 방적공장의 경우 한겨울에도 25~26도를 오

당시 노동자들이 선망하던 동일방직 인천 공장 전경.

르내릴 정도로 더웠다. 여성노동자들은 이런 열기와 함께 눈에도 보이지 않는 솜먼지가 눈, 코, 입에 달라붙어 숨쉬기도 어려운 환경에서 일해야 했다. 한편 직포과는 실로 옷감을 짜는 공정이다. 옷감은 물론 기계(방직기)가 짠다. 이곳에는 수천 대의 방직기들이 늘어서 있는데 그 소음이 엄청났다. 여기서 일하는 노동자들은 고무 귀마개를 하고도 귀가 찢어질 듯 아플 정도의 소음에 시달려야 했다. 직포과에서 일하는 여성노동자의 임무는 방직기의 실이 엉키거나 끊어져 멈추면 재빨리 가서 이를 풀어주고 이어주는 것이었다. 무엇보다 동작이 빨라야 했다. 공장에 들어온 여성노동자들은 1분에 15회 정도 끊어진 실을 잇고, 1분에 140보를 걸을 수 있는 능력을 길러야 했다. 조장, 반장들이 스톱워치를 들고 이를 체크했다. 숙련공의 경우 한 사람이 40~50대의 방직기를 맡아 돌보았다고 한다.

동일방직의 노동자들은 위로부터 아래로, 대리 → 담임 → 반장 → 조장으로 이어지는 위계적 체계 속에서 일했다. 조장과 반장은 숙련된 생산직 노동자 중에 선발되었고, 그 위의 담임과 대리는 일종의 관리직인데, 대부분 남성들이 차지했다. 동일방직에서는 일반 여성노동자들도 유니폼을 입고 일했다. 조장이나 반장의 경우 직위에 따라 장식과 복장이 달라졌다. 조장은 빨간 완장을 팔에 두르고 목에는 파란 호루라기를 걸고 있었다. 여성노동자들이 조금이라도 한눈을 팔거나 굼뜨게 움직이면 즉각 호루라기 소리가 들려왔다. 일반 여성노동자들의 모자에도 군인 모자에 계급장이 달리듯 마크가 달려 있었다. 처음에는 훈련생 마크를 달고 있다가 훈련 기간이 끝나면 10이라는 숫자를 달았는데, 이는 10급이라는 뜻이었다. 이후 경력이 쌓이면 9급, 8급, 7급으로 승급하는 식이다. 동일방직의 노동자들은 군대 비슷한 노무관리하에서 1분에 140보씩 분주하게 움직이며 일했다.

여성 지부장의 탄생

동일방직 인천 공장에는 일찍부터 노조가 존재했다. 박정희 정부기 한국의 모든 노동조합은 '한국노총' 소속이었다. 복수 노조는 허용되지 않았다. 전국적인 노동조합의 연맹체인 한국노총 산하에는 '섬유노조' '철도노조' '체신노조' 등 각 산업별 노조가 있었다. 한편 산별노조 밑에 각 공장을 단위로 만들어진 노조는 '지부'라고 불렸다. 동일방직 인천 공장 노조의 경우 이러한 체계에 따라 한국노총 전국섬유노동조합 동일방직 지부가 되는 식이다.

한국노총은 출범 때부터 군사정부와 우호적인 관계를 맺어왔다. 1971년 박정희 대통령이 국가비상사태를 선포했을 때 한국노총은 이를 지지하는 성명서를 발표했다. 그 직후 정부는 이른바 '국가보위에 관한 특별조치법'을 만들어 노동자들의 기본권리인 단체교섭권과 단체행동권을 실질적으로 봉쇄했다. 그러나 한국노총은 여기에 대해 적극적인 반대투쟁도 조직하지 않을 정도였다. 한국노총 산하의 하부 단위에서는 노동자의 권익을 확보하기 위한 활동도 했지만, 한국노총 간부들은 친정부적이었고 부패한 경우가 많았다. 각 사업장 역시 고용주들이 노조 간부 자리에 그들의 친척이나 지인을 심어놓거나, 노조 간부들을 매수 또는 회유하기도 했다.

동일방직 노조는 제도와 형식면에서는 민주적인 틀을 갖고 있었다. 매년 노동자들의 직접선거를 통해 대의원을 선출했고, 이들이 노동조합 대표인 지부장을 뽑고 간부진을 구성했다. 노조 지부장의 임기는 3년이었다.

동일방직은 종업원의 80퍼센트 이상이 여성이었지만 지부장은 항상 남성노동자가 차지했다. 이는 다른 경공업 사업장의 경우에도 마찬가지였다. 공장 내 노동자의 절대다수가 여성인데도 계속해서 남성 지부장이 선출되는 상황은 민주적 노동조합 제도가 형식적으로만 존재하고, 실제 운영 면에서는 심각하게 왜곡되어 있었음을 반증한다. 당시 한국의 민주주의 정치제도와 마찬가지로 말이다.

1972년 5월 10일, 이 나라에서 처음으로 남녀 보통선거가 실시된 지 정확히 24년 만에 동일방직 노조 지부에서는 진짜 선거다운 선거가 치러졌던 모양이다. 이날 동일방직 노조는 정기 대의원대회에서 여성노동자 주길자를 노조 지부장으로 선출했다. 이는 신문에 날 만한 일이었는데, 진짜 그러했다. 『동아일보』는 한국노총 역사상 최초로 인천 동일방직 지부와 부산 피복보세가공 지부에서 여성 지부장이 나왔음을 보도했다. 한국노총에 가입된 조합원은 49만 9700여 명이고, 그중 여성이 12만 4500여 명인데도 불구하고 여성 지부장이 한국노총 역사상 처음으로 나왔다니 놀라운 일이다. 동일방직 노조가 효시가 되어 1974년에는 반도상사 부평 공장 지부와 YH무역 지부에서 여성 지부장이 선출되었다. 그리고 1977년 말에는 전국에 걸쳐 11개 노조, 56개 분회에서 여성이 지부장이나 분회장에 선출되었다.

동일방직을 비롯한 노조에서 나타난 이러한 변화는 기독교 종교단체가 운영하는 도시산업선교회('산선')와 가톨릭노동청년회(JOC, '지오세') 등의 활동에 힘입은 바가 컸다. 특히 동일방직 여성 노조 지도부는 오랫동안 인천 산선과 관계를 맺어왔다. 산선은 애초 개신교 목사들이 노동자들을 대상으로 전도를 하는 단체였지만, 1960년대를 거치면서 단순한 개인적인 전도와 구원 차원이 아니라 노동운동을 지원하는 단체로서 역할을 했다. 인천 산선의 여성 목사 조화순은 연수 차원에서 1966년 동일방직 노동자로 반년 정도 일한 경험이 있어 일찍부터 이 공장과 인연을 맺어왔다.

동일방직의 여성노동자들은 인천 산선에서 이른바 '클럽활동'이라 불렸던 소그룹 활동을 했다. 이들 클럽들은 보통 7~8명의 소그룹으로 구성되었고, '청조' '햇불' '넝쿨' '해바라기' '다이너마이트' '백조' 등의 고유한 클럽명을 갖고 있었다. 이 중 '다이너마이트'라는 클럽의 회원들이 과연 어떠한 사람들이었는지 약간 궁금해진다. 클럽은 회원들이 직접 회장과 총무를 뽑는 방식으로 운영되었고, 어떤 활동을 할 것인지에 대해서도 그때마다 회원들이 토론을 통해 결정했다. 클럽의 활동 영역은 꽃꽂이부터 근로기준법 학습까지 대단히 다양했다. 동일방직의 여성노동자들은 클럽활동을 통해 서로 유대관계를 갖고, 여성노동자로서 자신이 처한 현실을 자각할 수 있었다. 여성노동자들은 클럽에서 회장, 총무를 선거하듯 제대로 노조 집행부 선거에 참여해서 노조 대의원 중 다수를 여성노동자로 선출했고, 그리하여 마침내 여성 지부장을 탄생시킬 수 있었던 것이다.

'나체시위' 사건

주길자 지부장은 노조 집행부 전원을 여성으로 구성했다. 여성 집행부는 과거의 집행부와는 달리 노동자들의 이익을 옹호하기 위해 적극적으로 활동했다. 회사 측과 교섭해 추석 상여금, 월차 및 생리휴가를 얻어냈다. 또한 둔탁한 무명 작업복에서 산뜻한 데드롱 작업복으로 바꾸고, 기숙사에 온수가 나오게 했으며, 전에는 3교대 근무 중에 식사시간이 따로 없었는데 30분 정도 밥을 먹을 수 있는 시간을 얻어냈다.

동일방직 노조는 여성 지부장의 탄생 이래 회사와 정부의 영향력에서 벗어나 노동자의 독자적인 이해관계와 의견을 민주적으로 대변하는 노조가 되었다. 당시에는 동일방직 노조처럼 독자성과 민주적 운영을 확보한 노조들을 정부와 회사 측의 영향력에서 벗어나지 못한 여타의 노조들과 대비시켜 '민주노조'라고 칭했다. 1970년대에 '민주노조'는 동일방직 노조와 더불어 청계피복 노조, 반도상사 노조, YH무역 노조, 콘트롤데이타 노조, 원풍모방 노조, 삼성제약 노조 등 열 손가락으로 꼽을 정도만 존재했다.

동일방직 노조는 '민주노조'가 되는 순간부터 이미 당국의 주목을 받고 회사 측과 긴장관계를 형성했지만, 큰 갈등이 생겨나지는 않았다. 회사 측은 여성 노조 집행부가 얼마나 가겠느냐고 지켜보는 편이었다. 그러나 1975년 2월 주길자를 이어 새로운 지부장으로 이영숙이 선출될 무렵부터 회사 측은 노조와 갈등을 일으키기 시작했다. 1976년 2월의 대의원 선거를 앞두고 회사 측은 노조 집행부를 압박하고, 한편으로는 남성노동자들을 동원해 기존 여성 집행부를 와해시키려 했다. 이 선거에서 대의원 총 47명 중 23명은 여성 집행부를 지지하는 인물들이 선출되었지만, 나머지 24명은 집행부에 반대하는 쪽이었다. 집행부 반대파 대의원 24명 중 21명은 남성노동자들이었다.

마침내 집행부 반대파는 1976년 7월 23일 일방적으로 대의원대회를 소집해 기존 여성 집행부를 불신임하고 자신들을 중심으로 새로운 노조 집행부를 만들려고 했다. 이날 경찰은 때맞추어 노조 지부장 이영숙을 연행해갔다. 집행부 반대파 대의원들은 기숙사 강당에서 기존 집행부 불신임안을 통과시키고 남성노동자를 새로운 지부장으로 선출했다. 여성노동자들은 강당으로 달려와 항의하면서 농성을 전개했다. 처음에는 농성을 하다가 교대시간이 되면 작업장에 들어가 일을 하면서 농성을 했지만, 다음 날인 24일 밤 10시부터는 전면 파업을 단행했다. 당시는 노동자들의 파업이 사실상 불법화되었던 때였다. 7월 25일 경찰이 즉시 출동해 농성장을 포위했고, 마침내 농성 중인 여성노동자들을 강제해산했다.

7월 한여름의 열기 속에서 농성장은 아수라장이 되었다. 이날 여성노동자들은 모두 웃통을 벗어 흔들며 노래를 부르면서 반나체 상태로 진압하는 경찰과 회사 간부들에 맞섰다. 이들이 나체시위를 하게 된 경위에 대해서는 옷을 벗으면 경찰들이 직접 폭력을 가하지 못할 것이라 생각했다는 이야기가 있다. 한편 일부 여성노동자들이 경찰에 강제로 연행되는 과정에서 옷이 찢어져 벌거벗겨지자 누군가가 "우리의 친구, 우리의 동지만을 부끄럽게 할 수는 없습니다. 우리 모두 벗어 정의를 위해 함께 부끄러워집시다."라고 외쳤기 때문에 모두 탈의했다는 이야기도 있다. 이날 여성노동자들의 저항은 처절했다. 경찰과 남성 간부들이 이들을 차에 태우려 하자 일부 여성노동자들은 차 밑으로 기어들어갔다. 이날 농성장에서 72명이 연행되었지만 밤 11시에 모두 풀려났다.

나체시위 사건 이후 여성 집행부를 사수하려는 쪽과 집행부 반대파 사이의 팽팽한 대치가 계속되었지만, 우여곡절 끝에 결국은 노조 총무부장이었던 이총각이 새로운 지부장이 되는 것으로 타협을 보아 여성 집행부를 지킬 수 있었다.

알몸으로 버티다 쓰러진 여공들을
다룬 기사. 『주간시민』 제523호.

똥물 테러 사건

　　　　　　　　1978년 2월 21일에 다시 동일
방직 노조 대의원 선거가 열렸다. 특히 1978년은 새로운 지부장을 선출
해야 하는 해였다. 따라서 이 선거는 노조 집행부의 향배와 직접 관련이
있는 중요한 선거였다. 회사 측과 상급노조인 한국노총 섬유노조는 여
성 노조 집행부를 와해시키려고 온갖 노력을 다했다.

　대의원 선거날 이총각 집행부는 분위기 자체가 대단히 험악했기 때
문에 경찰에 보호 요청을 했고, 수 명의 정사복 경찰관이 공장 안으로 들

어와 선거를 지켜보았다. 경찰이 결코 노조 편은 아니었지만, 그래도 폭력행위 등은 막아줄 거라 기대했던 것이다.

오전 6시 교대시간부터 투표가 진행될 예정이었다. 교대시간에 맞춰 출퇴근하는 노동자들이 공장에 모여들 무렵, 남성노동자를 중심으로 한 기존 집행부 반대파 노동자들이 갑자기 드럼통에 똥을 한가득 퍼가지고 나타났다. 이들은 노조 간부들과 노조활동에 열성적인 여성노동자들에게 달려가 똥을 던지고, 통째로 똥을 뒤집어씌우고, 비닐장갑 낀 손으로 똥을 집어 조합원들의 입과 젖가슴에 처넣는 난동을 벌였다. 또한 탈의실로 가서 여성노동자들이 벗어놓은 옷에 똥을 바르고, 주머니에 똥을 넣기도 했으며, 노조 사무실에 똥을 뿌리기도 했다. 여성노동자들은 공장 안에서 이를 지켜보고 있던 경찰에게 도움을 요청했다. 그러나 그들에게 돌아온 말은 "야! 이 ○○아! 가만 있어, 이따가 말릴 거야"라는 것이었다. 섬유노조에서 파견된 조직행동대 대원들도 노골적으로 집행부 반대파의 폭거를 돕는 쪽으로 행동했다. 이것이 막 수출 100억 달러의 위업을 달성한 이듬해인 1978년 대한민국 수출 공장에서 벌어진 일이었다.

동일방직의 노동자들은 똥물 사건 이후 관련 기관을 방문하고, 관련 인사들에게 편지를 띄워 자신들의 억울함을 호소했다. 이 편지에서 노동자들은 "백억불 수출을 했어도 노동자의 생활은 나아진 것이 없고, 오히려 똥을 먹어야 하고, 노동자만이 허리띠를 졸라맬 것을 강요당하는 사회는" 부당하다고 개탄했다. 그녀들, 여성노동자들에게 1970년대 경제개발, 산업화의 역사는 이러한 것이었다.

동일방직 노동자의
기나긴 복직투쟁

　　　　　　　　　　　　야만적이고 기막힌 폭거를 당한 동일방직의 여성노동자들은 공장 밖으로 나가 이에 항의했다. 이들은 1978년 3월 10일 국무총리 참석하에 장충체육관에서 개최된 노동절 기념식에서 기습적으로 플래카드를 펼쳐들고 유인물을 뿌리며 "김영태 (섬유노조 위원장)는 물러가라" "동일방직 문제를 해결하라" "우리는 똥을 먹고 살 수 없다"는 구호를 외쳤다. 이 행사는 TV와 라디오로 생중계되고 있었는데, 이 때문에 방송이 세 차례나 중단되기도 했다. 당시 언론들은 동일방직에서 벌어진 엄청난 사태에 대해 전혀 보도하지 못했다. 김수환 추기경은 "이러한 처참한 일이 대낮에 벌어지고 있는데도 그때 언론은 이 같은 사실은 전혀 보도하지 않고 창경원 황새의 죽음을 더 염려했던 것으로 기억합니다."라고 개탄했다.

　　3월 10일 노동절 행사장에서 잡히지 않은 여성노동자들은 명동성당으로 들어가 농성을 전개했다. 40여 명의 동일방직 여성노동자들도 인천에서 올라와 명동성당에 합류했고, 일부 노동자들은 인천 답동 천주교 성당에서 농성을 벌였다. 여성노동자들은 명동성당에서 단식농성을 전개했고, 민주화운동에 기여했던 종교인, 해직교수, 지식인들도 '동일방직 사건 수습대책위원회'를 구성하고 이들을 지원했다. 한편 김수환 추기경과 강원룡 목사 등 종교계 지도자들이 나서 사태를 해결하기 위해 정부 및 회사 측과 협상을 벌였다. 협상 결과 동일방직 사태는 1978년 2월 21일의 폭거 이전 상태로 환원하여, 노동자들은 복귀하고 추후 공정하고 중립적인 선거 관리를 통해 노조를 정상화할 것이 합의되었다. 이 소식을 듣고 노동자들은 농성을 풀었지만 우여곡절 끝에 이들의 복직 문제는 결국 해결되지 않았다. 이총각 등 조합 간부를 포함한 노동자 124명은 공장에서 해고되었다. 한편 섬유노조는 동일방직 해고자 명단을 각 공장에 공문으로 보내 이들의 재취업을 방해하고 차단했다. 해고된 노동자들은 1980년대 초까지 줄기차게 복직투쟁을 벌였지만 결국 동일방직 공장에 돌아가지 못했다.

깊숙이 침투해 신경질부리는 국가권력

동일방직의 비극은 왜 발생했을까? 동일방직 노조운동을 지원했던 김동완 목사는 이 사건을 박정희 독재정권과 섬유노조, 동일방직 회사의 3자 공모 속에 일어난 일이라고 했다. 표면적으로 보면 동일방직 노조가 주로 대치했던 대상은 섬유노조와 그 지도자들이었다. 동일방직 노조원들이 발표한 각종 성명서에는 박정희 정부에 대한 직접적인 비판은 나오지 않는다. 그런데 3자 공모에서 가장 중요한 축으로 작용한 것은 국가권력이었다. 당시 국가권력은 단지 동일방직의 상급노조인 섬유노조 등 한국노총을 조종하고, 회사 측의 노동탄압을 묵인하거나 조장하는 차원으로 멀리서 동일방직 사태에 개입하는 정도가 아니었다. 국가권력은 직접적으로 동일방직 공장 내부에 깊숙이 침투해 노조운동을 대단히 신경질적으로 철저하게 탄압했다.

1977년부터 중앙정보부 경기지부에서 노사 문제를 전담한 최종선의 진술에 의하면 섬유노조는 중앙정보부 경기지부 차원이 아니라, 서울 본부 차원에서 지시와 조종을 받아 동일방직 지부를 탄압하는 일에 나섰다고 했다. 중앙의 핵심 권력이 동일방직 노조탄압에 직접 개입하고 있었던 것이다. 한편 최근 국정원 과거사 진실규명 과정에서 동일방직 사태와 관련해 중앙정보부가 작성한 문건이 공개된 바 있다. 1977년 4월 4일 대의원대회 회의록을 인쇄할 때 이총각과 인쇄소 대표가 나눈 대화를 중앙정보부 요원이 탐지하여 보고한 문건이다. 이 문건에 따르면 이날 대의원대회에서 노조 지부장으로 선출된 이총각은 인쇄소 사장에게 "대의원대회 결과를 섬유노조로부터 인준을 받아야 하는데, 중앙정보부가 관여하고 있기 때문에 속수무책이다."라고 말했다. 또한 이총각은 노조원 회비를 과거에는 회사가 봉급 지급 때 일괄공제해주었으나 최근에는 일괄공제를 중단했다면서, 이것 역시 "기관의 작용"이 있었던 것으로 보인다고 말했다. 당시 노조 간부들은 이렇듯 섬유노조와 회사의 배후에 국가권력이 대단히 직접적으로 작용하고 있다는 사실을 매우 잘 알고 의식하고 있었다. 다만 국가권력에 직접 맞서는 것은 부담이 너무 크고, 이를 감당할 역량도 없었기 때문에 중앙 국가권력의 개입 문제를 직접 거론하거나 쟁점화하지 못하고, 주로 섬유노조와 그 지도자들을 비판하고 이들에 대항했던 것이다.

국가권력은 세밀하게 촉수를 뻗치고 있었고, 대단히 신경질적으로 동일방직 사태에 개입했다. 박정희 정부는 자율적인 민주노조가 공장에 존재하는 것 자체가 정권의 안위를 위협하는 일이라 생각했다. 이러한 상황이었기에 1970년대 민주노조의 활동은 일반적인 노동운동을 분석하는 논리, 즉 경제투쟁과 정치투쟁을 구분해 보는 형식 논리 같은 것으로는 설명이 되기가 어렵다.

사실 동일방직의 여성 노조 집행부는 엄청난 탄압을 당했지만 임금인상 같은 경제투쟁도 제대로 한 적이 없다. 이들이 주력한 것은 여성 노조 집행부를 사수하여 노조를 진정으로 자주적으로, 민주적으로 운영해보겠다는 것이었다. 그러나 이러한 활동조차도 중앙 국가권력에 직접적으로 도전하는 것이었고, 그러하기에 국가권력의 작용과 비호 속에서 이처럼 아주 비극적인 노동탄압을 받았던 것이다. 민주노조를 만들고 유지하는 것 자체가 노동자들의 의지와 선택과는 상관없이 정치적 의미를 부여받고, 정치투쟁이 될 수밖에 없는 상황이었다.

유신체제기 중에서도 가장 암흑기는 1975년 남베트남이 전쟁에서 패배해 붕괴되고, '긴급조치 9호'가 발동할 무렵이었다. 민주화운동은 이때 심각하게 위축되었다가, 1977년부터 조금씩 다시 고개를 들기 시작했고, 1978년과 1979년에는 크게 활성화되어 박정희 정권을 압박해갔다. 동일방직 노조의 투쟁은 1977년 이후 민주화운동이 다시 활성화되는 맥락에서 존재했고, 사회적 관심과 연대를 이끌어냄으로써 민주화운동을 전반적으로 고양시키는 데 기여했다.

사실 당시 경제개발 과정에서 가장 천대받던 여성노동자의 민주노조 운동은 박정희 정권의 붕괴에 직접적으로 기여했다. 1979년 여름 YH무역 노조의 여성노동자들이 야당인 신민당사에서 농성하다가 무참히 강제진압당했다. 이 사건의 연속선상에서 야당 지도자 김영삼의 국회

제명이 있었고, 이는 부마항쟁을 촉발시켰으며, 이 항쟁은 박정희 암살 사건의 직접적인 배경이 되었다.

남성노동자와 여성노동자

똥물 세례 등 동일방직의 비극에는 노동탄압적이고 히스테리적인 국가권력의 개입, 어용화된 섬유노조, 회사의 노조탄압 문제만 개입된 것은 아니다. 여기에는 남성노동자와 여성노동자 사이의 차별과 갈등이라는 문제가 크게 작용했다. 동일방직 여성 노조 집행부에 반대하는 노동자 그룹(집행부 반대파)은 남성노동자들이 주도했고, 이들은 회사, 나아가 그뒤에서 작용하는 국가권력의 지원 및 보호를 받았다고 할 수 있다. 1979년 YH 사건 때 산선과 동일방직 노조를 대단히 비판적으로 다룬 신문기사에도 집행부 반대파 그룹을 '회사 측'이라고 서술하고 있다. 그러나 동일방직 집행부에 대항했던 남성노동자들의 행동이 전적으로 회사 측의 사주, 조종, 유도에 의해서만 진행된 것은 아니었다. 여기에는 남성과 여성 사이의 성차별 의식이 자체적인 동력으로 개입되어 있었다.

이 점은 남성노동자로서는 드물게 여성들이 주도하는 노조 집행부에 참여해 '부╫지부장'까지 하다가 함께 동일방직에서 해직된 유일한 남성노동자였던 이병국의 회고를 보면 잘 알 수 있다. 이병국은 애초 다른 남성들과 같이 여성 집행부를 와해시키기 위해 1976년 대의원 선거에 출마해 당선되었다. 그러나 막상 노조활동을 해보니 여성 집행부의 활동이 노동조건을 개선하는 데 많은 기여를 했고, 이것이 전체 노동자에게 유익한 것이었음을 인정하게 되었다. 그리하여 동료 남성노동자들에게 여성 집행부를 꼭 파괴해야 할 이유가 어디에 있느냐고 반문하며 이들을 설득하려 했다. 그럴 때마다 동료 남성노동자들로부터 돌아오는 반응은 이건 "남자들의 체면 문제"이기 때문에 어쩔 수 없다는 것이었다. 남성노동자들은 성차별 의식 때문에 여성 집행부의 존재 자체를 자신들의 체면을 구기는 것으로 생각했다. 이에 여성 집행부와 극단적으로 대결하는 길로 갔던 것이다.

1970년대 민주노조 운동은 전반적으로 여성노동자들이 주도했고, 남성들은 노조운동에 소극적이거나 오히려 이를 탄압하는 역할을 했다. 그러나 모든 사업장에서 여성과 남성노동자들이 대립적 관계를 형성했던 것은 아니다. 예컨대 YH무역의 경우 남녀 노동자 사이에 갈등은 없었으며, 회사 측이 남성노동자를 동원해 노조를 탄압하려 했지만 성공하지 못했다고 한다. 그러나 이러한 상황에서도 남녀 성차별적 관점은 작동하고 있다. YH무역에서 남성노동자들은 자신들은 "출세에 문제가 있기 때문에" 직접 노조활동에 나서지는 않지만 뒤에서 협조해주겠다는 태도를 보였다. 한편 역시 민주노조가 활동했던 원풍모방의 남성노동자들은 자신들은 처자식을 먹여 살려야 하지만 여성들은 시집가면 그만이므로 노조활동을 적극적으로 하는 것을 당연시했다고 한다. 이들은 여성 노조원들에게 "뒤에서 도와줄게"라고 했는데, 이는 여성들에게 노조활동의 위험부담을 사실상 떠맡게 하는 것이었다. 위험은 항상 더 약하고, 하층에 있는 사람들에게 전가되는 경향이 있다.

남성노동자 대부분의 태도는 이처럼 여성들이 주도하는 노조를 탄압하거나 아니면 그뒤에 숨어들어 편승하거나 무임승차하는 것이었다. 이를 합리화하는 논리가 남성들은 처자식을 먹여 살려야 하는데 여성들은 그렇지 않다는 가부장적인 관념이었다. 이러한 사정이었기에 어느 쪽으로 가든 남성들의 체면은 손상될 수밖에 없었다.

여성노동자의 자아정체성과
학습·교육활동

동일방직 민주노조 운동의 의미는 민주화에 기여했다는 차원에서만 찾을 수 있는 것은 아니다. 이 사건에서 여성노동자들은 소외되고 밑바닥에 위치한 사람들이 능동적인 역사의 주체가 되어 더 근본적인 인간해방을 이룩할 잠재적 가능성을 보여주었다.

동일방직 노조에서 활동했던 여성노동자들은 많은 글을 남겼다. 복직운동을 하는 과정에서도 1978년 12월부터 해고된 노조원들의 글 등을 모아 매월 『동지회보』를 발행하기도 했고, 그 이후에도 각종 수기, 회고록 등을 많이 남겼다. 이러한 글을 읽다보면 일단 이들이 도달한 지적 성취에 놀라고, 한편 그녀들이 보여준 지식 그 자체에 대한 열망과 애정에 더욱 놀라게 된다.

여성노동자들은 노동조합 활동 및 산선 클럽활동을 통해 독립적인 인간으로서, 여성으로서, 노동자로서 자아정체성을 형성해갔다. 청계천

평화시장에서 미싱공을 보조하는 노동자, 이른바 '시다'로 일했던 전순옥은 이렇게 회고했다.

> 그들(여성노동자를 지칭—필자)은 정말 인간으로서, 여성으로서 너무 대접을 못 받고 살아왔다. 집에서는 말순이, 섭섭이, 끝단이, 큰년이, 막내로 불리다 공장에 오니까 시다 1번, 미싱사 3번으로 불렸다. 그런데 노동조합에서는 그들의 이름을 불러줬다. 노동조합 활동을 하면서 위원장, 교육선전부장 등 직함으로 불리고, '아, 나한테 이름이 있었구나', 이렇게 노동조합 활동을 통해 자아, 존재를 찾은 것이다.

이렇게 자아의식을 형성하면서 여성노동자들은 일단 과거보다 훨씬 자신감 있고, 능동적인 태도를 갖게 되었다. 산선 활동가로 동일방직의 여성노동자들과 함께한 조화순 목사는 산선활동과 노조활동을 통해 이들이 "얼굴 표정 하나하나, 옷매무새까지도 달라졌어요."라고 했다. 이들에게 "자신감이 넘쳐" 흘렀고, "자유인이 되었다는 인상"을 받았다고 했다. 당시 대부분의 여성노동자들은 '공순이'로 불리며 사회적 멸시와 차별을 받았다. 그렇기 때문에 옷차림에 과도하게 신경을 쓰면서 노동자가 아니라 여대생처럼 보이려고 노력했다. 박봉을 털어 비싼 옷을 사고, 식비가 없어 '맛나니 간장'에 밥을 비벼먹거나 새우젓 반찬 하나로 끼니를 때우기도 했다고 한다. 그러나 동일방직 여성노동자들은 자아정체성을 강하게 형성하면서 노동자임을 자랑스럽게 생각했고, 그러하기에 아무 옷이나 걸쳐도 자신감이 넘쳐 보였다는 것이다.

동일방직의 여성노동자들은 자신들의 잠재적 능력을 키워나가기 위해 다양한 차원의 활동을 했다. 특히 다양한 지식을 습득하는 데 큰 열정을 보였다. 산선 등 노동자 선교단체가 주관한 클럽활동은 여기에 많은 도움을 주었다. 클럽활동은 참으로 다양했다. 처음에는 꽃꽂이, 요리강습 등을 했는데 짜장면 같은 것도 직접 만들어 먹었다고 한다. 때로는 성경공부를 할 때도 있었고, 신문과 책을 읽는 능력을 기르기 위해 한문공부를 하는 경우도 있었다. '여성운동사' '한국여성의 위치와 역할' '현대사회에서의 여성운동의 중요성' 등 여성 문제도 산선 교육 프로그램 중에 하나였다. 이러한 모임들은 대체로 노동현장에서 벌어진 일을 상호 토론하거나 근로기준법 등을 공부하는 활동으로 이어졌다.

동일방직 노조의 여성 집행부는 노조원 교육을 중시했다. 주길자는 지부장으로 처음 선출되었을 때 신문 인터뷰를 통해 소득 문제와 조합원의 교육 문제를 중점적으로 다루겠다고 했다. 이영숙 지부장도 노조원 교육을 강조했다. 이지부장은 노조원을 30명씩 나눠 지부 사무실에 모아 놓고, 2시간 정도 직접 교육을 시켰다. 노동조합의 목적, 노동조합을 보호하는 법, 조합원의 자세와 의무와 권리, 가족계획, 공동생활인의 태도에 대해 가르쳤다. 동일방직 노조 간부들은 외부에서 열리는 각종 세미나, 연구모임에 적극적으로 참여했다고 한다.

동일방직의 여성노동자들은 노동 선교단체에서 하는 클럽활동과는 별도로 공장 내에서 자체적으로 다양한 소그룹을 만들어 활동했다. 이 중에는 주변 고아원의 아이들을 돌보는 봉사활동을 하는 그룹도 있었고, 10명 안팎으로 비밀리에 모임을 갖는 소그룹 활동도 있어 "노동자들

독서클럽에서 대화 중인 여성노동자들.

의 현실을 깨달을 수 있는 책을 함께 읽고 토론하면서 현장 내의 문제들을 찾아내었다."고 한다. 동일방직과 더불어 1970년대 대표적인 민주노조 중 하나였던 원풍모방 노조의 경우도 노조 내에 50~60개의 소모임 활동이 있었고, 대의원 교육, 중견 간부 교육, 일반 조합원 교육, 크리스찬 아카데미가 주관하는 교육 등 수많은 교육활동을 진행했다고 한다.

동일방직의 여성노동자들 일부는 개인적으로도 틈틈이 책을 보는 생활을 했다. 이 공장 기숙사 1층에 마련된 도서실에는 여러 책들이 비치되어 있었다. 석정남은 그곳에서 하이네의 낭만시나 김소월과 윤동주의 시집을 읽었다. 또한 그녀는 일반 역사에 대해 관심을 갖고 공부하기도 했으며, 신문을 읽기 위해 한자공부도 했다. 그러는 과정에서 "나랏일까지도 걱정을 하게 되었다."고 했다. 한편 추송례는 『세계노동운동사』등의 책을 보기도 했고, 전태일의 노트 복사본을 얻어 몰래 읽기도 했다.

여성노동자와 지식

　　　　　　　　　　　　김경일은 일찍이 여성노동자들이 추구한 지식의 문제에 주목했다. 그는 여성노동자들이 추구했던 지식을 "출세의 지식"과 "해방의 지식"으로 나누어 설명했다. 즉 여성노동자들이 처음에는 공장 주변의 학원이나 야학 등을 기웃거리며 노동자의 처지에서 벗어나 신분상승을 꿈꾸는 지식(출세의 지식)을 추구하지만 그것이 허망한 꿈이라는 것을 깨닫고, 자신에게 가해지는 억압과 차별을 자각하면서 여기에 대항하는 실천과 해방을 꿈꾸는 지식(해방의 지식)에 관심을 갖게 되었다는 이야기다.

　　그런데 노동자들이 실제로 이렇게 지식을 뚜렷하게 구분해 사고했던 것 같지는 않다. 당시 여성노동자들은 산업체 부설학교 등에서 중고등학교 교육 과정을 배우는 것이나 산선이나 노조에서 노동조합법과 노동운동에 대해 배우는 것을 명확하게 구분하기보다는 모두 자신들에게 필요하고 의미 있는 것으로 수용했다.

　　후일 노조 지도자로 구로동맹파업(1985년)을 이끌었던 윤혜련은 초등학교만 졸업하고 공장으로 가 '시다'가 되었다. 그녀는 1970년대 말 산업체 부설 특별학교를 다녔는데, 후일 "박정희 군사정권에 딱 한 가지 고마운 것은 그 시절 산업체에 특별학교라는 제도를 만들었다는 것이다."라고 했다. 산업체 부설 특별학교는 각 산업체에 특별 야간학교를 만들어 노동자들이 중고등학교 과정을 이수하게 만든 제도였다. 윤혜련은 산업체 부설 특별학교에서 중학교 과정을 공부했고, 그후 방송통신고등학교도 졸업했으며, 그 학력으로 가리봉 전자에 입사할 수 있었고, 그곳에서 노조 간부가 되어 활동했다.

청계피복 노조가 결성된 직후 노조 여성부장이었던 정인숙은 노조 활동의 저변을 확대하기 위해 노동자를 10~15명씩 모아 소규모 모임을 꾸려 활동하는 방식을 고안했다. 이러한 소규모 모임의 체계를 '아카시아회'라고 불렀다. 1971년 아카시아회는 500명이 넘는 시다를 초대해 크리스마스 파티를 열었다고 한다. 이때 아카시아회 회원들은 시다들에게 노조에 가장 바라는 일이 무엇인지를 물었고, 이때 압도적으로 많은 응답이 중등 교육 과정을 배우고 싶다는 것이었다. 그리하여 노조는 6개월짜리 교육 프로그램을 마련했다. 이후 정인숙은 모범 여성노동자로 뽑혀 청와대에 가서 영부인 육영수를 만났다고 한다. 육여사는 아카시아회 교육 프로그램에 관심을 보였고, 그 활동이 원활히 이루어지도록 도움을 주겠다고 약속했다. 이에 중앙정보부 등이 움직여 고용주들이 동화시장 내에 노동교실을 여는 데 협조하도록 종용했다고 한다. 또한 외국 노동단체의 지원을 받아 1973년 5월 마침내 노동교실 개관식을 개최했다. 원래 여기에 영부인도 직접 참석할 예정이었다고 한다. 그러나 영부인 육영수의 참석은 결국 무산되었다. 노조 측에서 재야 민주화운동가 함석헌을 개관식에 초청한 것이 문제가 되었다. 영부인이 오는 행사에 함석헌 같은 사람이 오면 안 된다는 것이었다.

당시 국가권력은 정말 신경질적이었다. 개관 직후 노동교실은 중앙정보부의 명령에 따라 문을 닫았다. 그러나 청계피복 노조는 1975년 4월 노동교실을 다시 개관했고, 여기서 초등학교와 중학교 수준의 학과 공부, 섬유와 의류를 만드는 실무 기술, 노동법 등의 정치 교육, 자신감을 키우는 법 등 모든 것을 함께 가르쳤다고 한다.

독립적이고 자율적인 개인으로서 자신을 정립하기 위해서는 자신이 사회적으로 어떠한 위치에 있고, 자신과 사회가 어떠한 관계를 맺고 있으며, 자신이 겪고 감당해야 하는 제반 현실들이 과연 어떠한 역사적 맥락에서 진행되는지를 알아야 한다. 그러하기에 일반적으로 자신을 돌아보는 과정과 자신의 주변을 돌아보는 과정은 함께 진행되는 것이며, 이러한 과정에서 필요한 지식은 단지 어떤 특정한 분야로 혹은 실용을 위한 수단으로 한정되기보다는 기본적으로 넓고, 다양하고, 일반적인 지식(general knowledge 혹은 '총체적 지식'이라고도 한다)이라 할 수 있다. 그러하기에 중고등학교 교육 과정도 필요하고, 노동법 교육도 필요했던 것이다.

석정남은 1981년 복직투쟁 중 『동지회보』에 쓴 글에서 다음과 같이 말했다.

또한 사람이란 무슨 일을 하든 자기가 하는 일에 확신을 가져야 함은 물론이다. 그러기 위해서는 완전한 확신에 도달하려는 개인의 노력이 요구된다. 다시 말해 무식은 어떤 외부적인 압력이나 조건에 의한 것이 아니며 스스로 자기 능력의 한계에 의한 좌절 상태에서는 포기할 가능성도 있기 때문에 역사적인 흐름을 파악하고, 정말 이러한 일이 왜 필요한가의 중요성을 올바로 파악하는 일은 매우 중요하다. 이런 이유로 나는 상당한 노력은 했으나 여건이 어려운 탓인지, 참으로 마음과 뜻대로 되어지지 않았다.

전반적인 역사적 흐름을 파악하면서, 자신의 일과 세상에 대해 어떤 신념과 확신을 갖는 것이 중요하다는 이야기다. 다양한 차원에서 자신과 세상을 둘러보며 알아나가는 것, 변화하는 세상의 흐름을 파악하는 것, 그 속에서 자신과 세상이 나아갈 방향에 대해 어떤 방향감과 신념을 형성하는 것, 이것이야말로 '역사의식'이라는 단어가 담고 있는 내용이 아니었을까?

교육학자 성래운은 이 무렵 한 좌담회에서 산선 등 종교계 노동단체가 주관하는 '노동교실' 활동이 "공식적인 학교 교육에서는 하지 못하는 사회개선이나 사회정의의 실현 속에서 인간적인 자각과 인간적인 권리 되찾기의 진실을 당당히 찾고 배우고 누리면서 자라나가는 주인되기"를 추구하는 모범적인 교육의 사례라고 의미를 부여했다. 비록 똥물세례를 받아야 했던 여성노동자들이었지만, 그들이 보여준 지식에 대한 열정과 태도는 당시 지식인들에게도 강한 인상을 남겼던 것이다.

지금도 많은 사람들이 공부하기 위해 애쓰고 있고, 부모들이 자녀들을 공부시키기 위해 죽기 살기로 엄청난 노력과 돈을 쏟아붓고 있다. 그런데 현재 우리들이 동일방직의 여성노동자들처럼 배움을 통해 자신과 세상을 돌아보며 인간다움을 깨닫고 또한 지식을 얻는 것 그 자체에 대해 깊은 희열을 느끼며, 스스로의 인간됨을 자각하고, 삶을 헤쳐 나아가는 힘을 얻는 것일까? 만약 많은 사람들이 동일방직의 여성노동자들처럼 지식에 대한 열정과 태도를 갖고 공부할 수 있다면, 개인도 사회도 정말 많은 변화가 일어날 것이다. 지식이 어떤 수단이 되어 특정 결과를 산출해서 중요한 것이 아니라, 지식의 습득을 통해 인간다워지고, 인간답게 살 수 있는 자신감과 힘을 얻는다면 이는 정말 우리를 여러 가지로 즐겁고 행복하게 만들 것이다.

똥과 지식

석정남도 인정했듯이 노동자들이 스스로 지식을 획득해가고 역사적 흐름을 파악하는 것은 물론 쉽지 않았다. 동일방직 노동자들은 활동 과정에서 산선 등에 있는 지식인 활동가의 도움을 받았다. 그러나 이들은 자신들과 지식인 활동가의 처지는 다르며, 그들에게 계속해서 의존할 수는 없고, 그것이 바람직하지 않다는 것도 잘 알고 있었다.

이총각이 지부장으로 선출되면서부터 동일방직 노조는 노조활동의 자주성을 내세워 의도적으로 산선과 불필요한 연결은 맺으려 하지 않았다고 한다. 동일방직 여성노동자들은 산선의 조화순 목사에게도 그녀가 자신들을 무시하고 있는 것 같다고 직접 말하기도 했다. 노조 지부장 이총각은 복직투쟁 과정에서 조화순에게 "목사님은 그래도 목사라는 것 때문에 대우받는다. 우리만큼 매를 맞느냐? 안 맞는다. 우리는 해고됐지만 목사님은 감옥 간 것 때문에 영광의 별이 되고 목사직을 계속하지 않는가?"라고 말하며 서로 끌어안고 운 일이 있다고 회고했다. 여성노동자와 산선의 지식인 활동가 사이에도 어쩔 수 없이 가로놓인 경계가 존재했고, 이것을 서로가 인정할 수밖에 없었던 것이다.

석정남은 당시 여성노동자들이 '써클 활동'을 하면서 자신들이 지식인 활동가들에 의해 압도당하고, 유도되는 것에 불만을 갖고 있었다고 회고했다. 그러나 한편으로 노동조합을 하면서 회사 측과 노사협의를 하다보면 상대는 일류 대학 출신에다가 외국 유학까지 다녀온 인물들이니 자신들은 유식한 사람들의 도움이 필요할 수밖에 없었다고 했다. 그리하여 석정남은 언젠가 이러한 문제들을 스스로 극복해나가기를 희망하며 다음과 같이 언급했다.

우리의 검은 머리가 희끗희끗해질 때까지 이런 문제로 고민하고 참여한다면 그때야말로 완전히 자율적으로 할 수 있을 것 같아.(웃음) 그때는 우리의 지도자를 우리가 길러내고 우리가 기른 지도자의 힘으로 모든 것을 판단하고 교육도 시키는 거야. 조합비 걷어서 뭐해? 교육시키고 공부시켜서 투자한 만큼 본전 빼는 거지 뭐. 우리가 지금 이렇게 쉽게 쓰러지고 고통당하는 것도 선배들의 밑거름이 없었기 때문이야.

현재까지 한국의 노동운동이 얼마나 자체적으로 지도자를 키우고, 교육시키는 일을 해왔는지, 여기에 과연 얼마만큼의 가치와 의미를 두었는지, 석정남이 갈망했던 선배들의 밑거름을 만들어가고 있는지, 한

번 생각해볼 필요가 있는 것 같다.

이러한 맥락에서 석정남은 노동자들이 "그저 먹고사는 문제에만 급급했던 지난날들의 생활"을 저주스럽게 생각하며, 노동자들도 "역사적인 흐름을 파악"하는 것이 필요하다고 했다.

추송례는 노동자들이 글을 써야 세상을 바꿀 수 있다며 다음과 같이 이야기한다.

> 힘없고 가진 것 없는 약자일수록 글을 써야 거기에서 벗어날 수 있다고 믿는 사람이죠. 글을 써야만 자기 삶도 바꿀 수 있고요. 글을 써서 내가 누구인지, 나는 어떤 사람인지, 우리가 처한 현실이 어떤 상태인지, 끊임없이 보여줘야 해요. 투쟁은 한계가 있지만 글은 한계가 없는 가장 강력한 힘이고 무기입니다. 언제까지나 계속 소리 지를 수는 없지만 한번 쓴 글은 영원한 목소리로 소리칠 수 있으니까요. 그래서 우린 글을 써야 합니다. 특히 일하는 사람이 글을 써야 세상을 바꿀 수 있다고 저는 믿습니다.

추송례는 자신의 동일방직 활동 경험을 수기로 써서 전태일 문학상을 받기도 했다. 그후에도 그녀는 계속 글을 쓰면서 다음과 같은 고민을 보여주었다.

> 전에는 내 멋대로 썼는데 남들이 볼 걸 염두에 두니깐 글은 매끄러워졌는데 뭔가가 빠져버리더라고요. 그 뭔가가 중요한 건데, 혼자 쓴 글에

114

는 내가 쓰고 싶은 대로 맘대로 다 털어내듯이 썼는데 남한테 보여주려는 글을 쓰려니 치장에 신경을 쓰게 됩니다. 나는 어떤 목적으로 글을 쓰는지 다시 생각해봤습니다. 내게 글은 내 생활과 마음을 진실하게 담아내는 것이다. 그렇게 정리하고서는 다시 예전처럼 쓸 수 있었습니다.

앞의 글들을 읽으면서 필자는 동일방직 노동자들이 똥물 세례를 받은 이유를 확실하게 알 수 있을 것 같았다. 똥물 세례라는 동일방직의 비극은 물론 엄청나고 유례가 없는 폭력성을 보여준 것이었다. 그러나 그 폭력의 방식이 때리거나 피 흘리게 하는 물리적, 신체적 파괴성이 두드러진 것이 아니라 인격에 대해, 인간의 품위 그 자체에 대해 살인적인 타격을 가하는 방식이 두드러졌다. 왜 이러한 폭력이 발생했을까?

당시 여성노동자들은 경제개발, 수출전선에 나선 한국사회의 가장 밑바닥에 위치하고 천대받는 존재들이었다. 이들은 못 배웠고, 어렸으며, 가난했고, 촌뜨기였고, 게다가 여성이었다. 그런데 그녀들이 갑자기 제대로 선거하는 법을 배워 노조를 장악했다. 국가권력, 회사, 섬유노조, 남성노동자들은 혼연일체가 되어 이들을 탄압했다. 그러나 시간이 갈수록 그들은 갑자기 똑똑해지고, 자신감 있고, 지식의 근본적인 가치와 세상에 대해 자각해가는, 그리하여 세상의 중심에 진입해가는 그녀들을 보게 되었다. 유신체제하의 독재권력과 기업주, 섬유노조의 간부들, 남성노동자들은 현격하게 달라진 그녀들의 모습을 보며 무엇을 느꼈을까? 두렵기도 하고 열등감도 느꼈을 것이다. 그녀들이 보여준 지식 그 자체에 대한 열망과 애정, 이러한 지식에 대한 성취를 인정할 수가 없었고 아주 두려워했기에, 한편으로 시기심이 발동하고 짜증나고 신경질이 나서 그것을 절대로 보이지 않게 확실하게 가려야 했기에, 똥칠을 했던 것이다.

4장

북미관계의
이상한 기원

: 책임지는 정부와 푸에블로호 나포 사건

1968년 새해 벽두부터 한반도는 제2의 한국전쟁 발발이 우려될 정도로 심각한 위기 상태에 처했다. 1월 21일 저녁 북한군 특수부대가 휴전선을 몰래 넘어와 서울 한복판에 있는 청와대를 습격하려다가 바로 앞에서 저지되는 사태가 발생했다. 바로 이틀 후인 1월 23일, 이번에는 원산 앞바다에서 미국 정보함 푸에블로호가 북한 해군에 의해 나포되었다. 이틀 간격으로 초대형 사건이 연달아 발생하면서 한반도는 전쟁 위기 상태에 돌입했다.

푸에블로호는 첩보활동에 활용되는 배였다. '007'류 첩보 영화에서는 버튼 하나만 누르면 땅 위를 달리던 자동차가 척척 개조되어 바닷속을 누비다가, 한순간에 날개가 튀어나오며 하늘로 날아간다. 첩보원이 사용하는 각종 최첨단 장치들은 경쾌한 음악에 맞추어 순식간에 변형되고, 한 치의 오차도 없이 민첩하게 작동한다. 그런데 영화는 어디까지나

영화인가보다.

푸에블로호는 원래 경수송함으로 사용되다가 1954년에 사실상 폐기 처분되어 오랫동안 부둣가에 방치된 채 완전히 녹이 슬어 있던 배였다. 미국 해군은 1966년부터 이 배를 정보수집선으로 개조하는 작업을 시작했다. 당시 미군은 베트남전쟁 중이었기 때문에 이 작업은 충분한 예산 지원을 받지 못했다. 개조된 푸에블로호는 최고 속도가 고작 13노트였다. 구축함 같은 일반적인 군함에 비해 3분의 1밖에 안 되는 아주 느린 배였다. 개조 작업을 끝낸 푸에블로호는 1967년 여름, 바다에 나가 첫 시운전을 했다. 첫 번째 테스트로 닻을 바다에 던져 배를 고정시키는 작업을 시도했는데 웬일인지 닻이 양묘기揚錨機에서 쏙 빠져 바닷속으로 들어가 나오질 않았다. 방향타도 제대로 작동하지 않았고, 항해 장비들이 종종 5마일 정도나 오차를 보였다. 시운전 기간 중 엔진이 180차례 고장났고, 갑판에 물이 샜으며, 심지어 침실의 변기도 자주 막혀 똥과 오줌을 여러 번 갑판으로 운반해야 했다.

푸에블로호는 크기도 속도도 볼품이 없었지만 배 한가운데에 정보수집에 필요한 각종 첨단 기계를 갖춘 특별작전부실SOD-Hut이 있었으며, 수많은 안테나가 배에 어지럽게 설치되어 있었다. 이 배의 용도는 정보수집 대상이 되는 나라의 해안선에 가급적 가깝게 붙어 운항하면서 상대방의 레이더 및 무선통신 신호를 포착해 청취하거나 녹음하는 것이었다.

푸에블로호의 함장 로이드 부처Lloyd M. Bucher 중령은 배를 운항하는 책임을 맡았고, 특별작전부실에는 별도의 책임자인 해리스Stephen Harris 중위와 요원들이 있었다. 부처 함장조차 특별작전부실에서 어떤 일이

크기도 속도도 볼품 없었던 푸에블로호.

진행되는지 완전히 다 알 수는 없었고, 일반 선원들은 허가를 받지 않으면 특별작전부실에 들어갈 수조차 없었다.

　푸에블로호는 미국 해군 태평양 함대에 소속된 배지만 정보활동과 관련해서는 NSA^{National Security Agency, 국가안보국}와의 협력하에 운영되었다. NSA는 미국의 모든 신호정보 수집과 처리를 총괄 담당하는 기구로 1952년 출범해 지금까지도 존재한다. 한국전쟁 때 미국이 북한의 남침 공격을 사전에 탐지하지 못했던 것이 이 기구가 만들어지는 계기가 되었다고 한다. CIA가 주로 첩보 요원 등 인적 정보망을 활용해 정보를 수집한다면 NSA는 통신장비, 항공사진, 위성 등의 장치를 활용해 기술적인 정보를 수집하는 기관이다. NSA는 CIA보다 예산도 더 많이 쓰고, 훨씬 더 비밀스럽게 운영된다. 그렇기 때문에 NSA라는 약자는 "아무것도 말하지 마"Never Say Anything "그런 기관은 없다"No Such Agency라고 불리기도 했다.

용도 면에서는 이처럼 엄청난 배였지만 푸에블로호의 선원들도 그리 정예 요원이라 하기 어려웠던 것 같다. 푸에블로호에는 장교 6명과 사병 75명이 있었고, 민간인 해양학자 2명까지 도합 83명의 선원이 타고 있었다. 푸에블로호 선원들의 평균 연령은 28세에 불과했고, 절반가량이 배를 처음 타는 사람들이었다. 함장인 부처 역시 주로 잠수함에서 근무했던 사람으로 수상함은 13년 만에 처음이었다.

푸에블로호의 정보책임자 해리스 중위와 일부 정보 요원들은 러시아어에는 능통했으나 한국어에 능통한 사람은 없었다. 다만 해병대 소속 한국어 통역 요원 2명이 배에 탔는데, 이들은 1965년 국방언어연구소에서 '9개월'짜리 한국어 과정을 수강하고 단 한 번 한국을 방문한 경력을 갖고 있었다. 이들의 한국어 실력은 아마도 9개월 동안 영어 연수를 받은 한국인의 영어 실력과 큰 차이가 없었던 것 같다. 한국어를 알아듣지도 못했고, 사전이 없으면 제대로 읽지도 못했다. 푸에블로호가 나포된 후 북한은 선원들의 신상기록부를 보고 한국어 통역 요원 2명이 있다는 것을 알아냈다. 그래서 이들에게 한국어로 질문했는데 알아듣지 못하자, 일부러 모르는 척한다고 생각해 통역 요원을 무척 심하게 구타했다고 한다.

푸에블로호는 시험가동을 마치고 한반도 북부 동해에서 첫 임무에 투입되기 위해 1967년 12월 일본 요코스카 해협에 도착했다. 그러나 여기서도 군함이, 그것도 정보함이, 조타 장치가 고장이 나서 예인선에 끌려 항구로 들어가는 수모를 겪어야 했다.

푸에블로호의 나포

　　　　　　　　　　푸에블로호는 1968년 1월 11일 일본 사세보항을 출발해 첫 작전 임무에 들어갔다. 일단 북한과 소련 국경 부근 해역까지 갔다가 해안선을 따라 남쪽으로 내려오며 북한의 신호정보를 수집했다. 북한의 해안선으로부터 13내지 20마일 정도 떨어진 곳에서 청진, 성진 등의 항구에서 나오는 전자 신호와 마양도 인근 북한 잠수함 함대의 동향에 대한 정보를 수집했다. 1월 23일 점심 무렵 푸에블로호가 원산 앞바다에서 작전 중일 때 갑자기 서호급 북한 해군 대잠함(잠수함을 격파하는 배)이 접근했다. 북한 대잠함은 국적이 어디냐고 물어왔고, 푸에블로호 선원은 미국 국기를 내걸었다. 이윽고 북한의 어뢰정 3척이 갑자기 나타나 푸에블로호를 에워싸기 시작했다.

　긴급한 상황이었지만 부처 함장은 처음에는 큰 걱정을 하지 않았다. 푸에블로호는 원산 해안으로부터 북한이 영해라고 주장하는 12마일을 벗어난 15마일 지점에 있었다. 또한 미국 해군은 푸에블로호와 비슷한 정보함 배너Banner호를 갖고 있었는데 배너호도 전에 동북아 지역에서 활동한 적이 있었다. 이 배도 활동 중에 소련 및 중국 해군 함정과 조우해 다소 위협적인 취급을 받은 적이 있었지만, 그 이상의 일은 발생하지 않았다. 그러나 북한은 달랐다.

북한의 대잠함은 갑자기 "멈춰라, 아니면 발포하겠다"는 신호를 보내왔다. 이때부터 부처 함장은 무언가 확실히 잘못되어가고 있다고 깨달았다. 북한의 대잠함과 어뢰정이 기관포와 기관총을 일제히 발사하기 시작했고, 철모를 쓰고 대검과 소총으로 무장한 북한 전투병들이 대잠함으로부터 어뢰정으로 뛰어내렸다. 소형 선박인 어뢰정을 푸에블로호에 접근시켜 배에 올라타려는 기세였다. 동시에 갑자기 하늘에서 북한 공군의 미그기 2대가 나타났다. 이 와중에 푸에블로호 사격수 호지스 Hodges가 북한 해군의 총에 맞아 사망했다.

푸에블로호 선원들은 비밀문서와 장비를 폐기하기 위해 분주히 움직여야 했다. 영화에서라면 버튼 하나만 누르면 각종 정보 관련 장치들이 폭파되거나 해체되어 순식간에 사라지거나, 별안간 특별작전부실이 선체와 분리되어 바닷속으로 빠져나가는 일이 벌어졌을 것이다. 그런데 푸에블로호가 유사시에 대비해 갖추고 있는 장비는 비밀문서를 담아 바다에 버리는 특수 제작된 가방 정도였다. 그것도 수심이 낮은 곳에는 적군이 다시 건져 올릴 위험성 때문에 사용하지 못하도록 되어 있었다. 배에 서류를 소각할 수 있는 장치가 있었지만, 그 많은 비밀자료를 처리하기엔 너무 작고, 노출된 장소에 있어 총격을 받는 상황에서는 무용지물이었다. 할 수 없이 선원들은 여기저기서 라이터 불을 붙여 서류를 태우고, 도끼로 그토록 정교한 정보수집 장치를 파괴하는 야만적인(?) 방식에 의존할 수밖에 없었다. 가뜩이나 비좁고 붐비는 특별작전부실에 연기까지 가득 차올라 배 안은 더 아수라장이 되어갔다.

푸에블로호 선원들이 우왕좌왕하는 상황에서 북한의 전투병들이 배에 올라탔고, 푸에블로호는 꼼짝없이 원산 항구로 나포되어 끌려갔다. 선원 83명을 태운 미국 정보함 푸에블로호가 북한 해군에 의해 통째로 나포된 것이다. 미국 해군의 배가 국제수역에서 적군에 의해 나포된 것은 1815년 프레지던트호가 영국 해군에 의해 나포된 이후 처음 있는 일이라 한다. 그리고 이후 현재까지 미국 상선이 나포된 경우는 있어도 군함이 나포된 사례는 없다.

공산진영은
한 덩어리?

　　　　　　　　　　　　　　　　푸에블로호 나포 사건에 대해 각종 자료와 증언을 섭렵하여 세밀한 연구를 진행한 미첼 러너Mitchell B. Lerner라는 미국의 역사학자가 있다. 러너는 사건이 발생한 근본적인 원인을 기본적으로 미국 해군이 이러한 첩보작전에 따르는 위험을 너무 과소평가해 제대로 된 장비 지원도 없이 또한 유사시에 대비한 공중 지원air cover 계획도 없이 허술하게 작전을 진행했기 때문이라고 분석했다. 새로 개조되어 막 시험 운항을 끝내고, 선원들도 갑자기 배치되어 손발이 맞지 않는 상태에서, 처음부터 너무 위험한 지역에 배를 보내 무모한 작전을 전개했다는 것이다.

　러너는 미국 해군이 푸에블로호 작전의 위험성을 과소평가한 것은 기본적으로 공산주의 진영은 모두 소련을 우두머리로 하여 한 덩어리로 움직인다는 냉전적 관념이 작용했다고 지적한다. 당시 소련도 미국과

캐나다 근처 해안에 정보함을 보내 정보수집 활동을 했고, 미국도 역시 소련 주변에서 비슷한 활동을 했다. 그러나 미국과 소련 사이에는 정보함 활동에 대해 서로 암묵적으로 용인해주는 관례가 이미 정착되어 있었다. 미군 관련자들은 모든 공산주의 국가들이 단일체를 이루고 있다고 여겼기에, 북한도 당연히 소련처럼 이러한 활동을 묵인할 거라 생각했다. 즉 북한이라는 나라가 소련과는 다른 독자적인 생각과 행동양식을 깆고 다르게 행동할 가능성을 상정해보지 않았던 것이다. 한마디로 북한이 보이지 않았던 것이다.

러너의 지적은 매우 설득력이 있다. 푸에블로호가 작전을 할 당시 한반도는 이미 심각한 군사적 긴장상태에 있었다. 1966년 말부터 북한은 베트남전쟁 지원과 조속한 통일을 강조하며 대남 무력공세를 강화하기 시작했다. 마침내 1968년 1월 21일, 박정희 대통령의 생명이 위협을 받는 청와대 습격 미수 사건이 발생했다. 이때 푸에블로호는 원산 근처에서 정보수집 활동을 하고 있었다. 그런데 놀랍게도 1·21사태가 일어났다는 소식이 푸에블로호 함장 부처, 특수작전부실의 책임자 해리스 모두에게 제대로 전달되지 않았다고 한다. 부처 함장은 만일 자신이 그때 1·21사태에 대해 제대로 통보를 받았더라면 훨씬 신중하게 북한 해안에서 떨어져 작전을 진행했을 것이라고 증언했다. 단일한 공산주의 진영이라는 관념에 사로잡혀 한반도 근해에서 작전을 하면서도 한반도에서 무슨 일이 일어났는지에 대해 별로 주의를 기울이지 않았던 것이다. 북한뿐만이 아니라 한반도 자체가 보이지 않았던 것이다.

냉전적 시각과 관점은 정말 뿌리가 깊었다. 푸에블로호 나포 사건이 발생했을 때 존슨 행정부의 국가안보담당 보좌관이었던 월트 로스토 Walt W. Rowstow 같은 사람은 자동적으로 여기에는 소련이 개입해 있다고 확신했다. 로스토는 푸에블로호 나포에 보복하기 위해 미국도 소련 배를 하나 납치하자고 제안할 정도였다. 그러나 최근 공개된 여러 문서들을 보면 푸에블로호 나포에 소련이 직접 개입하지 않은 것은 명확하다.

소련은 한반도에서 군사적 긴장이 고조되는 것을 원하지 않았다. 또한 소련 역시 세계 각지에서 푸에블로호 같은 정보함을 운용하고 있었기 때문에 북한의 과격 행동이 자신들의 정보활동에 심각하게 악영향을 미칠 가능성을 우려할 수밖에 없었다. 당시 소련은 북한의 행동을 제지하는 편이었다. 최근 공개된 소련이나 동구권 자료들은 이를 명확하게 입증해준다.

배가 나포된 직후 부처 함장은 북한 당국이 혹시 소련이나 중국 요원들을 데리고 와서 자신들을 조사할 가능성에 대해 가장 크게 우려했다. 소련이나 중국은 북한에 비해 훨씬 정보수집 능력이 있고, 푸에블로호의 몇몇 선원들은 공산주의 블록 국가들에 가치가 있을 만한 정보를 알고 있었기 때문이다. 부처는 만약 소련인이 자신을 취조하게 되면 자살할 계획이었다고 했다. 그러나 미국 선원들이 11개월이나 북한에 억류되어 있는 동안 소련이나 중국 사람들이 이들 앞에 나타나 심문한 적은 한 번도 없었다.

북미 단독·비밀회담

푸에블로호 나포 사건이 발생하자 미국정부는 일단 한반도 주변에 군사력을 증강했다. 엔터프라이즈호를 포함해 항공모함 세 대가 동해에 진입했다. 사건 당일인 23일 저녁부터 당시로서는 최신예 전투기인 F-105 1개 비행대, F-102 2개 비행대, F-4D 팬텀기 4개 비행대가 모두 오키나와外 괌에 있는 기지에서 출격해 오산 공군기지에 내려앉기 시작했다. 1월 28일까지 단 5일 만에 항공모함에 있는 비행기를 포함해 무려 155대의 전투기가 한반도 지상과 해역에 순식간에 추가 배치되었다. 이와 같은 군사력 증강은 보복 공격 등 군사적 해결을 위해서도 필요했지만, 북한을 압박해 외교적 협상을 성사시키고, 또한 협상 과정에서 미국이 우위를 점하기 위해서도 필요했다.

한편 미국정부가 푸에블로호 나포 문제를 해결하기 위해 첫 번째로 취한 외교적 조치는 소련 관리들과 접촉하는 것이었다. 북한 같은 작은 나라와의 문제는 주변의 강대국을 움직여서 풀어낸다는 것이 강대국의 일반적인 외교 관행이었다. 19세기 말 병인양요, 신미양요 때에도 프랑스와 미국의 외교관들이 처음 행한 조치는 청나라 관리들과 접촉해서 천주교 박해 문제와 제너럴셔먼호 사건에 대해 조선에 압력을 넣어 해결해줄 것을 요청하는 것이었다. 미국 외교관들은 소련이 개입해서 이 문제를 풀어주기를 희망했지만 소련은 자신들과 상관없는 문제라며 발을 뺐다.

북한은 푸에블로호를 나포하고 대내외적으로 강경한 태도를 과시했지만 미국의 보복공격, 특히 폭격을 받을 가능성을 두려워했다. 현재 공개된 미국 기록에 의하면 북한 측이 먼저 판문점 중립국감독위원회(중감위)의 체코, 폴란드 장교들을 통해 미국에 협상할 수 있다는 신호를 보낸 것으로 되어 있다. 중감위 장교를 매개로 북한과 미국 사이에 메시지가 오가고, 마침내 2월 2일 판문점 중감위 건물에서 군사정전위원회(군정위) 유엔군 측 수석대표 존 스미스John V. Smith 제독과 공산 측 수석대표 박중국이 비밀리에 만났다. 푸에블로호 선원 송환 협상이 북미 두 장성의 단독·비밀회담 형태로 시작된 것이다.

푸에블로호 선원 송환을 위한 북미회담의 성격을 이해하려면 휴전체제에 대해 약간의 설명이 필요하다. 1953년 7월 체결된 휴전협정은 전쟁 재발을 방지하기 위해 나름대로 정교한 제도적 장치를 갖추고 있었다. 제일 중요한 기구는 군사정전위원회다. 군정위는 군사분계선과 비무장지대를 관리하고, 양측 사이에 분쟁이 발생할 경우 이를 논의하는 기구다. 군정위는 유엔군 측과 공산 측, 각기 5명의 장교들로 구성되어 있다. 유엔군 측에서는 미군 장성이 수석대표가 되고(현재는 한국군 장교가 수석대표), 미군 장성 2명, 영국군 장성 1명, 한국군 장성 1명이 참여하는 것이 관례였다. 공산 측에서는 북한군 장성이 수석대표가 되었으며, 나머지 위원들은 북한군 장성과 중국군(중국인민지원군) 장성으로 구성되어 있었다. 푸에블로호 나포 사건 당시에는 북중관계가 악화되어 중국군 장성이 군정위에서 빠져 있었다.

휴전협정에는 전투행위의 재개를 막기 위해 한반도 외부에서 새로운 병력과 장비를 추가적으로 도입하지 못하도록 하는 규정이 있었다.(13조 ㄷ항과 ㅁ항) 즉 힘의 균형을 유지하기 위해 무기나 장비가 고장이 나면 똑같은 종류의 것으로 교체는 할 수 있지만, 한반도 외부로부터 새로운 무기를 도입하지는 못하도록 한 것이다. 이에 병력과 무기 도입을 감시하기 위해 휴전협정은 체코, 폴란드, 스위스, 스웨덴 4개국 장교집단으로 중립국감독위원회를 구성할 것을 명시했다. 중감위는 휴전협정 체결 직후 남북한 각 항구에 사찰소조를 파견해 무기와 병력의 출입을 감독했다. 그러나 이러한 활동은 양측 모두의 비협조로 말미암아 여러 분란을 일으켰고, 결국 1956년부터 양측의 합의하에 중감위 사찰소조는 남북한 각 항구로부터 철수했다. 이후 중감위는 실질적인 중요 업무의 수행은 중단된 채 그 기구만 판문점에 남게 되었다. 중감위는 푸에블로호 나포 사건에서 보이듯 공산 측과 유엔군 측이 극단적으로 대치해 서로 돌파구를 찾지 못할 때 종종 중재 역할을 담당했다.

국가 대 국가의 협상을
요구한 북한

1968년 2월 2일 박중국, 스미스 두 군정위 수석대표 사이의 회담이 있었고, 2월 4일에도 2차 회담이 있었는데 역시 같은 형식으로 비공개로 열렸다. 그런데 박중국이 2차 회담에서 아주 흥미로운 발언을 했다. 박중국은 1차 회담에서 스미스 제독이 무심코 푸에블로호는 유엔군사령부 소속이 아니라 태평양 함대 소속이라고 말한 것을 다시 상기시켰다. 박중국은 사실이 그러하다면 푸에블로호 문제는 유엔군사령부 및 휴전협정과는 상관없는 문제라고 했다. 따라서 이 문제는 '조선민주주의인민공화국'과 '미합중국' 두 정부의 공식 대표들 사이의 회담으로 풀어야 한다고 주장했다. 박중국은 미국이 공식적으로 국가 차원의 대표를 지정하면 북한도 공식 대표를 지정해 회담에 임하겠다고 제안했다. 나아가 2월 7일 열린 4차 회담에서 박중국은 현재 자신이 임하는 회담은 두 국가의 공식 대표 간의 회담이라고 명확히 규정하고, 회담의 참여자를 확대해 양측이 모두 보조 대표를 두고, 추가적인 통역과 속기사를 배치할 것을 제안했다.

도대체 북한의 이러한 제안은 무엇을 의미하는 것일까? 휴전협정은 주지하다시피 국가와 국가 차원의 협정이 아니라 군대 사령관들 사이의 협정이다. 휴전협정의 이행 주체는 '유엔군사령관'과 '조선인민군총사령관' 및 '중국인민지원군사령관'이다. 현지 사령관 차원이 아니라 국가적 차원의 공식 대표들이 전쟁 상태의 공식적인 종결에 합의하는 것을 평화협정이라고 하는데 이러한 협정은 현재까지도 아직 체결되지 않고 있다. 박중국의 제안은 푸에블로호는 휴전협정의 서명자이자 이행 주체인 유엔군사령관 휘하에 있는 배가 아니므로 이 문제는 휴전협정과는 상관이 없고, 따라서 북한과 미국 두 국가 대표 차원의 협상으로 문제를 풀어야 한다는 논리였다. 이에 군정위 수석대표인 자신이 유엔군사령부 측 수석대표인 스미스와 푸에블로호 선원 송환 문제를 논의해도 이는 군정위 수석대표 자격으로 이루어지는 회담이 아니라, 두 정부의 공식 대표 자격으로 진행하는 회담이라고 주장했던 것이다.

북한이 이처럼 푸에블로호 협상을 미국과의 국가적 차원의 협상으로 간주했던 것은 미국정부가 북한이라는 나라의 국가적 실체를 인정하는 사례를 만들기 위해서였다. 미국은 북한이라는 나라의 국가적 실체 자체를 공식적으로 인정하지 않았는데, 푸에블로호 나포 사건으로 그 실체를 공식적으로 인정하는 사례로 만든다면 이는 북한 외교의 성과 또는 승리로 간주될 수 있을 것이었다.

미국은 북한의 이러한 의도를 알아챘다. 미국정부는 물론 푸에블로호 협상이 북한의 국가적 실체를 공식 인정하는 사례가 되는 것을 원하지 않았다. 그러나 미국은 선원을 돌려받아야 하기에 북한의 주장에 대해 정면 반박하지도 확실하게 동의하지도 않는 모호한 태도를 유지했다. 그러나 내부적으로는 푸에블로호 회담을 엄연히 군정위 회담의 연장 또는 변형된 회담으로 규정했다. 이에 푸에블로호 회담을 내부적으로는 군사정전위원회 두 수석대표 간의 비공개 회담closed meeting 또는 사적인 회담private meeting이라 불렀다.

푸에블로호 북미회담은 정말 묘한 측면이 있다. 엄연히 군정위 두 수석대표 사이의 회합이었지만, 이는 군정위의 일반적인 회담과는 달랐고, 또한 정식 군정위 회담 형식과도 구별되었다. 여기에는 북한군과 미군의 수석대표만 참석했지, 한국군, 영국군, 중국군 대표의 참여는 전혀 없었다. 아무튼 북미 양자대화였다. 또한 군정위는 일반적으로 공개된 회담이었고 판문점 공동경비구역에 군정위 건물이 따로 있어 거기서 개최되었다. 그러나 푸에블로호 회담은 비공개였고 장소도 군정위가 아닌 중감위 건물에서 열렸다. 그리고 군정위 업무는 원래 유엔군 수석대표 → 유엔군사령관 → 합동참모본부의 지휘체계하에 처리되었다. 그러나 푸에블로호 협상은 유엔군 수석대표 → 주한미국대사관 → 미 국무부로 이어지는 체계하에 진행되었다. 이에 푸에블로호 협상에 관련된 자료도 국무부 쪽 문서 그룹에 남아 있다.

북미협상의
전개와 타결

북한과 미국 사이의 푸에블로호 선원 송환 협상은 쉽게 타결되지 않았다. 북한 측은 푸에블로호가 북한 영해를 침범해 단순한 정보수집 활동만 한 것이 아니라 남한의 간첩을 북에 침투시키는 등의 활동까지 했다고 주장했다. 미국이 간첩 행위를 인정하고 여기에 대해 사과와 재발방지 약속을 해야 선원을 돌려주겠다고 했다. 미국은 물론 이러한 요구를 수용할 수 없었다. 북한은 사과문을 작성해 제시하며 거기에 미국이 서명하라고 요구했다. 이에 미국은 이른바 덧쓰기overwrite 방식으로 북한의 사과문 서명 요구를 받아 넘기려 했다.

덧쓰기 방식이란 유엔군사령부 수석대표가 북한 측이 제시한 사과문 위에 대각선 방향으로 북으로부터 선원 82명과 한 구의 시신을 잘 인수했다는 내용의 구절을 직접 손으로 쓰고 서명해주겠다는 것이었다. 이렇게 해놓고 유엔군사령부 수석대표의 서명은 그가 직접 손으로 덧쓰기한 내용만을 인정하는 것이고, 북한이 인쇄해온 사과문은 단지 그들이 가져온 종이에 있는 무늬에 불과한 것으로 미국 측이 이를 인정한 것은 아니라고 부인할 요량이었다. 따라서 미국이 서명한 문서는 사과문이 아니라 선원들을 인수했다는 일종의 영수증이 되는 것이다. 박중국은 계속해서 덧쓰기 방식에 대해 집요하게 질문하다가 마침내 미국의 의도를 깨닫고 "하~"라고 외치며 탄식했다. 그는 미국의 덧쓰기 제안에 대해 뻔뻔하고 어리석은 술수라고 격렬히 비난했다.

회담은 다시 교착상태에 빠졌고, 미 국무부 직원들은 어떻게 선원들을 빼내올 수 있을지 깊은 고민에 빠졌다. 국무부의 또 다른 아이디어는 미국 장성이 구두口頭로 문서 내용을 부정하고 난 후에 북한 측이 제출한 사과문에 서명하는 것이었다. 이러한 제안은 국무부 한국과장 제임스 레너드James F. Leonard의 부인이 어느 일요일 아침 남편과 브런치를 먹다가 "이러는 것이 어때?"Why don't you?라고 이야기한 것이 발단이 되었다고 한다. 그녀는 국가적 위신 또는 승리냐 패배냐의 문제에 덜 집착했기 때문에 이러한 아이디어를 낼 수 있었던 것 같다. 즉 그녀에게 승패나 명분 같은 것보다는 선원들이 구출된다는 것, 생명을 구해낸다는 것, 싸우지 않고 선원과 그 가족들이 크리스마스에 재회할 수 있다는 것이 더 중요한 문제이자 초점이었던 것이다.

미국 국무부는 이 아이디어를 채택했다. 북한은 언론 통제를 완벽하게 할 수 있는 나라이니 이 제안을 수용할 가능성이 있다고 판단했기 때문이다. 즉 북한은 미국 장성이 사전에 구두로 부인한 사실을 자신들의 언론에 전혀 보도하지 못하도록 차단하고, 미국이 마침내 사과문에 서명했다고 선전할 수 있으니 이러한 제안을 수용할 가능성이 크다는 것이었다. 북한은 정말 이 제안을 수용했다.

1968년 12월 23일 푸에블로호가 나포된 지 정확히 11개월 만에 판문점에서, 스미스에 이어 유엔군 측 수석대표가 된 길버트 우드워드Gilbert H. Woodward 중장은 인도적 차원에서 선원들을 구출하기 위해 북한이 제출한 사과문에 서명은 할 것이지만 그 내용은 인정할 수 없다는 말을 남기고 사과문에 서명했다. 이렇게 해서 그날 82명의 선원과 한 구의 시신이 판문점 돌아오지 않는 다리를 건너 석방될 수 있었다.

북한이 미국에 강요해 서명하게 만든 사과문의 내용을 보면, 북한이 끝까지 푸에블로호 선원 송환 협상을 미국정부가 자신들의 국가적 존재를 인정하는 사례로 만들기 위해 노력했음을 명확히 알 수 있다. 일단 북한이 작성한 사과문에는 서명자 우드워드 장군의 직함을 군정위 유엔군 측 수석대표가 아니라 그냥 미국 육군 소장Major General, USA이라고 써 놓았다. 군정위 수석대표가 아니라 미국정부를 대표하는 장군으로 서명했다는 의미였다. 우드워드가 서명한 문서에는 "조선민주주의인민공화국 정부 앞"이라는 제목이 붙어 있었다. 또한 문서 내용에는 the U.S.라는 약칭이 아닌 '미합중국 정부'Government of the United States of America라는 미국의 정식 국호가 굳이 정부government라는 단어까지 써서 두 번 사용되었다. 그런데 한 페이지도 안 되는 사과문 내용 중에는 조선민주주의인민공화국Democratic People's Republic of Korea라는 북한의 정식 국호는 한 번도 생략되거나 대명사로 지칭되거나, 약자로 표기되는 경우 없이 무려 10번이나 반복적으로 쓰여 있다. 북한은 이처럼 미국이 자신의 국호를 불러주고 인정해주는 것에 대해 엄청나게 큰 의미를 부여하고, 집요하게 이를 끌어내려 했던 것이다.

북한이 진정으로
얻으려 한 것들

북한이 엄청난 위험부담에도 불구하고 11개월 동안 선원을 억류하며 강경하게 북미협상을 전개하여 얻으려 한 것이 무엇이었을까? 러니는 북한이라는 나라의 특수성과 독자성을 강조하는 맥락에서 북한의 내부 정치 문제에 주목했다. 당시 북한은 주체사상과 유일체제가 확립되어가는 시점이었고, 주체사상을 성공적으로 추구하는 것은 최고 지도자, 즉 '수령'의 능력에 달려 있는데, 북한이 김일성의 능력과 미국에 대한 단호한 태도를 선전하기 위해 푸에블로호 나포 사건을 활용했다는 것이다.

북한이 푸에블로호와 선원들을 김일성의 위대함을 선전하는 목적으로 활용했다는 것은 명백한 사실이다. 이는 푸에블로호 선원들의 증언에서 잘 드러난다. 푸에블로호 선원들은 북한에 억류되어 있던 11개월 동안 큰 고통을 당해야 했다. 푸에블로호에 올라탄 북한 병사들은 미국 선원들을 구타하며 배를 장악하기 시작했다. 부처 함장이 처음 북한 사람들을 보고 알게 된 사실은 "코리언들은 서양인들이 주먹을 사용하는 것만큼이나 정교하게 발차기를 잘한다."는 것이었다. 머리부터 발끝까지 북한 병사들의 발차기가 들어왔다. 부처와 선원들은 영해침범과 간첩활동을 시인하는 자백서에 서명을 강요받으며 심한 구타와 고문을 당했다.

그런데 부처 함장을 비롯한 모든 선원들은 북한 당국자들이 자신들로부터 귀중한 정보를 얻는 데에는 별로 능력도 없었고, 관심을 보이지 않았다고 증언하고 있다. 푸에블로호에는 여러 정보 장치들이 있었고,

또한 나포된 선원들의 경력을 볼 때 북한은 이들로부터 군사적으로 대단히 가치가 있는 정보를 얻을 수도 있었다. 그러나 북한 사람들이 선원들에게 한 질문은 미국 해군의 숫자가 얼마나 되고, CIA가 어디에 있느냐는 류의 백과사전에도 다 나오는 내용 정도였다고 한다. 북한은 주로 선원들을 선전적 목적에 활용하려 했다. 군사정보를 알아내기보다는 간첩 침투활동을 했다는 억지 고백과 사과를 받아내려 했고, 선원들을 자주 기자회견장에 끌어냈으며, 신천학살 박물관 등을 참관시키기도 했다. 또한 선원들에게 미국의 유력 정치인과 사회 저명인사, 가족들에게 편지를 보낼 것을 강요했다.

푸에블로호의 선원들은 자신들을 선전적 목적에 활용하는 북한 당국의 처사에 대해 은밀한 방식으로 조롱하고 모욕하면서 저항했다. 예컨대 부처 함장은 북한이 강요한 자백서에 구타와 협박, 선원들에 대한 살해 위협 때문에 서명했지만 일부러 자신의 군번을 틀리게 써놓았다. 자백서가 결코 자신의 자유의사에 의해 작성된 것이 아님을 알린 것이다. 또한 부처와 선원들은 미국의 정치인과 가족에게 보낸 서신에 일부러 영어 원어민이라면 절대로 하지 않을 괴상한 표현을 사용했다.

한편 북한 당국은 푸에블로호 선원들의 모습을 촬영해 이들이 미국으로 보내는 편지에 동봉하도록 강요했는데, 일부 미국 병사들은 의도적으로 가운데 손가락을 펼쳐보이며 사진을 찍었다. 나포된 선원들이 하루는 수용소에서 영국에서 열린 북한 대표팀의 축구경기 모습을 담은 선전 영화를 본 적이 있다고 한다. 아마도 1966년 런던 월드컵을 다룬 영화였던 것 같다. 그런데 그 영화에서 한 영국인이 가운데 손가락을 치켜

북한이 선전용으로 촬영한 억류된 미군 선원의 사진.
오른쪽 병사가 의도적으로 손가락을 펼쳐보이고 있다.

들고 북한 선수들을 모욕했지만 이를 알아채지 못하는 장면이 있었다고
한다. 이후 푸에블로호 선원들은 자신들을 감시하는 북한 병사들과 마
주치면 하와이식으로 행운을 비는 사인이라고 하면서 종종 가운데 손
가락을 세워보였다. 그러나 북한 당국자들은 나중에 이러한 손가락질이
무엇을 의미하는지 알게 되었고, 푸에블로호 선원들은 이 일로 한동안
매일같이 하루 종일 구타당하는 보복을 받아야 했다.

그런데 러너는 북한의 독자성과 그들의 독특한 시각과 행태를 강조
하고, 푸에블로 나포 사건의 전말에 대해 치밀하게 분석했지만 북한
이 푸에블로호 협상을 통해 미국으로부터 자신들의 국가적 실체를 인정
받기 위해 집요하게 노력한 사실에 대해서는 거의 주목하지 않았다. 그
는 저서에서 북한이 푸에블로호 선원 송환을 위한 협상을 미국과 북한

간에 국가적 차원의 외교 협상으로 격상시키려 기도했다는 것을 윌리엄 포터William J. Porter 주한미국대사가 국무부에 보낸 전문 등을 인용하며 간단히 지적하기는 했다. 그러나 북한이 왜 이러한 일에 집착했으며, 이것이 무엇을 의미하는지에 대한 구체적인 분석과 언급이 없다. 또한 푸에블로호 선원 송환 협상의 성격에 대해 미국은 이를 군정위 회담의 연장으로, 북한은 군정위와는 별도로 진행되는 두 정부 대표 사이의 대화로 다르게 규정한 것에 대해서도 명확한 지적이 없다. 이에 푸에블로호 문제를 둘러싼 북미협상에 대해 '군정위 회담'MAC meeting, '사적인 군정위 회담'private MAC meeting 등의 용어를 서로 구분하지도 않고 혼용하여 서술하고 있다.

러너는 북한이 독자적이고 독특한 행동방식을 가진 나라라는 점을 강조하다보니 주체사상과 지도자 김일성에 대한 선전 등 너무 북한사회의 특수성만을 강조하는 방향으로 간 것 같다. 북한도 다른 일반적인 국가와 마찬가지로 이른바 '국가 이익'이라는 것을 내걸고 어떤 외교적 목표를 달성하기 위해 푸에블로호 나포 사건을 활용했을 가능성에 대해서는 별로 주의를 기울이지 않았다. 러너도 북한이 푸에블로호 나포 사건을 통해 미국에 보낸 중요한 신호를 놓쳐버린 것이다.

북한은 왜 미국으로부터 자신들의 국가적 존재를 승인받는 것, 미국과 양자적 차원에서 직접 접촉하고 관계를 구축하는 것에 이토록 집착했을까? 단지 선전적 목적, 내부 정치적 목적 때문이었을까? 푸에블로호 나포 사건 이후 이어진 국면, 특히 1970년대 데탕트 국면을 맞아 북한이 은밀하게 또는 공개적으로, 온갖 수단과 방법을 다해 지속적으로 미국과의 양자적 접촉과 협상을 시도했던 것을 볼 때, 여기에 좀더 주의를 기울일 필요가 있다.

데탕트와 북한의
대미접촉 기도

한반도의 군사적 긴장은 1969년 4월 미국 첩보기 EC-121기가 동해상에서 북한 전투기의 공격을 받아 추락하여 30여 명의 승무원이 모두 사망하는 등 한동안 계속되었다. 그러나 1969년 하반기부터 북한의 대남 무력공세는 수그러들기 시작했고, 전세계적으로 동서 긴장완화(데탕트)의 분위기가 조성되기 시작했다. 1969년 출범한 미국의 닉슨 행정부는 아시아 지역에서 미국의 군사적 개입을 축소하는 정책(닉슨 독트린)을 채택했고, 주한미군 1개 사단 2만 병력을 감축했다. 한편 1971년 7월 헨리 키신저Henry A. Kissinger가 베이징을 비밀 방문하면서 미국과 중국의 관계 개선이 본격화되었다. 1960년대 말 유럽에서 시작된 데탕트의 훈풍이 동아시아에도 불어온 것이다.

북한은 1960년대 말부터 이른바 '인민 외교' 차원에서 미국의 급진적인 인사들을 평양으로 초청했고, 1971년 9월 남북대화가 시작된 이후에는 『뉴욕타임스』『워싱턴포스트』 기자 등 미국의 언론인, 학자들도 연달아 평양에 초청했다. 그러나 북한이 이와 같은 민간 차원의 접촉, 소위 '인민 외교' 차원에서만 대미 접촉을 진행한 것은 결코 아니었다.

최근 공개된 미국 정부자료에 의하면 북한은 1971년부터 여러 경로를 통해 비밀리에 미국정부에 다양한 메시지를 전달하며 접촉을 시도했음을 알 수 있다. 1971년 10월 키신저는 다음 해 2월에 성사된 리처드 닉슨Richard Nixon 대통령의 역사적인 중국 방문을 준비하기 위해 다시 베이징을 방문해 일주일 동안이나 머물며 저우언라이周恩來 총리와 협상을 전개했다. 이때 한반도 문제도 거론되었다. 하루는 저우언라이가 키신저에게 구두로 북한이 미국정부에 보내는 8개항의 메시지를 전달했다. 그러자 키신저는 북한이 이미 1971년 초 루마니아를 통해 미국정부에 모종의 메시지를 전달한 사실이 있다고 실토하기도 했다. 1970년대 초 북한은 데탕트 분위기를 타고 한편으로는 남북대화를 전개하면서, 다른 한편으로는 여러 경로를 통해 미국과 접촉하려 했다. 이처럼 루마니아와 중국을 통해 미국에 메시지를 보냈고, 1973년 8월에는 북한 외교관들이 베이징에 있는 미국 연락사무소로 직접 찾아가 미국 외교관을 접촉하기도 했다.

북한은 1973년 8월 남북대화를 중단하고, 1974년 3월 갑자기 북미 평화협정 체결을 미국 의회에 공식적으로 제안했다. 그리고 모든 경로와 수단을 활용해 미국과 접촉하려 했다. 루마니아, 이집트, 중국 외교관을 통해 미국에 메시지를 전달하고 접촉을 시도했다. 1973년 봄 북한은 유엔 산하기구인 국제보건기구WHO에 가입하는 데 성공했다. 이에 뉴욕 유엔본부에 옵서버 대표부를 설치했다. 북한 외교관들이 뉴욕에 왔고, 이들은 역시 온갖 방법을 동원해 미국정부 인사들과 접촉하기 위해 노력했다.

당시 미국정부는 북한의 대미 접촉 시도에 대해 지극히 냉담하게 반응했다. 미국정부의 관리들은 기본적으로 미국이 북한과 양자적인 관계를 진행시켜야 할 직접적이고 고유한 이해관계가 없다고 보았다. 미국과 북한의 관계는 미중관계 또는 남북대화와 연계될 때만 의미가 있는 문제였지, 그 이외에 미국과 북한이 양자적인 관계를 구축해야 할 이해관계 자체가 없다는 것이었다. 닉슨, 제럴드 포드Gerald R. Ford 대통령과 키신저 모두 북한과의 접촉 문제에 대해 소극적이었고, 실질적으로 별로 관심이 없었다. 그러자 북한은 대대적인 외교 공세를 펼쳤다. 유엔총회에서 유엔군사령부 철폐 결의안을 밀어붙이며 미국이 평화협정을 위해 북한과의 협상에 나오도록 압박했다. 이렇게 미국에 압박을 가하는 상황에서 1976년 8월 판문점에서 북한 경비병들이 미국 장교 두 명을 도끼로 구타해 살해하는 사건이 발생했고, 한반도는 다시 전쟁 위기가 감돌았다. 이 사건은 미국이 북한과 대화하는 것을 더욱 불가능하게 만들었다.

1976년 11월에 치러진 대통령 선거에서 주한미군 철수를 주장했던 지미 카터Jimmy Carter 후보가 당선되자마자 북한은 파키스탄의 줄피카르 알리 부토Zulfikar Ali Bhutt 총리 등을 통해 여러 차례 카터 행정부에 메시지를 보냈다. 카터 행정부는 남한이 참여한다면, 북한과의 대화도 가능하다는 입장이었다. 이에 한국정부를 설득해 1979년 7월 방한 중에 박대통령과 함께 남한, 북한, 미국 사이의 3자 대화를 하자는 제안을 하기도 했다. 그러나 북한은 북미 양자 회담을 고수했기 때문에 결국 북미관계의 진전은 미중 수교가 마무리되는 시점에서도 아무런 진척이 없었다. 그러다가 소련이 아프가니스탄을 침공하고, 1981년 공화당 레이건 행정부가 등장하면서 다시 신냉전 국면이 찾아와 북미 접촉과 관계 개선은 기대하기 어려워졌다. 1990년대 초 탈냉전 국면에서 남한은 북방외교를 통해 소련 및 중국과 관계 개선을 했다. 그러나 북한은 미국과 일본과의 관계 개선에서 별다른 진전을 보지 못했다.

그러다가 1993년부터 북한 핵개발 문제로 말미암아 한반도에 위기 사태가 발생하고, 북한은 이를 활용해 이른바 벼랑 끝 외교를 펼치며 미국 클린턴 행정부와 양자 협상을 성사시켰다. 마침내 북한은 미국이 자신들을 직접 양자적 차원에서 접촉해야 할 고유한 이해관계를 갖도록 하는 데 성공한 것이다. 이후 클린턴 행정부의 제네바 합의(1994년), 부시 행정부의 6자 회담과 9·19공동선언(2005년)을 거쳐 현재까지 20여 년 동안 북한 핵 문제로 지루한 대치국면이 전개되고 있다.

제네바 합의와 9·19공동선언에서 명시되었듯이 북한 핵개발을 둘러싼 외교 협상의 기본 구도는 미국이 북한과의 관계 개선을 하는 대가로 북한이 핵무기 개발을 포기하는 것이다. 즉 미국이 북한을 국가적인 차원에서 공식 승인(외교적 승인)해 서로 상대방의 수도에 대사관을 설치하는 등 북미 관계 개선을 하는 것을 대가로 북한은 핵무기 개발을 포기한다는 것이다. 이와 같은 협상 과정에서 북한은 핵개발, NPT 탈퇴 선언, 핵실험 등 위기 상태를 조성하고 이를 활용해 미국과 협상을 추구해왔다. 이에 위기를 고조시켜야 협상이 시작된다는 '이상한 공식' 같은 것이 북미관계에서 반복적으로 나타났다. 푸에블로호 나포 사건은 이와 같은 이상한 공식의 기원을 보여준 사건이라 할 수 있다.

그러나 협상이 계속 좌절되고 뒤집어지는 일이 반복되면서, 북한은 현재까지 다섯 차례나 핵실험을 하는 등 핵개발 능력을 강화했다. 2016년에만 두 차례 핵실험을 했다. 그럴수록 타협과 외교적 해결의 가능성은 더욱 줄어들었고, 김정일 정권 말기부터, 특히 김정은 정권 이후부터는 과거처럼 핵을 포기하거나 동결하는 방식으로 북한이 외교 협상에 나설 가능성 자체도 더 희박해지고 있다. 또한 오랫동안 아무런 성과 없이 협상이 거듭 실패하다보니 미국 행정부 내에서도 북한과의 협상에 내해서는 이란, 쿠바와의 협상과 비교해도 여기에 호응하는 세력을 더욱 찾아보기 어려운 상황으로 가고 있다. 최근에는 위기를 조성해야 협상이 시작된다는 북미관계의 이상한 공식도 더이상 먹혀들지 않는 상태에 이른 것 같다.

모든 정부는
단일하지 않다

2008년 9월 미국 워싱턴 D.C.에 있는 우드로윌슨센터에서 푸에블로호 나포 사건 등 1960년대 말 한반도 위기 사태에 대해 관련 각국의 전직 관리들과 학자들이 모여 구술사 회의를 한 적이 있다. 학자들이 이미 공개된 각국 정부의 문서자료들을 참조해 전직 관리들에게 질문을 하고, 이들의 증언을 청취하고 기록하는 모임이었다. 필자도 여기에 참석했다. 이날 러너 교수는 자신이 푸에블로호 나포 사건을 연구하기 위해 로스토 전 국가안보담당 특별보좌관을 인터뷰한 경험을 거론하면서 당시 미국정부가 북한을 독자적인 행동양식을 갖는 국가로 보지 않고, 왜 모든 공산주의 국가들은 소련의 통제하에 한 덩어리로 움직인다는 냉전적 관념에 기초해 이 사태에 대처하게 되었는지에 대해 질문했다.

그러자 당시 국무부 한국과장이었던 레너드는 "미국정부는 다른 정부들과 마찬가지로 단일체monolith"가 아니라며 러너의 발언에 반박했다. 즉 정부의 관리들이 모두 단일한 생각과 의견을 갖고 있는 것은 아니라는 이야기였다. 당시 미 국무부의 실무 관리들은 로스토류의 냉전적 시각이 이미 시대에 뒤떨어진 것이라고 생각했고, 공산주의 진영을 단일하게 행동하는 집단으로 보지 않았다고 증언했다. 그러하기에 미국정부가 결국 푸에블로호 문제를 북한과의 협상을 통해 현명하고 신중하게 해결할 수 있었다는 것이다. 그러면서 레너드는 미국정부의 관리들이 "많은 해를 지내오면서 아주 느리고 주의 깊게, 그리고 고통스럽게 다른 나라 정부들도 단일하지 않다는 것을 알게 되었다."고 언급했다. 미국정부만이 아니라 다른 나라의 정부들도 결코 단일하지만은 않다는 것이었다.

레너드가 동의할지 모르겠지만 필자는 북한정부도 단일하지 않을 수 있다고 생각한다. 물론 남한도 마찬가지다. 심지어 근대국가가 아닌 옛날 왕조국가도 마찬가지라 생각한다. 심각성 정도의 차이가 있겠지만 모든 정부에는 내적인 균열과 다양성이 존재하며, 따라서 정부의 행동도 단일한 것이라기보다는 다양한 선택 가능성이 있고, 복합적일 수밖에 없다.

북한이 미국정부로 하여금 북한의 국가적 실체를 인정하고, 자신들과 관계 개선을 하도록 만들려고 온갖 수단과 방법을 다하는 이유는 물론 정치적·선전적 목적도 존재한다. 북한은 이른바 '민족해방혁명'을 추구하는 조선로동당과 지도자('수령')가 통치하는 나라다. 북한 지도부의 논리에 따르면 미국은 제국주의 국가로 언제나 북한을 말살하려 하는 나라였다. 따라서 미국이 북한이라는 나라를 공식 인정하도록 만드는 것은 미국의 북한 말살 기도를 마침내 좌절시키고 '민족해방혁명'에서 중요한 성취, 승리를 달성하는 것으로 선전될 수 있다. 이는 북한의 최고 지도자가 거둔 빛나는 승리로 선전될 것이 틀림없다.

그러나 북한의 모든 정부 관리들 또는 북한정부가 언제 어느 때나 '민족해방혁명의 승리'라는 관점에서 북미관계의 개선을 추구했다고 할 수는 없다. 미국은 제2차 세계대전 이후 세계 전체의 운영에서 주도권을 쥐고 있는 나라다. 북한은 한국전쟁으로 현재까지도 미국에 의해 각종 제제조치를 받으며 국제적으로 고립되어 있다. 중국이 미국과의 관계 개선을 하고 난 후 개혁개방 정책을 취해 고립을 타파하고 세계경제와 통합되면서 경제성장에 나섰듯이 북한도 국제적 고립을 타파하고 경제성장 등 국가의 활로를 개척하기 위해서는 미국과의 관계 개선이 필수적이다. 1970년대 전반 동아시아와 한반도에 데탕트 분위기가 감돌았을 때 북한은 서방국가들과의 접촉과 관계를 확대하고, 많은 외국 차관도 도입했다. 북한도 나름대로 개방 정책을 시도했던 것이다. 그러나 북한은 서방과의 외교적·경제적 관계를 매끄럽게 지속하는 데 실패했고, 결국 이때 빌려온 차관을 상환하지 못했다. 이것이 현재까지 북한 경제의 발목을 잡는 중요한 요인을 형성하고 있다. 이러한 맥락에서 볼 때 북한정부 안에는 미국과의 관계 개선을 민족해방혁명의 승리 차원에서 사고해 이를 정치적·선전적 목적에 활용하는 흐름도 있겠지만, 이와는 달리 국제적 고립을 타파하고, 북한이라는 나라의 외교적·경제적 활로를 모색하는 흐름도 존재했다고 볼 수 있다.

물론 북한같이 유일체제를 강조하는 나라에서 강경파와 온건파가 하나의 세력화된 집단으로 양립해 다원적으로 존재하기는 어려울 것이다. 독재적이고, 일원적인 권력이 통치하는 상황에서 강경노선과 온건노선은 하나의 집단으로 정립되기보다는 그때그때마다 형성되는 하나의 기류 또는 흐름trend으로 존재할 가능성이 크다. 북한에도 온건한 흐름이 있기는 했지만, 협상이 거듭 실패함으로써 온건노선은 점점 더 배제되는 상황으로 가고 있는 것이다.

남한이나 미국의 정부도 마찬가지라 할 수 있다. 양국 정부 내에도 북한의 기존 정권, 나아가 기존 체제가 완전히 붕괴될 가능성에 집착하는 강경한 흐름이 있고, 반대로 북한과의 대화와 협상을 통해 문제를 해결하려는 흐름이 존재한다. 문제는 어느 흐름이 정부의 정책을 주도하느냐 하는 것인데, 이는 어떤 정치집단이 선거에서 승리하느냐 또는 정부 내부의 강경파와 온건파 중 누가 권력을 쥐고 있는가 등에 의해서만 결정되는 것이 결코 아니다. 남북관계, 북미관계는 사실상 모든 집단 사이의 관계가 그러하듯 양자관계의 상호작용에서 결정되는 측면이 크다. 한쪽에서 강경파가 득세하면 상대방 측에서도 강경파의 목소리가 커져 갈 수밖에 없는 연쇄효과가 존재한다. 남북관계도 북미관계도 사실상 이러한 악순환의 고리를 근본적으로 끊지 못했기 때문에, 결국 현재와 같이 협상이 장기간 교착되는 상황으로 가고 있는 것이다.

클린턴 행정부 때 국무장관을 지냈고 미국 고위관리로서는 처음으로 평양을 방문하기도 했던 매들린 올브라이트Madeleine Albright 국무장관은 자신의 회고록에서 "북한에 대해 우리가(미국-필자) 갖고 있는 최고의 영향력leverage은 미국과 완전한 관계 개선을 하고자 하는 북한의 욕망이다."라고 했다. 북한이 미국과의 관계 개선을 간절히 원하기 때문에 미국정부는 이를 활용하면 북한에 영향력을 행사할 수도 있다는 것이다. 미국 관리들도 이처럼 북한이 미국과의 관계 개선에 대단히 집착하고 있다는 것을 잘 알고 있다. 그러하기에 이를 쉽게 주려고 하지 않는다. 더욱이 북한이 이를 내부 정치적 선전 목적에 활용할 것을 알기 때문에 북한과의 관계 개선 문제에 대해 미국 관리들은 더욱 조심스러울 수밖에 없다. 이러한 상태에서 협상이 거듭 실패하니, 현재는 미국정부 내에서 북한과의 협상을 주장하는 사람을 더욱 찾기 어렵게 된 것이다. 나아가 미국 내 일부 강경파 인사들은 가운데 손가락을 근질거리며 북한을 모멸하거나 무시하려 한다. 북한에 관한 한 미국인 중에서도 아주 감정적으로 반응하는 사람들이 많다.

승리하는 정부보다는
책임지는 정부

미국은 강대국이고 북한은 약소국이지만 푸에블로호 나포 사건만을 놓고 본다면 이 순간만큼은 북한

148

이 승리자이고 미국이 패배자처럼 보인다. 미국은 비록 먼저 구두로 부인하기는 했지만 어찌되었든 굴욕적인 사과문에 서명했다. 선원은 가까스로 돌려받았지만, 배는 돌려받지 못했다. 푸에블로호는 현재 평양 대동강 강가에 매어져 아직도 반미 선전물로 활용되고 있다.

1968년 12월 23일, 정확히 나포 11개월 만에 부처 함장을 선두로 미국 선원들이 일정한 간격을 두고 한 명씩 순차적으로 돌아오지 않는 다리를 건너 송환되었다. 부처 함장은 풀려나자마자 커피를 마시며 설탕을 바른 도넛을 먹었다. 그는 원래 배를 탈 때에는 하루에 20~30잔의 커피를 마셨다고 한다. 부처는 11개월 만에 다시 커피 향기를 맡으며 자신이 꿈을 꾸는 것이 아니라 진짜 현실에 있음을 실감했다고 한다.

푸에블로호 선원들은 모두 다음 날인 12월 24일 비행기를 타고 가족들이 기다리는 미국으로 향했다. 비행기는 날짜 변경선을 넘어 같은 날 오후 미국 서부의 도시 샌디에이고에 도착했다. 선원들은 크리스마스 이브에 가족들과 만나 포옹할 수 있었다. 그날 저녁 선원들과 가족들은 해군 병원에서 성대하게 차려진 크리스마스 만찬을 즐겼다. 부처 함장과 그의 부인 로즈는 만찬이 진행되던 방의 뒤편 한적한 곳으로 슬쩍 빠져나가, 서로 껴안고, 키스하고, 사랑한다는 말을 나누었다고 한다.

당시 미국정부는 대외적으로 굴욕을 당했고, 패배한 것처럼 보였지만, 아무튼 자기 나라의 선원들을 무력의 사용이나 또 다른 인명의 희생 없이 협상을 통해 성공적으로 구출해왔다. 11개월 만에 커피와 도넛을 먹게 해주었고, 고문과 구타로 상처받은 몸을 치료해주었으며, 크리스마스에 가족들과 만나게 해주었다. 사과문 같은 것에 서명해도 이러면

되는 것이 아닐까? 비록 승리자가 되지 못했다 하더라도 시민들의 생명과 안전을 책임지는 정부, 진정으로 민주적인 정부가 어떻게 행동하는지를 보여준 것이 아니었을까? 북한의 권력자 김일성은 미국의 보복 폭격을 받을 위험을 감수하고, 북한 주민들을 극단적인 위험에 노출시키며 강경하게 대치하여 북한의 국호가 10번이나 인쇄된 사과문을 받아내어 그것을 흔들며 승리를 자축했는지 모르겠지만, 오히려 이것이야밀로 정말 초라한 것이 아니었을까?

미국정부가 언제나 이러한 모습을 보인 것은 아니다. 베트남전쟁 때 미국은 1968년부터 완전한 군사적 승리가 어렵다고 보고, 북베트남과 협상을 시작했다. 그러나 1969년 등장한 닉슨 행정부는 미국이 패배한 것처럼 보이지 않게 하기 위해, 이른바 '명예로운 철수'를 위해 오히려 전선을 캄보디아까지 확대하며 4년이나 승리할 가능성이 없는 전쟁을 이어나갔다. 그러다가 가까스로 1973년 1월에야 파리 평화협정을 체결하고, 베트남에서 철수했다. 미국은 강대국이기 때문에 또한 승리에 집착한다. 미국이 패배한 것처럼 보이면 세계의 여러 지역에서 만만하게 생각하고 도전자들이 나타날 것이기 때문이다.

1968년 푸에블로호 나포 사건 당시 미국은 이른바 '68혁명'의 와중에서 베트남 반전운동의 대두로 심각한 사회적 균열을 경험하고 있었다. 정부의 냉전 정책에 대한 회의와 비판도 거세게 나타났다. 이에 존슨 행정부는 신중하고 참을성 있게 협상을 통해 문제를 해결하는 방향으로 나아갔던 것이다. 이처럼 정부가 사회적 균열 속에 존재하고 있고, 시민 사회에 의해 비판과 견제를 받을 때 정부는 시민들에 대해 좀더 책임감

북미 간의 치열한 협상 끝에 풀려난 선원들.

을 갖는다. 승리에 집착하기보다 어떻게든 사람들을 구출해오는 데 초점을 두고 행동하는 것이다.

　지금도 한국과 미국의 강경파들은 북한체제의 급격한 붕괴 사태 같은 것을 기대하며 북한을 압박하는 강경 일변도의 정책을 주장한다. 북한을 굴복시키고 승리를 얻어내려고 한다. 그런데 북한에 급변 사태가 생겨, 시리아처럼 내전이 발생한다든지, 아니면 국제적, 내부적으로 큰 혼란이 발생할 때, 이를 수습할 대책은 있는 것일까? 생명과 안전, 평화를 위해 국민에게는 승리하는 정부보다 시민의 안위에 대해 진정으로 걱정하고 책임지고 보살피는 정부가 필요하다.

5장

승리자의
역사만 남다

: 가난한 장교와 5·16쿠데타

5·16쿠데타에 가담한 사람들은 자신들의 거사를 '혁명'이라 했다. 이에 5·16 직후부터 당당하게 자신들의 거사 모의와 진행 과정을 상세히 정리한 책들을 편찬했다. 그 서술 내용은 새롭게 정권을 잡은 사람들이 지닌 역사 논리의 전형을 보여준다. 과거의 정부는 부패하고 무능했으며, 사회는 어지럽고 위태로웠다. 자신들은 군대의 반부패 개혁운동이라 할 수 있는 정군整軍운동을 전개해 이러한 상황을 변화시키려 했으나, 부패하고 무능한 장면 정권이 이를 가로막았다. 그래서 권력을 무력으로 타도하는 것이 불가피했다는 논리다.

5·16을 '혁명'이라고 부르는 사람들에게 '정군운동'의 의미와 명분은 대단히 중요하다. 그들이 보기에 정군운동은 의기충천한 영관급 장교들이 직을 걸고 단행한 일대 개혁운동이었다. 또한 자신들이 장면 정부를 무력으로 타도하는 것이 불가피했다는 명분을 형성하는 데 아주

핵심적인 사건이었다.

그러나 정군운동이 실제 추진되고 좌절되는 과정, 그리고 5·16 거사가 실제 모의되고 실행되는 과정을 살펴보면, 이러한 역사 서술은 결과를 일방적으로 합리화하기 위해 많은 역사적 사실을 가리고 있음을 알 수 있다. 승리자들이 역사를 어떠한 방식으로 서술하는지를 보여주는 대표적인 예이다. 5·16쿠데타가 성공하기 전에 작성된 당대의 국내외 자료를 중심으로 정군운동을 재구성해보기로 하자. 이를 통해 보면 5·16은 정군운동의 군대 내부 개혁이라는 명분을 극대화하고, 실현시키는 것이 아니라 오히려 그 반대의 방향에서 진행되었음을 알 수 있다.

영관급 젊은 장교집단의 불만과 정군운동

1960년 4월혁명으로 이승만 정부가 붕괴하자 그 직후 과거 정부하에서 자행된 부정선거, 부정부패의 책임을 묻고 이를 시정하려는 움직임이 나타났다. 경찰의 경우 이른바 "경찰 중립화"라는 구호 아래 경찰 간부와 정보과 형사들에 대한 인사조치가 대대적으로 진행되었다. 군대도 이러한 흐름으로부터 완전히 예외가 되기는 어려웠다.

1960년 5월 2일 부산 군수기지사령관 박정희 소장은 송요찬 육군참모총장에게 부정선거의 책임을 지고 자진해서 사퇴하라는 서한을 보냈다. 거의 동시에 5월 8일경부터 육군본부의 김종필 중령 등 육사 8기생 장교들이 중장급(3성 장군) 이상 장성들은 모두 물러가라는 내용의 연판장을 작성하다가 일시 체포되기도 했다.

박정희 소장과 영관급 장교집단이 주도한 정군운동은 그 의도와 동기가 어떠하든 4월혁명 이후 사회 각 부문에서 나타난 개혁을 추구하는 맥락 속에 있었고, 대의명분이 있었다. 당시 한국군 내부에는 군 지도부에 대한 불만이 팽배했다. 정군운동과 직접 관련은 없어 보이나 허정 과도정부기인 1960년 7월에 발생한 해군사관학교 생도들의 집단행동은 이러한 상황을 잘 보여준다. 이때 사관학교 졸업반 생도 140명은 교장 및 학교 간부들의 비리와 비민주적인 학교 운영을 규탄하는 진정서를 들고 학교를 나왔다. 그러고는 열차를 타고 서울로 향했다. 이들의 대열은 헌병들에 의해 대구에서 가까스로 저지되었다. 당시 군대 내부의 상황이 이러했다.

소장 장교집단의 정군운동은 물론 명분도 있었지만 당시 영관급 소장 장교들의 현실적인 처지와 이해관계를 반영한 것이기도 했다. 한국군의 형성은 식민지로부터의 독립, 민족분단, 전쟁을 연속적으로 겪은 한국현대사의 격변 속에서 이루어졌다. 이에 당시 한국군 장교집단은 독특한 상황에 직면했다. 미군정기 군사영어학교와 조선경비사관학교(육군사관학교의 전신)의 초기 기수로 졸업한 장교들은 한국전쟁으로 군대가 급속히 팽창하는 상황에서 순식간에 별을 달고 장군으로 진급했다. 백선엽, 정일권 등 한국전쟁기 육군참모총장들은 모두 30대의 젊은이들이었다. 그러나 1953년 한국전쟁이 휴전으로 종결되자 육사 5기 이하의 영관급 장교들은 더이상 승진하지 못하고 정체되었다. 7~8년 동안 승진 없이 같은 계급장을 달고 다녀야 했다. 그런데 더욱 문제인 것은 한국 군 형성의 특수성 때문에 당시 별을 단 장군들과 영관급 장교들 사이의 나이 차이가 별로 없었다는 것이다. 예컨대 5·16 당시 별 세 개를 달고 육군참모총장이었던 장도영 중장과 중령이었던 김종필의 나이 차이는 3살에 불과했다.

정군운동과 5·16쿠데타에 적극 가담한 이석제의 회고록을 보면 당시 영관급 청년 장교들의 저지와 생활이 어떠했는지 알 수 있다. 그는 육사 8기로 임관한 이래 전쟁이 한창이던 1952년에 중령으로 진급했으나 쿠데타가 발생할 때까지 내리 10년간 같은 계급장을 달고 다녔다. 이석제는 군대에서 나오는 중령 월급으로는 그의 네 식구가 보름 정도 버티면 먹을 양식이 떨어졌다고 했다. 그의 가족은 셋방살이를 면하기 어려웠다. 당시 셋방은 요즘 원룸이나 다세대 주택 같은 것이 아니었다. 가구가 전혀 격리되지 않은 일반 주택에 방 한두 개를 얻어 주인집과 같이 기거했다. 아이들이 주인집 아이들과 싸우면 이석제는 무조건 자식들에게 잘못했다고 훈계해야 했고, 인심 사나운 집주인을 만날 경우 그의 처는 주인집 가사까지 돌봐야 했다. 역사학에서 전근대 시대를 서술할 때 나오는 개념인 이른바 '경제 외적 강제'가 있었던 모양이다.

4월혁명 이후인 1960년 초가을 이석제는 셋방살이를 면하기 위해 우이동 산꼭대기에 손수 무허가 집을 지었다. 어찌되었든 자기 집이었기에 아내와 아이들이 무척 기뻐했다고 한다. 그러나 얼마 지나지 않아 파출소에서 순경이 오고, 시청의 산림 주사가 와서 철거해버리겠다고 으름장을 놓았다. 그의 가족은 이를 무마하기 위해 꼬박꼬박 '세금'을 바

쳐야 했다. 때로는 이석제가 중령 정복을 차려입고 철거반에 맞서는 일도 있었다고 한다. 그의 아내는 살림에 보태기 위해 남편 몰래 집 근처에서 닭도리탕을 만들어 팔았는데, 경찰과 산림 주사가 가끔 찾아와 공짜 점심을 얻어먹었다고 한다. 이석제는 "목숨 걸고 나라를 지키는 장교를 제대로 먹이지도 못하는 이러한 군에 더이상 충성을 바칠 생각이 없다."고 개탄하며 육군대학 교관으로 근무하면서 고시공부를 하기도 했다. 이러한 경력 때문이었는지 5·16쿠데타 성공 직후 그는 국가재건최고회의 법사위원장이 되었다. 그런데 놀랍게도 숱하게 닭도리탕을 얻어먹었던 산림 주사가 그의 처를 찾아와 '사모님' 운운하면서 인사 청탁까지 하고 갔다고 한다.

가난하고 극도로 불만스러운, 게다가 진급의 길이 꽉 막힌 젊은 영관급 장교들의 존재는 당시 한국 군대에 심각한 불안 요소였다. 이러한 상태에서 4월혁명이라는 격변이 일어났으니 정군운동이 발생하며 군대가 들썩이는 것은 당연했다.

허정 과도정부하의 정군운동

이승만 대통령이 갑자기 퇴진하고 과도적으로 행정부를 이끌었던 허정 과도수반은 고위 군 장성들의 교체가 불가피하다고 보았다. 최근 공개된 미국 정부자료를 보면 1960년 5월 3일 허정은 주한미국대사 월터 매카너기Walter P. McConaughy에게 자신의 국방 정책을 설명하며 "고위 장성들과 일부 장성들의 퇴진을 격려함으로써 젊은 장교들이 승진할 수 있는 공간을 조성하려 한다."고 말했다. 그런데 한국군 고위 장성의 인사 문제는 한국의 정치 지도자가 마음먹은 대로 처리할 수 있는 사안이 아니었다. 한국군의 인사권은 제도적인 차원에서는 한국 정치 지도자들에게 있었다. 그러나 한국군이 미국의 원조에 의존하여 운영되고 있고, 유엔군사령관이 한국군의 작전통제권을 행사하고 있었다. 그렇기에 중요 장교의 인사 문제에 대해서는 한국의 정치 지도자들이 유엔군사령관과 협의해서 결정하는 것이 당시의 관행이었다. 그런데 유엔군사령관이자 주한미군사령관이었던 카터 매그루더Carter B. Magruder는 한국군 인사 문제에 대해 대단히 강하게, 또한 선제적으로 개입했다. 매그루더는 이승만 대통령의 사임 3일 후인 4월 29일부터 허정을 만나 4월혁명으로 인한 정치적 격변 때문에 한국군 고위 장성들을 해임시켜서는 안 된다고 강조했다. 이때는 정군운동이 시작도 안 된 상황이었다. 매그루더의 논리는 정치가 군대에 영향을 미치는 것은 바람직하지 않고, 최고 지휘관을 갑자기 교체하면 전투력이 약화된다는 것이었다. 허정은 매그루더가 이러한 이야기를 했음에도 불구하고 5월 3일 매카너기에게 자신은 고위 장성들이 퇴진하기를 원한다고 이야기했던 것이다.

1960년 5월 20일 육군참모총장 송요찬은 박정희와 소장 장교집단의 정군 요구와 압박으로 말미암아 마침내 자진해서 예편원을 제출했다. 이 소식을 듣고 매그루더는 곧바로 허정에게 달려와 송요찬을 유임해야 한다고 주장했지만, 두 사람이 이 문제를 논의하고 있는 중에 송요찬이 이미 자신의 사임을 공개적으로 발표했다는 소식이 들려왔다. 결국 송요찬의 사퇴는 수용될 수밖에 없었다. 허정은 5월 23일 최영희 중장을 새로운 육군참모총장으로 임명하고, 참모차장에는 최경록 소장을 임시로 중장으로 승진시켜 임명했다.

매그루더 유엔군사령관은 5월 말 거의 매일 공개적으로 고위 장성들의 교체와 한국군 내부의 정군운동 움직임을 비판하는 발언을 했다. 4월혁명으로 인한 정치적 변동이 군에 영향을 미쳐서는 안 되며, "하급 장교들이 상급 장교에 대해 불평불만을 토로하는 것은 있을 수 없는 일이다."라는 것이 요지였다. 매그루더의 발언은 모든 언론에 보도되었다. 한편 미국 하원의원 코발스키는 워싱턴에서 매그루더의 공개적 발언이 한국 내정 문제에 대한 간섭으로 보일 수 있다는 우려를 피력하기도 했다. 이러한 사실들 역시 모두 언론에 보도되었다.

허정 과도정부의 국방부장관으로 취임한 이종찬은 유엔군사령관의 반대, 그리고 새로운 정부가 들어설 때까지 과도기적 역할에 머무를 수밖에 없는 권력의 한계로 인해 현실적으로 고위 장성의 인사 교체를 대폭 추진하기는 어려웠다. 이 문제는 기본적으로 새로 구성될 정부에 넘겨졌다. 그러나 허정과 이종찬은 군 내부의 불만을 무마하기 위해 고위 장성들의 자진사퇴를 유도했다. 이에 과도정부 기간 동안 일부 고위 장성들이 자진 예편했다. 1960년 5월 31일, 당시 한국군 장교 중에 최고 계급을 갖고 있던 백선엽 대장이 "새로운 시대가 요구하는 군대의 민주적 개혁의 터전을 선임자로서 열어주려는 뜻에서" 자진 예편하겠다고 발표했다. 6월에는 4월혁명 때 특무부대장을 했던 하갑청 준장과 6관구사령관 엄홍섭 소장이 사표를 제출하고 예비역에 편입되었다. 7월에 공군 참모총장 김창규 중장, 1군사령관이었던 유재흥 중장, 그리고 백인엽 중장이 자진해서 예편원을 제출했다.

장면 정부하의
징군 추신과 좌절

　　　　　　　　　　　　내각제 헌법 개정과 새로운 선거(7·29총선)를 거쳐 1960년 8월 23일 장면 정부가 정식으로 출범했다. 장면 총리는 허정과 마찬가지로 고위 장성들이 퇴진하고, 새로운 장교들이 기회를 얻는 것을 당연히 선호했다. 이는 군 개혁이라는 요청에 부합한다는 명분도 있었고, 새로 권력을 잡은 사람의 입장에서 볼 때 자신의 권력 기반을 강화하기 위해서라도 필요한 일이었다. 그러나 유엔군사령관 매그루더는 아주 일찍부터 여기에 제동을 걸었다. 매그루더는 1960년 8월 25일 장면 정부의 관료들을 처음 만났을 때부터 새로운 정부가 육군참모총장 최영희를 경질하려 한다는 풍문이 돌고 있다면서, 여기에 대해 강한 불만을 피력했다. 장면 총리는 최영희 장군의 경우 어찌 되었든 정군운동의 표적이 되어 하급 장교들의 신뢰를 받지 못하고 있기 때문에 효과적인 업무 수행이 어렵다면서 매그루더를 설득했다. 매그루더는 결국 참모총장 교체에 동의했지만, 더이상의 고위 장성의 교체는 없어야 한다고 못을 박았다.

　장면은 국방부장관으로 민간 정치인 현석호를 임명했고, 8월 29일

제2공화국 출범. 윤보선 대통령(왼쪽)과 장면 총리(오른쪽).

새로운 육군참모총장으로 최경록을 임명했다. 최영희 전 육군참모총장은 연합참모본부 총장으로 이동시켰다. 최경록 신임 육군참모총장은 공개적으로 군 개혁(정군)을 단행하겠다고 약속했다. 또한 하급 장교들이 하극상 행위를 하는 등 군대 규율을 문란하게 하는 자도 엄단하겠다고 엄포했다. 즉 영관급 장교집단들의 정당한 불만은 정군을 통해 해소하는 한편 하극상 행위도 철저히 막아 군의 규율과 안정성을 확보하겠다는 것이었다. 이러한 맥락에서 최경록은 9월 초 정군파 장교의 거두 박정희를 육군본부 작전참모부장이라는 요직에 임명했다.

정군운동을 추진하던 장교들도 다시 본격적인 행동에 나섰다. 1960년 9월 10일 김종필 등 육사 8기생을 중심으로 한 장교들은 새로 임명된 현석호 국방부장관을 찾아가 강력한 정군운동 추진을 건의하려 했다. 그런데 현석호 장관은 내각 개편과 관련하여 취임 2주일 만에 이미 사표를 낸 상태였다. 정군파 장교들은 장관을 만나지 못했고, 후일 이들은 그날 저녁 자신들이 충무장이라는 요릿집에 모여 쿠데타를 처음으로 모의했다고 밝혔다.

정군 문제를 둘러싼 갈등은 마침내 공개적인 갈등과 행동으로 표출되었다. 1960년 9월 10일 이른바 윌리스턴 팔머Williston B. Palmer 발언 소동이 있어났나. 팔머 대장은 미국 국방부 군수국장으로 최영희의 초청을 받아 한국을 방문했다. 그는 미국으로 돌아가면서 한국 기자들에게 "한국의 유능하고 훌륭한 고급 장성들이 하급 장교들의 선동에 의해 억지로 퇴역"하는 것에 대해 불만을 피력했다. 1960년 9월 21일 역시 한국을 방문 중이던 미국 태평양지구 지상군사령관 아이작 화이트Isaac D. White 대장도 정군 문제는 신중하게 취급해야 한다고 발언했다.

최경록 육군참모총장은 팔머의 발언에 대해 이를 "내정간섭"이라며 공개적으로 정면 반박했다. 매그루더는 최경록의 발언에 대한 기자들의 서면 질문에 답하면서 "나는 건설적인 충고를 하는 행위를 대한민국의 주권 침해라고 생각하지 않을 뿐만이 아니라 한국에 물질적 원조를 제공하는 것에 책임을 지는 미군 및 유엔군 관리들의 의무라고 생각한다."라고 반박했다. 그러자 최경록은 매그루더의 발언에 대해 "일부 몰지각한 사대사상자들이 왜곡된 정보를 전한 데 연유"되었을 것이라면서 "한국군의 사정은 한국군이 더 잘 알 것이다."라고 응수했다.

팔머 발언 파문은 정군을 추진하던 영관급 개혁파 장교집단을 자극했고, 이들은 아예 집단행동으로 나아갔다. 1960년 9월 24일 16명의 대령, 중령들이 최영희 연합참모본부 총장을 찾아가 팔머 발언에 대한 해명과 그의 퇴진을 요구하는 집단행동을 벌였다. 이른바 '16인 하극상 사건'이 발생한 것이다.

최경록 육군참모총장은 정군 문제에 간섭하는 미군 장성들에 행태에 대해 정면 반박하면서도, '16인 하극상 사건'에 대해서는 군기 문란 행위라고 보고 애초 공표했듯이 여기에 강경하게 대처했다. 관련자 모두를 체포하고, 군법회의에 넘겨 재판을 받게 했다. 정군파 지도자 박정희도 1960년 12월 대구에 있는 2군사령부 부사령관 직으로 좌천시켰다.

팔머 발언 소동과 16인 하극상 사건 이후에도 장면 정부는 정군을 계속 추진했다. 새로 국방부장관이 된 구파 출신 권중돈은 1960년 9월 27일 정군 문제에 관한 한 자신과 장면 총리, 최경록 장군의 의견이 일치한다고 공표했다. 군 당국에서 정군 요강을 작성 중이며, 여기에는 현역 중장급 장성들 거의 전원을 물러나게 하고, 소장·준장급도 현저하게 부정선거 또는 부정축재에 연루되었을 경우 퇴역 조치하는 내용이 담길 것이라는 신문 보도도 있었다.

장면과 최경록은 정군을 위해, 구체적으로는 고위 장성들의 교체를 위해 매그루더와 일련의 협상을 벌였다. 최근 공개된 미국 정부자료를 보면 16인 하극상 사건 직후인 1960년 9월 말에서 10월 초까지 한국과 미국의 정치·군사 지도자들 사이에서 일련의 협상이 있었음을 알 수 있다. 이러한 협상은 10월 4일 장면 총리, 권중돈 국방부장관, 매그루더 유엔군사령관, 마셜 그린Marshal Green 주한미국대사관 부공관장 등이 모인 회합에서 일단 결론이 내려졌다. 이날 한국정부 측에서는 최영희 중장,

함병선 중장, 김종오 중장, 장도영 중장, 오덕준 소장, 백남권 소장, 이용재 소장 등 7명의 장성들이 퇴진해야 한다고 주장했다. 매그루더는 5명의 장성 퇴진에 대해서는 동의했지만 김종오 중장과 장도영 중장의 퇴진은 절대 반대한다고 했다. 장면 총리는 매그루더의 입장을 수용하여 김종오는 예편시키지 않고 연합참모본부 총장으로 임명하고, 장도영은 2군사령관 직에 그대로 유임시켰다.

이와 같은 한미협상의 결과는 5·16쿠데타와 관련해 대단히 흥미로운 시사점을 보여준다. 정군운동의 1차 대상으로 거론된 사람들은 중장급 이상의 장성들이었다. 4월혁명 때 한국군에는 대장 1명(백선엽)이 있었고, 중장은 원용덕 헌병사령관까지 포함해 모두 10명이 있었다. 이 중 이종찬은 허정 과도정부기 국방부장관이 되어 예편했고, 원용덕은 4월혁명 직후 김성주 살해사건과 관련해 구속되었으며, 송요찬, 유재흥, 백인엽은 허정 과도정부 때 자진 예편했다. 그리고 10월 4일 한미협상 결과로 최영희, 함병선 중장이 예편되었다. 따라서 장면 정부 때 최종적으로 예편되지 않고 현역으로 남은 중장은 이한림, 강영훈, 김종오, 장도영 모두 4명이었다. 이 중 이한림과 강영훈은 앞서 살펴본 바대로 애초부터 정군 대상자로 거론되지 않았다. 반면 김종오와 장도영은 장면 정부가 정군 대상자로 지목해 예편시키려 했지만 매그루더의 반대로 현역으로 남게 되었다. 특히 장도영은 자유당 실세인 이기붕과 친분이 있던 장교였기에 이미 1960년 9월에 자진해서 예편원까지 낸 상태였다.

그런데 5·16쿠데타가 발생했을 때 장도영과 김종오는 쿠데타에 모호한 태도를 취하다가 결국 협력하는 모습을 보였다. 반면 이한림과 강영훈은 쿠데타에 반대하고 비협조적인 모습을 보이다가 체포되었다. 장면 정부의 입장에서 볼 때 정군운동을 제대로 하지 못한 결과는 이토록 참혹한 것이었다.

고위급 장성의 인사 문제는 이렇게 10월 4일의 한미협상을 통해 마무리되었지만 정군 문제는 그후로도 계속 논의되었다. 이것이 끝은 아니었다. 1960년 10월에도 권중돈 장관과 최경록 참모총장은 정군은 계속될 것이라는 입장을 유지했다. 한편 국회에서도 정군에 대한 논의가 있었다. 이 무렵 민의원 김석원 의원 외 24명은 '정군조사특별소위원회'를 구성해 체계적으로 정군을 단행하자는 결의안을 제출했다. 이에 10월 19일 권중돈 장관은 국회에서 공무원 정리 요강과는 별도로 '정군심사위원회'를 만들어 부정선거와 부정축재 혐의가 있는 장교들을 정리하겠다고 언급했다.

만약 이러한 제도와 위원회가 만들어지고 군 장교들의 비리 혐의에 대해 객관적인 조사를 하는 방식으로 군 개혁이 추진되었다면 정군 문제는 해결될 수 있었을 것이다. 그러했다면 영관급 장교집단의 불만이 해소된 만큼 누군가 쿠데타를 시도한다 하더라도 장교들을 결집하고 조직화하기가 매우 어려웠을 것이다.

그러나 정군 문제는 더이상 추진되지 못했다. 정부와 국회가 1960년 10월부터 과거 정부에서 부정선거 및 반민주행위, 부정축재를 자행한 사람들을 처벌해야 한다는 여론에 따라 개헌을 하고, 특별법을 만들어 그 청산에 나서면서 정군 문제도 그 안에 해소되는 양상이었다. 장면 총리는 반민주행위자 및 부정축재자에 대한 특별법이 만들어지면 군 장성들의 비리 문제도 여기서 해결될 것이라 했다. 마침내 1960년 11월 14일 장면 총리와 권중돈 국방부장관은 정군이 완료되었다고 선언했다. 이에 정군운동은 사실상 중장급 장성들의 반수 정도와 소장 3명이 퇴진하는 데 그치고 실질적인 성과를 내지 못한 채 흐지부지되었다.

한편 16인 하극상 사건 등 군대에서 용납되기 어려운 집단행동을 한 장교집단의 처리도 흐지부지되었다. 실질적으로 정군이 제대로 되지 않은 상태에서 집단행동에 가담한 장교들만 엄격하게 처벌하면 군 내부에 큰 반발을 불러일으킬 수 있었기 때문이다. 이러한 분위기 때문인지 피해 당사자인 최영희 장군도 16인 하극상 사건 재판 과정에서 피고인들에게 완전히 불리한 증언은 하지 않았다. 그리고 12월부터 최경록 참모총장이 불철저한 정군과 하극상 장교 재판 때문에 장면 정부와 관계가 틀어져 사표를 제출했다는 풍문이 신문 보도에 흘러나오기 시작했다. 1960년 12월 12일 육군중앙군법회의는 16인 하극상 사건 관계자 중 김동복 대령을 제외한 15명의 피고인에게 무죄를 선고했고, 장교들은 모두 풀려났다. 김대령은 재심 탄원서를 내면서 이 사건의 실제 배후에는 김종필, 석정선 두 중령이 있다고 폭로했다. 이에 김종필과 석정선은 구속되었고 결국 1961년 2월 군복을 벗고 예편되었다.

4월혁명 직후 분출되었던 군 개혁을 둘러싼 논의와 갈등은 획기적인 인사개혁(정군)으로 영관급 장교집단의 불만을 해소하지도 못하고, 이 과정에서 나타난 일부 장교들의 돌출적인 하극상 행동도 제대로 통제하지 못하는 결과를 낳았다. 한국군의 불안요소를 어떠한 방식으로든 해결하는 데 실패한 것이다.

공식 '군사혁명사'와
회고록에 보이지 않는 사실들

정군운동을 둘러싸고 벌어진 일들을 이처럼 그 당시에 작성된 자료를 근거로 재구성해볼 때 5·16쿠데타 주체들이 내세운 논리, 즉 정군운동이 장면 정부의 부패와 무능 때문에 좌절되어 불가피하게 쿠데타를 할 수밖에 없었다는 주장은 많은 사실들을 가리고 호도하고 있음을 알 수 있다. 매우 일방적인 주장인 것이다. 일단 정군운동의 좌절 원인을 모두 장면 정부의 부패와 무능 탓으로 돌릴 수 있는 상황이 아니었다. 허정과 장면, 그리고 최경록 등 당시 군 수뇌부가 정군의 명분과 필요성 자체를 반대한 것은 결코 아니었다. 이들도 고위 장성집단의 교체를 원했고 또한 추진했지만, 유엔군사령관이 군 장성의 인사 교체에 반대했기 때문에 그들이 원하는 수준의 인사 개혁을 할 수가 없었다. 앞서 언급한 것처럼 당시 미군 장성들이 정군운동에 반대했다는 사실은 팔머 발언 소동 등을 통해 신문에도 모두 보도되었다. 이 문제를 다룬 사설까지 실릴 정도였다.

따라서 5·16쿠데타에 가담한 사람들이 유엔군사령관을 비롯한 미군 장성들이 정군운동을 가로막았다는 사실을 모를 리 없다. 그러나 5·16쿠데타 주체들이 후일 작성해 공간한 공식 '군사혁명사'에는 미군 장성들이 정군운동을 비판하고 저지한 사실에 대해서는 팔머 발언을 제외하고는 전혀 언급하지 않고 있다. 5·16 거사 참여자들이나 그 주변 인사들의 회고록에도 이러한 이야기는 없다. 다만 백태하, 김형욱 같은 5·16과 군사정부에 참여했다가 나중에 박정희 정부와 관계가 틀어진 인물들이 미국 장성들이 정군운동을 가로막았다는 사실을 아주 간략하게 밝히고 있다. 이 부분은 정말 가려진 역사라 할 수 있다. 이는 또한 불균등할 수밖에 없는 한미동맹의 구조, 그리고 그 구조에서 미국의 압도적인 영향력이 어떻게 작용하고 있는지를 잘 보여준다. 강한 영향력 뿐만 아니라 구조적인 힘이 작용할 때 사람들은 이를 불가피한 것으로 수용하거나 순응하여 여기에 대해 제대로 말하지도, 정면으로 쳐다보지도 못하는 경향이 있다. 그렇기 때문에 정말 강하고 구조적인 힘이 작용한 부분은 역사 속에서 보이지 않거나 모호해지고, 소략해진다.

장면 정부도 물론 정군 문제에 대해 최선의 노력을 기울였다고 할 수는 없다. 특히 1960년 10월 국면에서, 의회 등 정치권에서 제도적이고 체계적인 정군운동 움직임이 나타났을 때 장면 정부가 여기에 적극적으로 대응하고 또한 사회적 합의 속에서 정군을 추진했다면 결과는 달라질수 있었다. 장면을 비롯한 당시 민주당 정부의 지도부들은 미군 장성들의 반대 등 정군운동에 따르는 난관을 돌파할 만한 적극성을 발휘하지 못했다. 그러나 이 점은 정군운동을 추진한 장교집단도 마찬가지였다.

5·16쿠데타 주도세력들은 1960년 9월 24일 16인 하극상 사건 발생으로 정군운동은 이미 실패로 귀결되었다고 이야기하고 있다. 그러나 앞서 살펴본 바대로 실상은 전혀 그렇지 않다. 오히려 16인 하극상 사건이 일어날 무렵 장면 정부는 고위 군 장성의 인사 교체를 위해 미국 장성들과 협상을 시작했다. 또한 10월까지 정군 문제는 정치권에서 쟁점이 되었다. 정군파 장교들이 정군운동을 가장 중요한 1차 목표로 설정하고 있었다면 공식적인 건의나 기타 다양한 방법으로 이를 추진할 여지가 있

었다. 이를 위해서는 정군 요구를 막아서는 미군 장성들의 행태를 비판하는 것도 불가피했을 것이다. 이것은 물론 쉽지 않다. 그러나 애초부터 불가능한 일은 아니었다. 당시에 큰 관심을 끌지는 못했지만 장면 정부기에는 정치권에서도 한국전쟁 때 미군에 넘겨준 한국군 작전통제권을 환수해야 한다는 주장까지도 대두하고 있었다. 또한 한미행정협정 체결 문제 같은 경우는 당시 일부 정치인, 학생, 나아가 미군 고용인 노동조합 등의 지속적인 문제 제기와 활동으로 말미암아 마침내 장면 정부 말기에 행정협정을 체결하기 위한 한미협상이 시작되었다. 그러나 정군파 장교들은 자신들의 행동을 비판한 팔머 발언에 대해 유엔군사령관이나 다른 미군 장성을 찾아가 항의하는 것이 아니라 최영희를 찾아가 반발하는 것 이외에는 아무런 저항도 하지 못했다. 또한 이들은 후일 '군사혁명사'를 서술할 때에도, 더 훗날 회고록을 남길 때에도 이 문제에 대해 언급하지 못함으로써 비대칭적인 한미동맹관계의 규정력에 철저히 순응하는 모습을 보였다. 여러 측면에서 볼 때 부정부패 척결을 위해 쿠데타가 유일한 해결책이었다고 말하기 어려운 상황이었던 것이다.

정군운동과
쿠데타 모의

5·16쿠데타 주체들의 논리는 실제 쿠데타 모의가 진행되는 과정을 살펴보면 더욱 설득력이 떨어진다. 정군운동을 추진한 김종필을 비롯한 육사 8기생 그룹은 자신들이

5·16쿠데타의 주역 박정희(오른쪽)와 김종필(왼쪽).

1960년 9월 10일 이른바 충무장 결의를 통해 처음으로 쿠데타를 모의했다고 이야기하고 있다. 이때는 정군 문제의 해결이 실패로 돌아간 시점이 아니라 이 문제가 막 본격적으로 쟁점화되고 있는 시점이었다. 게다가 장면 정부가 정식 출범한 지 18일 정도밖에 안 되는 시점이었다. 또한 스스로가 밝혔듯이 박정희는 4월혁명 전에도 쿠데타를 모의하고 있었다. 실제 상황을 보면 정군운동과 쿠데타 모의는 시간적으로 선후관계가 아니라 서로 겹쳐지고 있는 것이 확실하다.

사실상 군인들이 정치에 개입해 군사정부가 수립될 가능성은 장면 정부 때부터 시작된 이야기가 아니다. 한국전쟁 때문에 한국은 엄청난 숫자의 군대를 갖게 되었고, 원조경제 과정에서 국가의 모든 물적, 인적 자원이 모두 군대로 집중되었다. 한국군은 이미 한국전쟁을 거치면서 여타 사회의 다른 부문과 비교해볼 때 상대적으로 훨씬 비대화된 역량을 갖고 있었다. 1952년 부산 정치파동 때에도 육군본부 작전국장 이용문을 중심으로 쿠데타 모의가 있었다. 이때 박정희는 이용문 바로 밑에서 작전차장으로 근무하고 있었다. 나아가 한국군 장교집단은 1950년대 내내 이승만 대통령의 건강악화나 급격한 정치변동으로 말미암아 권력을 행사하지 못하는 상황이 올 때 그의 권력을 대체할 수 있는 잠재적 세력으로 주목받았다. 실제 4월혁명 과정에서도 한국군은 이승만 정권을 적극적으로 옹호하기보다는 여기에 거리를 두고 중립을 지키는 편이었다. 그렇기 때문에 4월혁명이 진행되는 중에 미국 관리들과 한국 여론 주도층 일부는 군사쿠데타 가능성을 거론하기도 했다.

따라서 박정희, 김종필 등 5·16 거사의 핵심이 되었던 사람들은 정군운동을 추진할 때에도 쿠데타를 일으켜 권력을 장악할 가능성을 이미 염두에 두고 있었다고 충분히 상정할 수 있다. 즉 처음부터 권력 장악을 염두에 두고 영관급 장교집단의 불만을 활용해 정군운동을 쿠데타 세력을 결집하기 위한 방편으로 활용했을 가능성도 있는 것이다.

쿠데타의 실행과
정군운동의 변질

정군운동에 참여한 장교들의 의도와 동기가 무엇인지, 그들이 주된 목표가 군의 개혁인지 아니면 권력 장악인지를 입증하는 것은 쉽지 않다. 사람들 마음속에 있는 의도와 동기를 입증하기란 현실적으로 대단히 어려운 일이다. 또한 거사에 가담한 각 개인과 그룹에 따라 그 의도와 동기에 있어서 내부에 큰 차이가 있을 수 있다는 것도 고려해야 한다. 정군운동에 참여한 장교들 중에는 끝까지 군 개혁운동 차원에서 여기에 함께한 사람들도 있었을 것이다. 예컨대 16인 하극상 사건에 참여했던 장교 중에는 이후 쿠데타 거사에 전혀 이름이 나오지 않는 장교들도 존재한다. 명확한 사실은 5·16쿠데타는 여기에 가담한 사람들이 정군운동의 명분을 극대화하는 과정이 아니라 오히려 여기서 벗어나고 변질되는 과정 속에서 발생했다는 것이다.

정군운동과 5·16의 관계를 생각할 때 아주 당혹스러운 사실은 5·16거사 주체들이 대표적인 정군 대상 장교였던 장도영을 표면적인 지도자로 내세워 거사를 성공시켰다는 것이다. 또한 거사 성공 후 군사정부를 만들었을 때 자신들이 정군운동을 하며 제일 먼저 몰아낸 송요찬을 국방부장관 및 내각수반으로 임명했고, 역시 정군 대상자로 거론된 김종오를 육군참모총장으로 임명했으며, 정군 대상자로 물러난 함병선은 국가재건최고회의 직속기관인 기획위원회 위원장이 되었다. 이러한 사실을 어떻게 설명할 수 있을까?

일단 장도영의 육군참모총장 임명 경위부터 이야기하자. 1961년 새해로 접어들어 1월 30일 권중돈이 해임되고 다시 현석호가 국방부장관으로 취임했다. 그리고 2월 17일 경질설이 돌던 최경록이 육군참모총장에서 해임되어 2군사령관으로 가고, 그 자리에 있던 장도영이 육군참모총장으로 임명되었다. 당시 박정희는 장도영 밑에서 2군부사령관을 하고 있었다.

장면 총리가 갑자기 최경록을 경질하고 애초 정군 대상자로 퇴진시키려 했던 장도영을 육군참모총장으로 임명한 이유는 무엇이었을까? 최근 공개된 미국 정부문서를 보면 그 교체 배경을 한국정부의 관리가 주한미국대사관 부공관장에게 설명한 내용이 나온다. 우선 장면 총리는 정군 문제로 불거진 최경록과 매그루더의 갈등을 우려했다. 이에 최경록을 교체해 미군 장성들과의 관계가 개선될 것을 기대했다. 또한 여기에는 정치적 배경도 있었다. 당시에는 4월혁명 1주년이 다가오는 1961년 3월 또는 4월에 대규모 민중 봉기가 발생해 정부가 무너질 것이라는 '3~4월 위기설'이 떠돌고 있었다. 장면 정부는 대중 봉기가 발생할 경우 서울 근교에 주둔하는 군대를 동원해 이를 진압하려고 했다. 이는 후일 이른바 '비둘기 계획'으로 구체화되었다. 이 과정에서 최경록은 이러한 사태에 대처하는 데 적합하지 않다는 주장이 제기되었다. 즉 당시 장면 정부의 요인들은 좀더 권력에 순응적인 인물을 원했던 것이다.

육군참모총장의 갑작스런 교체는 장면 정부가 확실하게 자기 무덤을 파는 일이었다. 장도영은 쿠데타 과정에서 결단력 있는 대응을 하지 못하고, 소극적이고 모호한 행동을 보였으며, 쿠데타 세력들은 '비둘기 계획'을 역이용해 서울 근교의 분대들을 거사에 동원했다. 장면 정부는 이처럼 4월혁명 이후 요청되었던 개혁의 요구들을 너무 과감하게 추진하거나 수용하다가 역풍을 맞은 것이 아니라 오히려 개혁의 요구에 배반하다가 역풍을 맞은 것이다.

그런데 참으로 놀라운 사실은 쿠데타를 기획했던 박정희를 비롯한 주요 주체들도 장도영이 참모총장에 임명되기를 희망했다는 것이다. 당시 새로운 참모총장 후보로 유력하게 떠오른 사람은 이한림이었는데, 5·16 주도세력은 이한림보다는 장도영이 참모총장직에 오르는 것이 거사 추진에 유리하다고 생각했다. 이에 효과가 얼마나 있었는지는 몰라도 사전에 민주당 실력자들과 접촉해서 그를 참모총장으로 옹립하려 노력하기도 했다.

장도영은 박정희와 오랜 기간 동안 긴밀한 유대관계를 유지했고, 16인 하극상 사건으로 박정희가 좌천되었을 때 그를 자신의 휘하인 2군부사령관으로 받아준 사람이었다. 박정희는 5·16 직후 일관되게 자신이 1960년 11월경부터 장도영에게 거사 계획을 알렸고, 거사 막바지 실행단계인 1961년 4월 10일에는 구체적인 거사 계획의 골자까지 알려주었다고 말했다. 반면 장도영은 이러한 이야기에 대해 강하게 부인하고 있다.

박정희는 장도영을 형식적인 지도자로 내세우기로 하고, 쿠데타의 기획 과정에서 이러한 사실을 거사에 가담할 장교들에게 알렸다. 육군 참모총장 장도영을 내세우면 여러 측면에서 쿠데타 성공을 위해서는 유리했다. 우선 자신들의 거사가 한국군 전체의 지지를 받고, 또한 성격 면에서도 확실한 반공 쿠데타로 보일 수 있었다. 박정희는 과거 남조선로동당 군사조직에 연루되어 형을 선고받았던 사람이다. 그밖에 쿠데타를 주도한 사람들 중에도 그 사상과 경력에 대해 의혹이 제기되고 있는 인물들이 있었다. 특히 정군파 장교들이 쿠데타를 하면 정군운동 때문에 물러난 장성들과 그 주변 인사들이 반발할 수도 있고, 친이승만 세력을 비롯한 보수 반공세력도 크게 반발할 가능성이 농후했다. 그러나 장도영은 반공주의자였고, 정군 대상자였으며, 이승만 정부와 친밀했던 사람이었다. 그를 내세우면 쿠데타의 성격이 반공이라는 것이 보다 명확해지고 보수 반공집단의 지지를 받는 데 유리했던 것이다. 또한 장도영을 내세우면 미국과의 관계를 푸는 데에도 큰 도움을 줄 수 있었다. 특히 매그루더 장군은 정군파 장교들에게 반감을 갖고 있었고, 박정희의 좌익 경력에 대해서도 알고 있었다. 그런데 장도영은 매그루더와도 친하고 친미적인 장교로 알려져 있는 사람이었다. 5·16쿠데타 때 거사 주체들이 장도영을 형식적인 최고 지도자로 내세우고, 송요찬 등 과거 정군운동에 의해 쫓겨난 인물들을 포용하는 방식으로 간 것은 모두 이러한 맥락과 관련이 있다.

정군파 장교들이 정군 대상자였던 장도영을 내세우며 쿠데타를 음모하는 과정에서 당연히 내부적으로 여기에 대한 불만이 나올 수밖에 없었다. 이러한 상황은 5·16 직후 거사 주체들 스스로가 편찬한 『5·16혁명실기』에도 기록되어 있다. 육사 9기생으로 쿠데타에 참여한 강상욱은 거사 모의 과정에서 "지도자 선정에 있어서 대외적인 체면보다는 청년 장교들의 지지를 받을 수 있는 사람"이어야 한다며 장도영을 지도자로 옹호하는 것에 대해 불만을 피력했다. 거사 자금을 지원했던 민간인 참여자 남상옥도 박정희에게 대표적인 정군 대상자였던 장도영을 내세우면 국민들로부터도 거사에 대한 신뢰를 얻기 어렵다고 문제를 제기했다. 그때마다 박정희와 김종필은 공산화의 위험에 무방비하게 놓여 있는 위기상황에서 지도자를 누구로 옹립하든 크게 문제가 될 것이 없다며, '반공' 논리를 앞세워 이를 무마했다.

쿠데타 주도세력들은 1961년 3월부터 쿠데타에 동원될 서울 인근 군

부대의 장교들을 본격적으로 포섭하고 조직하기 시작했다. 결국 이렇게 해서 조직된 영관급 장교 40여 명은 박정희와 함께 1961년 4월 6일 강상욱 중령이 소유한 양명빌딩에서 회합했다. 이 모임은 거사 참여자들이 조직의 실체를 상호 확인하고, 거사 참여를 확실하게 맹세하기 위한 모임이었다. 여기에 모인 영관급 장교들은 한 명씩 박정희 소장이 있는 별도의 방으로 인도되어 거사 참여를 맹세하고 단독으로 개인적인 대화를 나누었다. 어떤 대화가 오갔을지 정말 궁금하다. 이날 회합에서 박정희는 장면 정권의 부패상을 이야기하며 "북괴는 평화공세라는 슬로건으로 간침^{間侵: 간접침략}을 노리고 있어 이대로 방치하다가는 우리들이 싸워보지도 못하고 앉아서 공산군에 짓밟히고 말 직전에 있다."고 역설했다.

정군파 장교들이 정군 대상자인 장도영을 내세워 쿠데타를 하는 상황이었으니 개혁 논리보다 공산화의 위기를 수습한다는 반공 논리가 거사의 명분으로 더욱 강조될 수밖에 없었다. 5·16쿠데타를 일으킨 정군파 장교들은 이처럼 거사의 성공 가능성을 높이기 위해 군의 개혁을 촉구하는 논리보다는 공산화 위협과 반공·친미를 앞세우는 방향으로 갔다. 이는 결국 거사 주체들의 논리가 냉전·분단체제와 한미동맹관계의 불균등한 구조에 순응하여 철저한 군 개혁보다는 반공체제의 확립을 강조하는 방향으로 미끄러지는 과정이었다. 공산화 방지라는 기치하에 정군파 장교와 정군 대상자들이 다시 결합할 수 있었던 것이다. 이처럼 정군의 대의와 명분은 그것을 제기한 주체들에 의해 이미 거사 단계부터 변질되고 배반당하고 있었다.

5·16쿠데타의 성격

쿠데타는 대체로 왕당파와 공화파, 보수와 진보 등 어떤 정치적 갈등이 진행되는 상태에서 군대가 그 가운데를 파고들며 성공하는 경향이 있다. 5·16쿠데타도 4월혁명 직후 조성된 보수와 개혁진보 세력의 갈등, 또한 한국군을 통제하는 한국정부와 유엔군사령관의 이중 권력 상태의 가운데를 파고들어 성공할 수 있었다. 두 정치집단이 치열하게 경합할 때 군은 개혁을 추구하는 쪽으로 갈 수도 있고, 그 반대의 경우로도 갈 수 있었다. 5·16쿠데타 이후 1960~70년대 남아메리카 등 제3세계 국가에서 발생한 쿠데타는 반공·친미 등 보수적 성격을 갖는 경우가 더 많았다. 그러나 5·16 이전, 즉 1950년대의 쿠데타는 달랐다. 이때는 주로 중동과 아시아 지역에서 쿠데타가 많이 발생했는데, 이들 쿠데타는 이집트의 가말 압델 나세르Gamal Abdel Nasser, 버마의 네윈Ne Win 등에서 보이듯 친서방, 반공주의가 아닌 중립주의적인 제3세계 민족주의 성향과 개혁 성향을 갖는 경우가 많았다. 실질적으로 5·16의 거사 주체들의 성향과 행동방식은 양쪽 사이에서 동요하는 모습을 보였다고 생각한다.

박정희와 일부 영관급 장교들이 정군운동에 나섰을 때 이들이 추진하는 운동의 성격이 무엇이 될지는 아직 확실하게 결정되지 않은 상태였다. 군대라는 집단의 속성은 기본적으로 기존의 냉전·분단체제의 수호자라 할 수 있다. 그러나 정군파 장교들은 이러한 기존 체제의 완전한 기득권 세력도, 이를 수구하려는 집단도 아니었다. 이들의 성향은 젊은 청년의 저항이라는 4월혁명의 맥락과 소외받은 젊은 장교집단이라는

시청 앞으로 들어서는 쿠데타군을 바라보는 박정희.

현실적 조건, 군 고위 장성집단의 부정부패와 부정선거에 대한 협력을 규탄하는 정군운동의 대의명분 면에서 기본적으로 개혁을 추구하는 방향이었다고 할 수 있다. 또한 정군운동은 애초부터 여기에 반대하는 미국 장성들의 영향력과 충돌할 수밖에 없었다. 따라서 이들을 처음부터 친미적 장교였다고 할 수는 없다.

그러나 정군파 장교들은 쿠데타를 기획하고 실행하는 과정에서 거사 성공을 위해 냉전·분단체제하에서 압도적으로 다가오는 반공이데올로기와 한미동맹의 규정력에 적극적으로 순응하는 방향으로 갔다. 군 개혁 논리보다는 반공과 한미동맹의 강화를 강조했고, 이를 위해 자신들이 몰아내려고 했던 정군 대상자들을 내세우고 다시 포용하는 쪽으로 움직였다. 결국 이러한 행동은 거사의 성공 가능성을 높였지만 자신들이 일시적으로나마 내세웠던 개혁 논리를 스스로 변질시키고 배반하는 결과를 가져왔다. 이러한 면에서 볼 때 정군운동이 장면 정부의 부패와 무능으로 좌절되었기 때문에 쿠데타가 불가피했다는 공식 '군사혁명사'의 서술은 승자에 의해 역사가 어떻게 선택적으로 기록되고, 기억되는지를 잘 보여주는 대표적인 사례라 할 것이다.

6장

기록에서
지워지는 여성들

: 마산 할머니와 4월혁명

4월혁명은 1960년 3·15부정선거에 저항한 민주항쟁으로 이승만 대통령이 퇴진한 사건을 말한다. 4월혁명 50주년을 맞이한 2010년, 논문을 쓰기 위해 관련 사료를 뒤적이다가 마산 '3·15의거기념사업회'가 편찬한 사진집을 보았다. 여기에는 한복을 입은 할아버지, 할머니들이 시위를 벌이는 장면을 담은 사진이 여러 장 있었다. 사진집에는 할아버지 시위가 1960년 4월 25일에, 할머니 시위는 다음 날인 26일에 발생한 것으로 소개되었다. 4월혁명은 주로 학생 등 젊은 세대가 일으킨 항쟁으로 기억되는데, 할아버지와 할머니들이 시위를 했다니 눈길이 가지 않을 수 없었다. 게다가 할머니들이 들고 있는 플래카드에는 "죽은 학생 책임지고 리대통령 물러가라"는 구호가 큰 글씨로 적혀 있었다.

인터넷을 통해 확인해보니, 당시 서울에서 발행된 중앙 일간지들도 마산의 할아버지·할머니 시위를 짤막하게 보도했다. 그런데 여기서 확

이승만 퇴진 전에 발생한 마산의 할머니 시위.

인한 결과 할아버지 시위는 4월 24일에, 할머니 시위는 4월 25일 오후에 발생한 것이 틀림없었다. 하루 차이지만 그 의미는 크게 다르다. 이승만 대통령이 민주항쟁에 굴복해 사임 의사를 밝힌 것은 4월 26일 오전 10시 30분경이었다. 따라서 할머니 시위도 이승만 퇴진 전에 발생했던 것이다. 정말 범상치 않은 일이었다. 이때는 한국전쟁이 종결된 지 7년밖에 안 되는 시점이었다. 한국전쟁 중 벌어진 무수한 학살을 고려할 때 현직 대통령의 실명을 직접 거론하며 퇴진을 요구하고, 그것도 구호로 외치는 정도가 아니라 플래카드에 크게 적어놓았으니, 보통의 용기와 결단이 아니었다. 요즘 말로 하자면 최고 권력자에게 던지는 과감한 '돌직

구'인 셈이다.

2016년의 무더운 여름 이 글을 쓰면서 할머니 시위에 대해 좀더 알아보려 다시 사료를 뒤적거렸다. 4월혁명은 성공한 항쟁이기에 그 직후에 시위 참여자의 경험담을 다룬 수기나 현장을 취재한 기자들의 서사기 등이 다수 발행되었다. 일단 시위 장소인 마산에서 발행된 책부터 살폈다. 4월혁명 직후 마산일보사가 발행한『민주혁명 승리의 기록』, 5·16쿠데타 전에 발행된 지헌모의『마산의 혼』이라는 책에는 의외로 할아버지·할머니 시위에 대한 언급이 전혀 없었다. 다만 앞쪽에 실린 책의 화보 부분에 사진만 나온다. 비교적 최근인 2004년 마산 3·15의거기념사업회가 편찬한 800여 면 분량의『3·15의거사』도 화보 부분에 사진만 나온다. 그런데 여기서도 날짜가 4월 25일과 26일로 잘못 기록되어 있고, 본문에는 언급이 없다. 다소 충격적이었다. 당시 신문 보도에 의하면 할아버지·할머니들이 시작한 시위는 남녀 시민들이 합세하여 수만 명이 모인 대규모 시위였다. 그럼에도 불구하고 마산에서 나온 책에서조차 이 시위들에 대한 언급이 없는 것이다.

서울에서 발행된 책들도 물론 마찬가지였다. 다만 조화영이 편찬한 책에는 4월 20일부터 26일까지 지방에서 벌어진 시위를 짤막하게 일지 형식으로 정리했는데, 24일 항목에 "전주, 인천, 마산 등지에서「데모」감행"이라는 짧은 문장이 나온다. 24일이면 할아버지 시위인데, 시위를 누가 어떻게 했는지에 대한 서술은 없다. 25일에 마산에서 할머니 시위가 있었는데, 이 책의 25일 항목에는 춘천고등학교 학생의 시위와 이날 벌어진 서울의 대학교수단 시위만 언급되어 있다.

2010년 4월혁명 50주년을 맞아 민주화운동기념사업회에서 편찬한 사료총집을 뒤졌다. 총 8책, 보통 책보다 훨씬 큰 A4 사이즈의 크기에, 권당 800~1200면이나 되는 방대한 사료집이다. 손목이 아팠다. 이 사료집의 1책은 당시 신문기사 등을 촘촘하게 참조하여 4월혁명의 전개 과정을 일지로 정리한 것이다. 장숙경 박사와 2명의 여성 연구원들이 실제 작업을 했다. 여기에는 당시 신문 보도를 꼼꼼히 참조해 할아버지·할머니 시위를 정리해두고 있었다. 그러나 이 방대한 사료집에서 이것 외에 이들 시위를 언급한 사료를 찾는 것은 예상 밖으로 어려웠다. 딱 하나 찾아낸 것이 당시 마산의 한 남자 고등학생이 자신의 일기에 이렇게 적어 놓은 것이었다.

어제 마산서 "책임지고 물러가라 가라치울 때는 왔다"라는 푸라카드를 들고서 노인들이 데모라는 것? 이렇게도 정부는 재선거를 하지 않으려는가? 썩고 부패한 관리들아!

이 학생의 일기는 계속 이어졌지만 할머니 시위에 대한 언급은 없다. 두 시위에 모여들었던 사람들의 숫자는 비슷한 수준인데도 말이다. 여성들이 정말 심하게 기록에서 원천적으로 지워진다는 것을 새삼 확인하게 해준다.

역사 서술은 남겨진 기록에 의존한다. 기록은 기본적으로 권력관계를 반영한다. 권력이 있거나 엘리트에 해당되는 사람들은 스스로 기록을 많이 남기고, 사회적으로 주목을 받아 많이 기록되기도 한다. 그러나 주변부의 사람들은 스스로 기록을 남기기도 어렵고, 잘 기록되지도 않는다. 기록에서 정말 심하게 배제되는 사람들이 여성이다. 여성들은 수적으로 남성에 필적하지만 사회에서 아주 원천적으로 무시당하고, 차별받는다. 그래서 기록에 남지 못한다. 기록은 대단히 남성 중심적이다. 여성들의 행적은 아주 적게 문헌기록으로 남는다. 또한 기록된다고 해도 구석자리에, 아주 작게, 대수롭지 않게, 지나가듯이 서술된다.

기록에서 배제된 사람들의
역사 쓰기

그러니 어떻게 할까? 기록되지 않았으니 중요한 것이 아니라고 치부하고 말 것인가? 아니면 중요한데 기록이 없으니 역사 서술이 불가능하다고 해야 할까? 기록이 없어 역사 서술이 불가능하다면 한국 고대사 연구자들은 어떻게 해야 하나?

역사학자들은 흔히 "행간을 읽는다."라는 말을 자주 한다. 글로 표현되지 않은, 숨겨지고 가려진 의미를 읽어낸다는 의미다. 이는 기록되지 않은 내용을 상상과 직관을 통해 메꾼다는 이야기가 결코 아니다. 역사적 맥락 속에서, 또한 각종 기록들의 면밀한 교차분석을 통해서, 기록을 문자 그대로 읽는 것이 아니라 재해석하고, 기록에서 감추어졌거나 부차화된 것을 읽어내고 드러내는 것을 의미한다. 특히 여성 등 주변부 사람들의 행적을 포착하기 위해서는 문헌, 영상 및 음성, 구술을 아우르는 더 많은, 더 다양한 기록들을 입체적으로 활용해 교차분석하는 것이 필요하다. 이러한 작업을 통해서만 구석자리에, 아주 작게, 대수롭지 않게, 지나가듯이 서술된 주변부 사람들의 이야기를 예민하게 포착하고 그 의미를 재해석·재구성할 수 있기 때문이다.

일부 사람들은 역사학자들이 기록을 너무 숭배한다고 조롱하기도 한다. 그러나 역사학자들이 자질구레하게 기록에 집착하는 것은 기록을 숭배하기 때문이 아니라 사실 그 반대다. 기록을 문자 그대로 읽지 않고 맥락 속에서 파악하기 위해, 기록에 작용하는 권력관계를 제대로 파악해내기 위해, 무엇이 기록되고 기록되지 않았는지를 가늠하기 위해, 전반적인 전개 과정과 맥락을 알아내고 재구성하는 데 집착하는 것이다. 이러한 작업이 있어야 주변부에 놓인 사람들에 대해 점點을 찍듯이 언급된 자투리 기록들이 서로 연결되어 선線이 드러나고, 면面을 형성하면서, 그 입체상을 보여줄 수 있다. 이에 보이지 않았던 사람들이 드러나고, 현실화되지 못한 희생된 역사의 가능성도 다양하게 포착될 수 있는 것이다.

역사는 직선적, 단선적으로
전개되지 않는다

기존 4월혁명사 서술들은 대부분 민주항쟁을 이승만 정권의 붕괴라는 결과로 향해가는 단선적이고, 직선적인 과정으로 묘사하는 경향이 있다. 일반적인 역사 서술이 사실 대부분 이러하다. 이승만의 퇴진이라는 결과는 은연중에 처음부터 민주항쟁의 과정에서 필연적으로 발생할 수밖에 없었던 일로 상정된다. 그러나 과연 그러했을까? 1960년 2월 28일 대구 고등학생들이 부정선거에 항의하는 시위를 처음 벌일 때부터 대부분의 시위 참여자들이 이승만 퇴진을 염두에 두고, 그것을 목표로 행동을 시작했을까? 4월혁명에 대해 조금이라도 지식을 갖고 있는 사람들은 그렇지 않다고 할 것이다. 그러면 언제부터, 무엇을 계기로 부정선거에 항의하던 항쟁이 정권퇴진운동으로 나아갔을까?

실제 역사가 진행되는 양상은 각 국면마다 다른 결과를 가져올 수 있는 복수의 가능성들이 서로 교차하고 경합하면서 전개된다. 유일한, 불가피한 역사적 귀결이라는 설명은 주로 승리자들이 자신들이 낸 결과를 합리화하면서 하는 이야기일 뿐이다. 중요 고비 때마다 각 주체들이 어떻게 행동하느냐에 따라 결과는 달라질 수 있다. 물론 여기에는 어떤 구조 또는 권력관계의 틀이 작용한다. 그러나 구조와 권력관계가 모든 것을 기계적으로, 일률적으로, 단선적으로 결정하지는 않는다. 다양한 가능성을 내걸고 활동하는 주체들이 어떻게 행동하느냐에 따라, 역사의 진로는 다양한 갈림길 앞에서 그때그때마다 형성되어 간다. 물론 우연도 작용한다. 그러하기에 역사는 단선적으로 전개되기보다는, 중요한 고비 때마다 단절, 전환, 비약이 나타나는 경우가 많다. 4월혁명도 마찬가지였다. 이러한 점을 염두에 두면서 구석자리에, 아주 작게, 대수롭지 않게, 지나가듯이 서술된 여성들의 행적을 더듬어가며 4월혁명에서의 여성의 역할과 마산의 할머니 시위의 의미를 재구성해보기로 하자.

중고등학생의 부정선거 반대 시위와
3·15 1차 마산항쟁

이승만 정부기에는 대통령과 부통령 선거를 나눠서 실시했다. 따라서 대통령과 부통령이 서로 다른 정당에서 나올 수 있었다. 실제로 1956년 정·부통령 선거에서는 대통령에 현직 대통령 이승만이 당선되었지만, 부통령에는 야당인 민주당 후보 장면이 여당인 자유당 후보 이기붕을 근소한 표 차이로 누르고 당선되었다. 1960년 3월 15일에 있을 정·부통령 선거를 한 달 남겨두고, 야당 대통령 후보인 조병옥이 미국에서 치료를 받다가 갑자기 사망했다. 이승만 대통령이야말로 하늘이 낸 인물이었나 보다. 1956년 정·부통령 선거 때에도 야당 대통령 후보 신익희가 선거운동 기간 중 사망했는데, 같은 일이 또 반복된 것이다. 야당 부통령 후보는 장면이었는데, 이기붕과 다시 경합하게 되었다. 당시 이승만 대통령은 이미 85세의 노인이었다. 그의 건강이 갑자기 악화될 경우 정권이 권력 계승자인 부통령에게 넘어갈 수 있었다. 부통령 선거도 권력의 향배와 밀접한 관련이 있었던 것이다. 이기붕은 이미 이전 선거에서 장면에게 패배한 경험이 있었고, 몸이 아파 제대로 거동도 못하는 상태였다. 정부와 자유당은 3·15선거에서 이기붕을 당선시키기 위해 모든 수단과 방법을 다해 일찍부터 부정선거를 기획하고 추진했다. 워낙 노골적인 부정선거라 여기에 반대하는 운동도 선거 훨씬 전부터 시작되었다.

1960년 2월 28일은 일요일이었다. 이날 대구의 교육 당국은 학생들이 민주당 유세에 참가하는 것을 차단하기 위해 남녀 학생들을 등교시켰다. 부정선거에 분개한 남녀 고등학생들이 거리로 나와 시위를 했다. 이날 경북고등학교 시위를 주도한 이대우는 경찰이 학생들을 구타하고 체포하려 할 때 "치맛자락에 모자를 감추어주고 학생을 숨겨주는 부인이 대부분"이었다고 증언했다. 여성들이 시위를 지원하고 후원하는 일은 자주 목격되었다. 1980년 광주에서 식당에서 일하는 여성들이 김밥을 만들어 시민군을 먹였듯이, 4월혁명 때에도 여성들이 양동이와 대야에 물을 담아 학생들에게 나누어주고, 때로는 그 물로 최루탄 가스에 시린 눈을 씻게 해주었다. 이 장면을 담은 사진도 남아 있다. 2·28시위 이후 대전, 수원, 충주, 부산, 서울 등의 도시에서 중고등학생들이 비슷한 방식으로 시위를 했다. 학생시위는 각 도시별로 고립, 분산적으로 전개되었다.

마침내 3월 15일 선거날이 왔다. 선거 당일 마산의 민주당원들은 아침부터 아주 노골적인 부정선거가 진행되고 있음을 여지없이 체감했다. 민주당 마산시당 간부들은 오전 10시 30분경 이러한 선거는 무의미하다며 선거 무효를 선언하고, 오후에 거리로 나와 항의시위를 했다. 학생과 시민들이 여기에 합세했다. 민주당원이 주도한 시위는 어두워지기 전에 일단 마무리되었다. 그러나 어둠이 깔리자 시위가 다시 발생했다. '밤시위'에는 남녀 학생들도 참여했지만, 구두닦이, 넝마주의, 실업자, 상점 종업원 등 비학생 빈민 남녀들이 많이 참여했다. 홍등가의 여성도 있었다. 시위 참여 여성들은 철길에 있는 돌을 날라주는 등의 활동을 했다고 전해진다.

4월혁명의 전과정에서 도시빈민들의 활동이 두드러졌다. 학생들이 주로 참여하는 '낮시위'와 이들 빈민들이 주도하는 '밤시위'는 항쟁 당시부터 구분되어 이야기되었다. 낮시위는 질서 있고 평화적이었던 반면, 밤시위는 폭발적이고 폭력적이었다. 4월혁명사 서술은 도시빈민들의 역할은 주변화하고, 학생, 그중에서도 항쟁에 뒤늦게 참여한 대학생들을 중심으로 기억되고 서술되는 경향이 있다.

3·15 1차 마산항쟁 때 경찰이 시위대를 향해 총을 발사해 8명의 사망자와 다수의 부상자가 발생했다. 2·28시위부터 진행되어 오던 부정선거 반대운동 과정에서 최초의 유혈사태가 발생한 것이다.

그런데 1차 마산항쟁 과정에서 이승만의 퇴진을 요구하는 구호가 나왔다는 기록은 보이지 않는다. 또한 그 이전에 벌어진 중고등학생 시위에서도 마찬가지였다. 기록되지 않았지만 일부 학생과 시민들이 "이승만 물러가라"라는 등의 구호를 외쳤을 가능성은 물론 있다. 그러나 학생 시위의 경우 사실상 그 개연성 자체가 거의 없었다.

당시 중고등학생 시위 과정에서 외쳐지거나, 플래카드와 피켓, 결의문 등에 등장하는 구호는 주로 "학원의 자유를 달라" "학원을 정치도구화하지 말라"는 것이었다. 이밖에 "부정선거 배격하자" "공명선거 보장하라"라는 부정선거에 항의하는 구호도 나왔다. 3월 14일 밤 서울에서 야간 고등학교 학생들이 전개한 시위에서는 "대한민국은 민주공화국이다"라는 구호도 제창되었다. 또한 "우리 선배는 썩었다" "썩은 정치 갈아보자" 등 기성세대와 정치권 전반을 비판하는 구호도 있었다. 그런데 학생들의 구호에는 부정선거를 방지할 어떤 명확하고, 구체적인 정치적 개선책을 담은 것은 없었다. 예컨대 내무부나 경찰, 문교부 또는 자유당을 지목하여 항의한 바도 없었고, 당시 최인규 내무부장관 등 부정선거에 책임이 있는 자들을 거론하며 사퇴를 요구한 적도 없었다. 심지어 4월 19일 서울에서 대규모 대학생 시위가 발생했을 때, 이날 대학생들이 발표한 각종 성명서, 결의문에도 이승만 대통령의 퇴진 요구는 없었다. 상황이 이러했으니 이 무렵 "이승만 물러가라"는 구호가 나올 개연성 자체가 거의 없다는 것이다.

3·15 1차 마산항쟁의 이른바 '밤시위' 과정에서 이승만 퇴진 구호가 나왔을 가능성을 상정해볼 수 있지만, 기록된 것은 없다. 당시 언론 환경은 이승만 퇴진 구호가 제창되었어도 보도되지 못하는 그러한 상황은 아니었다. 또한 많은 외신기자들도 한국에 와서 선거를 지켜보고 보도했다. 일부 개인이 아니라 다수의 시민들이 이승만 퇴진을 외쳤다면 국내외 언론, 미국 정부기록 등 그 어딘가에는 기록이 남아 있을 것이다.

1차 마산항쟁 이후 일부 야당인사들은 이승만 대통령의 '하야下野' 또는 이승만 정부의 퇴진을 거론했다. 또한 일부 민주당원들이 조직한 집회 및 시위에서 "이승만 정부 물러가라"는 구호가 나왔다. 국내 언론에도 보도되었다. 그런데 당시 야당 정치인의 이러한 주장은 단순한 정치성 공세 이상은 아니었다. 정권퇴진 요구가 민주당의 당론으로 확정된 것도 아니었고, 나아가 민주당 중앙당이 부정선거 반대운동을 적극적으로 정권퇴진 운동으로 유도하거나 몰아가는 정책과 행동을 취한 것도 아니었다. 4월 6일 민주당은 서울에서 부정선거에 항의하는 집회를 열었다. 민주당 선전부 차장을 맡고 있었던 젊은 정치인 김대중(후일 대통령)도 이 시위에 참여했다. 그는 회고록에서 자신과 일부 시민들이 이날

"이승만 정권 물러나라"라고 외치자, 민주당 간부 곽상훈 최고위원이 황급히 달려와 "너 미쳤냐?"며 호통을 쳤다고 했다. 구호가 너무 과격하다는 것이었다. 당시 민주당 지도부의 입장과 태도는 대체로 이러했다.

1차 마산항쟁 직후인 3월 16일 진해, 통영(충무), 부산에서, 17일 서울에서, 24일과 25일에는 부산에서 중고등학생들의 시위가 있었다. 3월 말은 봄방학 기간이었고, 대학교는 아직 개강조차 하지 않았을 내렸다. 특히 4월 초에는 4월 4일 전북대 학생들이 교내에서 시위를 전개하다가 진압된 것 이외에 학생들도 별다른 움직임이 보이지 않았다. 대학들이 대부분 4월 초 개강을 했음에도 그러했다. 학생시위는 다소 소강상태였다. 여기서 부정선거에 대한 항쟁이 흐지부지될 가능성 또한 존재했다. 그러나 4월 11일 김주열 군의 시신이 마산 부두 앞바다에서 발견되고, 2차 마산항쟁이 발생하면서 상황이 다시 바뀌었다.

김주열의 죽음과
2차 마산항쟁

김주열은 1944년생, 당시 10대 청년이었다. 그는 전라북도 남원 근처 농촌에서 태어나 그곳 금지중학교를 졸업하고, 형과 함께 이모할머니가 살고 있는 마산으로 와서 고등학교(마산상고) 입학시험을 치렀다. 선거날인 3월 15일 주열과 그의 형은 시위에 참여했는데, 형은 돌아왔지만 주열은 돌아오지 못했다. 어머니 권찬주 여사가 마산에 와서 시내 거리를 헤매며 주열을 찾아다녔다. 시청, 자유당사, 경찰서에 가서 "내 자식 내놔라!"라고 호통을 치고 울부짖었다. 그의 시신이 시청 뒤에 있는 연못에 유기되었을 가능성이 있다는 제보가 있어 연못의 물을 소방차와 양수기 등으로 모두 빼보았지만 주열의 시신은 발견되지 않았다. 당시 마산에는 3·15 유혈사태의 진상규명을 위해 국회의원들이 와 있었고, 마산 시민들이 권여사의 고통에 공감하고, 그 호소에 호응해주었기에 가능한 일이었다. 연못에 물이 빠져갈 때 비가 내리는 상황에서도 많은 마산 시민들이 운집하여 그 광경을 지켜보았다. 이때의 사진을 보면 한복을 입은 중년 여성들이 많이 눈에 보인다.

전라북도 남원 학생이 경상남도로 진학하러 간다는 것, 전라도에서 온 어머니가 아들을 찾는데, 경상도 사람들이 아주 열렬히 호응해주었다는 사실에 대해 지금 사람들은 무언가 갸우뚱할지도 모른다. 그러나 이때는 영호남 사이에 지역감정이나 지역대결 정치구도 같은 것은 없었다. 영남 사람이 전라도에서 국회의원에 당선되고, 그 반대의 경우도 있었다. 지역대결 정치구도는 군사정권 이후에나 등장한 것이다. 특히 당시 마산의 경우 한국전쟁 중 각지에서 온 피난민이 살고 있었고, 이북에서 온 월남민들도 다수 살고 있는 도시였다. 마산 주민들이 모두 강하게 경상도 정체성을 갖고 있을 상황도 아니었다.

4월 11일 아침 권찬주 여사가 끝내 주열을 찾지 못한 채 버스를 타고 남원의 집으로 돌아갔다. 공교롭게도 바로 그날 오전 마산 앞바다에서 김주열의 시신이 떠올랐다. 왼쪽 눈에 최루탄이 위에서 아래 방향으로 비스듬하게 박혀 있는 참혹한 모습이었다. 시신은 한동안 부둣가에 놓

아들을 찾는 김주열 어머니의 고통에 공감하여 모여든 시민들.

여 있다가, 마산도립병원 영안실에 안치되었다. 분개한 시민들이 도립
병원 주위로 몰려들었다. 이날 저녁 3·15시위 때와 마찬가지 양상의 '밤
시위' 사태가 발생했다.

　　2차 마산항쟁은 3일 동안 이어졌다. 다음 날인 4월 12일과 13일 낮에
는 주로 학생들을 중심으로 시위가 이루어졌다. 마산에는 제일여고, 성
지여고, 마산여고, 마산상고, 마산공고, 창신고, 마산고 등 7개 고등학교
가 있었는데, 모두 나와 시위를 벌였다. 12일 밤에는 전날 밤과 마찬가지
로 대규모 밤시위가 발생했다. 시위대가 시청 건물을 습격하여 세무 관
련 서류를 흩어놓기도 했다. 특히 13일의 시위는 대학생 최초로 해인대
학생들이 거리로 나왔고, 성지여고와 마산여고 등 여학생들이 주도했다.

2차 마산항쟁과 여성들

2차 마산항쟁은 3월 15일에 전개된 1차 마산항쟁보다 그 규모가 컸고, 3일 연속으로 진행되었다. 2차 마산항쟁에서 여성들은 상당히 두드러지고 인상적인 역할을 했다. 여학생뿐만이 아니라 중년, 노년의 여성들도 인상적인 행동을 보였다. 1960년 4월 26일 이승만 대통령이 물러나기 전에 기록된, 즉 아직 이승만 정부의 붕괴라는 민주항쟁의 결과가 발생하기 전에 기록된 당대의 문헌에는 이 점에 대해 역시 문서 구석자리에, 아주 작게, 지나가듯, 대수롭지 않게 서술되어 있다.

2차 마산항쟁이 마무리된 직후인 4월 14일 마산 현지에 특파되어 있던 『한국일보』 기자들은 마산의 남녀 학생과 교육자, 시민 등 17명을 모아 좌담회를 열고, 그 내용을 보도했다. 당시는 사태가 어디로 갈지 모르는 상태였기에 모두 가명으로 기록했다. 여기에 참여한 '교육자 A'는 다음과 같이 언급했다.

그런데 김군의 변사체, 그도 눈에 못을 박은 참혹한 시체를 보았을 때 제일 먼저 일어난 것은 부녀자 층이었습니다. 도립병원 같은 데는 어머니들이 더 많이 왔습니다. 만일 당국이 자기 자식이라고 생각했다면 이렇게 할 수 있을까 하는 불만이 컸습니다.

김주열의 시신이 발견되었을 때 제일 먼저 들고 일어난 이들이 중년 여성이었다는 것이다. 당시 주한미국대사관과 공보원 요원들은 마산에 직접 내려와 시위 사태를 지켜보고 보고했다. 4월 12일의 시위를 목격한 대사관 직원은 3000여 명의 학생들이 시위를 벌였는데, 그중의 대략 4분의 1 정도(25퍼센트)는 여학생들이라고 보고했다. 여학생들의 참여와 그 비중을 인상적인 것으로 언급했던 것이다. 이날 학생들의 시위는 오후 3시경 경찰의 제지를 받아 오후 3시 40분에서 4시 사이에 대부분 해산되었다. 그런데 학생들의 시위가 해산될 무렵 또 다른 시위 대열이 형성되어 철도역으로부터 민주당 당사 방향으로 행진을 시도했다. 현장에 있던 미국 공보원 지부장은 민주당 당사 주변에 모여 있는 군중들 중에는 학생만이 아니라 "아주 다양한 범위의 시민"들이 있었고, "여기에 참여한 중년 여성들의 숫자와 열기degree에 특별히 충격을 받았다."고 보고했다. 미국 공보원 촬영반이 마산에서 시위 장면을 촬영했는데 그 일행이었던 사람이 이러한 인상과 증언을 남긴 것이다.

『3·15의거 사진집』에는 4월 12일의 시위 모습을 인물들이 구별 가능할 정도로 근접 촬영한 사진이 한 장 있다. 여러 정황을 보았을 때 이날 미국 공보원팀이 목격한 시위 모습을 보여주는 사진이라 판단된다. 사진을 보면 시위에 참가한 주민들이 정말 다양하다. 나이 든 할아버지의 모습도 보이고, 할머니, 아이들, 신사복을 차려입은 중년의 남성들, 작업복 차림의 남성들도 보인다. 그런데 이 사진에서 한복을 입은 할머니들과 중년층 여성들의 모습이 군데군데 눈에 띈다. 물론 여성들이 시위대의 절대다수를 이룬 것은 아니다. 또한 그들의 열기가 어떠했는지는 사진을 통해 전달되지 않는다. 그러나 당시 여성은 남성에 비해 사회적 활동이 지극히 제한되어 있었다. 식구들에게 하루 세 끼 밥을 해먹여야 하

남녀노소 구분없이 몰려든 4월 12일의 시위군중.

는 가사와 육아의 부담이 큰 중년 여성들이 시위에 참여하는 것 자체가 다른 계층에 비해 상대적으로 매우 어려운 일이었다. 이러한 맥락 속에서 보면, 이 사진에 담긴 여성의 존재감은 다른 계층에 비해 두드러진다. 미 공보원 지국장이 충격적인 인상을 받을 만했던 것이다.

그런데 4월혁명 직후 출간된 책들을 보면 2차 마산항쟁에서 여성들이 인상적인 역할을 했다고 언급한 경우가 거의 없다. 김주열의 시신을 보고 중년 여성들이 분개했고, 시위가 시작되자 "부녀자들은 눈물을 흘리며 그뒤를 뒤따랐다."라는 언급 정도가 있다. 또한 최근 나온 4월혁명사 연구, 심지어 여성사와 관련된 연구에서도 이 부분에 대한 명시적인 언급이 없다.

그나마 이승만 정권의 붕괴라는 결과가 나오기 전에 기록된 당대의 기록들 속에서 상대적으로 여성의 존재감이 희미하게나마 좀더 드러나는 이유는 무엇일까? 일단 여성들은 원천적으로 기록에서 배제된다. 그런데 시간이 지나 사건이 어느 쪽으로든 결론이 나게 되면, 그나마 기록에서 더욱 배제된다.

어떤 일이 벌어진 후에 상대적으로 긴 시간이 경과하여 작성된 기록들은 이른바 원천적인 기록(1차 기록 또는 당대의 기록), 즉 사건 발생 후 아주 가까운 시점에서 작성된 기록을 바탕으로 그것을 선별하여 작성된다. 이러한 선택에 당연히 권력관계가 작용한다. 주변부 인물들의 기록은 어렵게 기록되어 있어도 선별되지 않는다. 부차적이고 중요하지 않다고 생각하기 때문이다. 또 다른 측면도 있는데, 사건이 진행되어 어떤 결과가 발생하면, 그 결과를 도출하는 데 결정적인 역할을 했거나, 그러했다고 주장하거나, 그렇게 인정받은 사람들이 자신들을 중심으로 사실을 기록하고, 나머지 사람들의 활동은 부차화, 주변화시킨다. 그러다보니 여성을 비롯한 주변부의 인물들은 또 지워진다. 4월혁명은 "젊은 사자들"의 항쟁으로, 그중에서도 뒤늦게 항쟁에 참여한 대학생과 교수의 역할을 중심으로 기억된다. 그렇기에 여성들이 혹시 목격되거나 기록되었다 하더라도, 여성들의 움직임은 주목을 끌지 못한다. 여성을 비롯한 주변부 사람들의 활동은 원천적으로 기록에서 배제되고, 지워질 뿐만이 아니라 어떤 결과와 결실을 거둔 사람들, 이른바 승리자라고 자처하는 사람들에 의해 또다시 지워진다.

먼 과거에 발생한 일을 한참 지난 다음에 회고하여 증언한 구술기록은 어떠할까? 마찬가지다. 2010년 3·15의거기념사업회에서 편찬한 『1960 우리는 이렇게 싸웠다: 3·15의거 증언록』이라는 책이 있다. 이는 당시 항쟁에 직접 가담했거나 목격한 사람들을 면담하여 구술한 것을 기록하거나, 이들이 직접 작성한 수기를 묶어 낸 책이다. 이 책에는 무려 100명이 넘는 사람들의 구술과 수기가 기록되어 있다. 그런데 여기서도 할머니 시위에 대한 언급은 보이지 않는다. 여기에 구술과 수기를 남긴 사람들 중에는 당시 여고생으로 시위에 참여했던 사람을 비롯하여 다수의 여성들이 포함되어 있는데도 말이다.

민중사 연구자들은 구술 채록을 기록을 남기지 못하는 사람들의 역사를 서술할 수 있는 중요한 돌파구로 삼는다. 구술 작업은 의미 있는 작업이고, 필요한 작업이다. 그러나 정도의 차이는 있을지 몰라도 문헌기록에만 권력관계가 작용하는 것이 아니라, 구술기록에도 권력관계는 작용한다. 예컨대 구술사 연구자들은 농촌으로 찾아가 농민들을 면담한다. 이를 통해 국가권력이 주도하는 기억과는 다른 마을의 기억, 농민의 기억을 재현하려고 한다. 그러나 과거 한국현대사의 격동을 겪었던 농민들이 지금 모두 농촌에 살고 있는 것은 아니다. 해방 직후, 한국전쟁을 거치면서 좌파활동을 했거나, 연루된 사람들은 대부분 죽거나 고향을 떠날 수밖에 없었다. 그 가족들마저도 쫓겨났다. 산업화 과정에서 한국의 농촌에는 이농현상이 심각했다. 주로 빈농들이 고향을 떠나 도시로 갔다. 권력관계가 주조한, 특히 국가권력이 작용한 역사적 상황이 농촌에서 계속 살 수 있는 사람과 떠나가는 사람들을 갈라놓았다. 따라서 농촌으로 찾아간다고 모든 농민의 목소리를 들을 수 있는 것은 아니다. 단지 농촌에 계속 살 수 있었던 농민들의 목소리만 들을 수 있을 뿐이다.

또한 구술면담은 대부분 긴 시간이 흐른 뒤에 진행된다. 즉 다양한 가능성이 교차하다가 어떤 결과가 발생된 이후에 진행된다. 사람들의 특정 과거에 대한 구술은 그 당시의 감정, 의식, 기억을 그대로 전달하지 않는다. 기본적으로 그 이후 나타난 결과에 의해 크게 영향을 받고, 오랜 기간 동안 여러 일을 겪으면서 재구성, 재편성된 기억을 전달할 따름이다. 어떤 결과가 발생되면 그것을 주도했다고 인정받는 사람들에 의해 주변부의 인물들이 가려지고, 부차화되는 것은 구술기록이라 하더라도 마찬가지다. 역사 서술에서 원천적인 기록, 어떤 사건이 벌어진 시점과 가장 가까운 시점에 작성된 기록을 중시하는 것은 충분히 이유가 있다.

그러나 이러한 이야기가 구술사 방법론이 유용하지 않다는 말은 아니다. 구술기록은 확실히 대체할 수 없는 가치가 있는데, 사실 필자는 이번 작업을 통해 이를 체감했다. 앞서 언급한 증언록에는 1997년 민주당 마산시당 선전부장이었던 한경득과의 인터뷰 내용을 정리한 녹취록이 있다. 한경득은 4월 11일 2차 마산항쟁이 도립병원 앞에서 시작될 때 민주당 지방당원으로서 분노한 시민들에게 자제를 호소했던 인물이다. 그는 면담 진행자가 면담을 마치면서 "마지막으로 한 말씀해주시오"라고 요청하자 다음과 같이 답변했다. 즉 여성의 역할 문제 같은 어떤 특화된 질문을 받아 나온 응답이 아니고, 그냥 자연스럽게 나온 이야기다.

3·15마산의거가 4·19의 도화선으로 되기까지에는 당시 마산의 수많은 여성들의 힘이 컸다고 봅니다. 특히 김주열 군의 주검을 보고 제일

흥분한 사람들이 여성들입니다. 물론 3·15 당시에도 여성들이 치마폭에 돌을 날라주어 시위대에게 큰 힘이 되었지만 2차 의거(2차 마산항쟁—필자) 당시 여성들의 분노, 이것은 어린 여학생에서 할머니에 이르기까지 여성들의 분노는 형언할 수 없을 정도였어요. 사회자님도 경험을 해보셨는지 모르지만 여성들이 흥분하면 남성들과는 비교가 안 될 정도로 물불을 안 가립니다. 따라서 지금까지 3·15마산의거를 얘기하면서 여성들의 의거담은 한낱 무용담처럼 치부해버리는데 앞으로 이 부분은 새롭게 재조명 되어야 하리라고 봅니다.

할머니 시위에 대한 직접적인 언급이 없어 아쉽다. 또한 여성들을 흥분하면 물불을 안 가리는 감정적이고, 비이성적인 존재로 보는 고정관념이 은연중에 투여되어 있지만, 필자가 본 기록 중에 마산항쟁에서 여성의 역할을 가장 적극적으로 강조한 진술이었다. 이 기록을 보는 순간 흥분되어 더위가 달아나버렸다.

2차 마산항쟁 과정에서 여성, 특히 중년과 노년의 여성들이 두드러지게 활동했던 것은 희생자와 그 유가족들의 고통에 공감하고, 이들과 연대감을 형성하는 여성들의 능력과 관련이 있다. 필자가 본 자료 중에 주한미국 공보원이 촬영한 3·15선거 전후 마산과 부산의 광경을 담은 동영상 필름이 있다. 미국 공보원 활동을 전문적으로 연구한 사회학자 김한상 박사가 이를 보여주었다.

이 필름에서 보이는 마산의 풍경은 현재 가난한 나라의 어수선한 소도시 풍경과 비슷하다. 건물은 쓰러져가는 듯하고, 대부분의 길은 비포장 상태인데, 거리마다 사람들이 가득 모여 웅성거리고 우왕좌왕한다. 2015년 방영된 「응답하라 1988」이라는 드라마가 보여주었듯이 1980년대 말에도 농촌과 대도시 변두리의 주택가 사람들은 이웃과 어울려 상당히 공동체적인 생활을 했다. 이 필름에는 3월 15일 밤 1차 마산항쟁에서 사망한 사람으로 보이는 어린 청년의 시신 옆에서 통곡하는 어머니의 모습이 나온다. 장례 준비가 전혀 되어 있지 않아 시신을 제대로 수습도 하지 못한 채 방 한가운데에도 뉘어놓고 대성통곡한다. 이 광경을 보고 사망자, 부상자 가족들의 고통에 공감하고, 분노했던 여성들이 웅성대며 행동을 보였던 것이다.

4월혁명의 전환점, 2차 마산항쟁

2차 마산항쟁은 여러 차원에서 4월혁명의 중요한 전환점이 되었다. 민주항쟁이 부정선거에 항의하는 차원에서 정권퇴진 운동으로 나아가는 과정에서도 중요한 고비를 형성했다. 2차 마산항쟁 과정에서, 특히 김주열의 시신이 발견된 직후 밤에 발생한 4월 11일의 '밤시위'에서, 다수의 시민들이 "이승만 물러가라"는 구호를 외쳤다. 이 점은 국내외 자료를 통해 입증된다. 야당 집회가 아닌 일반 학생과 시민의 시위에서 이승만의 퇴진 구호가 나왔다고 기록된 것은 이것이 처음이다.

한편 2차 마산항쟁은 한미관계에도 큰 영향을 미쳤다. 당시 한국은 미국의 원조를 많이 받고 있었고, 그러하기에 한미관계가 정치와 경제 모든 부분에서 큰 영향을 미쳤다. 2차 마산항쟁 이전까지 주한미국대사관과 워싱턴의 미 국무부는 한국의 부정선거 문제는 한국 내정 문제이니 미국정부가 여기에 관여할 것이 없다는 입장이었다. 그러나 2차 마산항쟁이 발생하자 사태의 심각성을 인식하고, 미국정부도 무언가 조치를 취해야 한다고 생각했다. 한국의 내부 안보가 위태로울 수 있다고 본 것이다. 4월 15일 미 국무부는 한국 내부 상황을 안정시키기 위한 정치적 개선 조치들을 한국정부에 권고하는 각서 초안을 마련했다. 그 각서 내용을 두고 워싱턴 국무부와 서울의 주한미국대사관이 의견 조율을 하는 와중에 4월 19일의 대규모 항쟁과 유혈사태가 발생했고, 각서는 4·19 직후 이승만 대통령에게 실제 전달되었다. 최근 공개된 미국 정부문서를 바탕으로 한 4월혁명, 5·16쿠데타 관련 연구들은 4월혁명이 성공할 수 있었던 것에는 미국의 영향력 그리고 한국군의 중립적 태도가 중요하게 작용했다는 것을 강조한다. 유엔군사령관이 한국군의 작전통제권을 행사하는 상황이기에, 미국의 정책 변경은 한국 군부 지도자들에게도 영향력을 미칠 수밖에 없었다. 2차 마산항쟁은 이러한 변화를 직접적으로 촉발한 사건이었고, 여기에서 여성들이 중요한 역할을 한 것이다.

4·19 민주항쟁과 여성들

　　　　　　　　　　다행히 마산은 1980년의 광주처럼 고립되지 않았다. 2차 마산항쟁으로 다소 소강상태였던 학생시위가 다시 살아나고 확산되는 추세를 보였고, 마침내 대학생들도 나섰다. 월요일인 4월 18일 수도 서울에서 고려대 학생들이 대거 시내로 진출해 광화문 국회의사당(현 서울시 의회 건물) 앞에서 부정선거에 항의하는 대규모 집회를 했다. 여학생들도 여기에 참여했는데, 여학생들이 대열에 합류하자 남학생들이 환호하는 모습을 담은 사진이 있다. 고대생들은 집회를 마치고, 학교로 돌아오는 길에 정치 깡패들의 습격을 받았다. 여기에 자극받아 4월 19일 서울 시내에서 대학생들이 일제히 광화문 거리로 진출해 시위를 전개했다. 부산, 광주 같은 대도시에서도 같은 날 대규모 시위가 발생해 유혈사태가 벌어졌다. 또한 대구, 인천, 청주에서도 시위가 있었다.

4월 19일 서울 시내 여자대학의 학생들은 독자적으로 시위 대열을 형성하거나 가두진출을 하지 못했다. 그러나 일부 여대생들이 시위에 참여했다. 연대생의 경우 오후에 시위 대열을 형성하고 교문 밖으로 나왔는데, 300명가량의 연대 여학생이 참여했다. 연대생 시위대가 이화여대 정문을 지나갈 때 수십 명의 이화여대생들도 합류했다. 여대생들은 시위 대열에 합류했지만, 남학생들과 섞이지 않고 따로 모여 있었다. 여대생들이 선두의 시위 대열을 따라 활기차게 뛰어가는 사진이 남아 있다. 연대생들은 광화문 근처에서 경찰의 총격을 받았다. 남학생들은 위험하다며 여학생들에게 해산하라고 종용했지만, "그러나 여학생들은 울면서 데모대의 후미를 끝까지 지키고 있었다."고 한다.

한편 숙대생 김인숙은 개인적으로 혼자 거리에 나와 "정·부통령선거 다시 하라"라는 자체 제작한 소형 플래카드를 들고 서울대 문리대 학생

자체 제작한 플래카드를 들고 선두에 선 김인숙.

들의 시위에 합류했다. 김인숙은 시위대 맨 앞에 나서서 구호를 외치며, 시위 분위기를 고조시켰다. 국회의사당으로 보이는 건물 앞에서 서울대 문리대생들은 그녀를 번쩍 들어올려 환호를 보냈다. 같은 건물 앞에서 트렌치코트를 입은 서울대 여학생이 결의문을 낭독하기도 했다.

　서구에서도 민중 봉기 과정에서 여성들을 앞세우는 경우가 많았다. 여성들에게는 진압하는 경찰이나 군대가 쉽게 총을 쏘지 못할 것이라는 기대 때문이었다. 비슷한 현상이 4·19시위에도 나타났다. 서울대생 일부가 대통령 관저인 경무대로 향해 갈 때 경찰이 총을 쏘는 것을 방지하기 위해 첫 줄에 여대생들이 나섰다는 증언이 있다. 이는 사건 발생 다음 날인 4월 20일에 기록된 것이다. 서울대『대학신문』은 4월혁명 직후인 5월 2일, 4·19시위를 회상하는 좌담회를 열었는데, 참여자들 모두 시위에 참여한 여학생들의 의기와 활동에 감복했다고 말했다. 여학생들이 매우 용감해서 경찰의 저지에도 결코 물러서지 않았다고 했다.

한편 이날 시내로 진출한 중앙대 학생들은 을지로 내무부 건물로 몰려가 정문 앞에서 시위를 벌였다. 현장을 목격한 기자의 증언에 의하면 여대생들이 선두에 나서 내무부 정문 앞에 주저앉아 버렸다고 한다. 여학생들은 태극기를 높이 치들고 바로 앞에서 총을 겨누고 발사 자세를 취하고 있는 경찰을 향해 "이 태극기는 대한민국의 국기다. 여기에다 총을 겨누는 자는 반역자"라고 외쳤다. 그러자 경찰이 총부리를 세우면서 겨누기를 멈추었다고 한다. 이때는 이미 경무대 앞에서 경찰이 학생들에게 발포한 이후라 분위기가 아주 살벌했다. 서울 시내 곳곳에서 총성이 요란했다. 오후 6시경 트럭에 나누어 탄, 전투복으로 무장한 경관들이 갑자기 내무부 앞으로 왔고, 그들이 학생들에게 총을 발사하기 시작했다. "앞줄에 엎드렸던 여학생 4명은 경찰이 휘두른 개머리판과 구둣발로 무참히 짓밟히며 머리채를 잡혀 질질 끌려 수위실에 감금당했다."고 한다. 여성을 시위대 전면에 세우는 것은 약자에게 위험을 전가하는 측면도 있지만, 여성들이 완전히 강요에 의해 선두에 선 것이 아니라면, 이는 또한 여성들이 가장 위험한 자리에 서는 용기와 결단을 보여주었기에 가능한 일이라고 할 수 있다.

4월 19일 시내로 진출한 학생들은 광화문 국회의사당 앞을 거의 빈틈없이 메우고 있다가, 동국대생과 동성고 학생들의 주도로 경무대로 향해 갔다. 이때 시위에 참여한 일부 남녀 학생들과 청년들이 "이승만 물러가라!"는 구호를 외쳤다. 그러나 이 구호는 시위대 전부가 완전히 공유하는 구호는 아니었다. 많은 학생들, 특히 대학생들은 이 구호가 너무 "정치적"이라서 대단히 부담스럽게 생각했다. 그러나 경찰이 경무대 앞으로 몰려간 학생들에게 발포를 해 대규모 유혈사태가 발생하자 대부분의 시위대들이 "이승만 물러가라!"라는 구호를 외쳤다고 한다. 4월 19일의 서울과 대도시의 동시다발적인 항쟁은 100명이 훨씬 넘는 사망자를 발생시켰다. 이는 당연히 정치적 상황을 완전히 변화시켰다. 수도 서울에서 대규모 유혈사태가 발생함으로써 민주항쟁은 부정선거에 항거하는 차원을 넘어 시민에게 총격을 가한 정권에 책임을 물어 퇴진을 요구하는 방향으로 갔던 것이다.

그러나 4·19민주항쟁으로 이승만 대통령의 퇴진이 완전히 기정사실화된 것은 아니었다. 그 이후에도 여러 갈림길이 존재했다. 이승만 정부는 5대 도시에 비상계엄령을 선포하고 군대를 동원해 일단 시위를 막았다. 이승만은 4월 19일 이후에도 계속 자신이 집권할 수 있을 것이라고 생각하고, 사태를 무마하려 했다. 만약 이승만 대통령이 부정선거 사실을 인정하고 시위대의 요구를 수용해 적극적인 시정조치를 취했다면, 대규모 유혈사태에도 불구하고 그가 사퇴하는 길로 치닫지 않았을 가능성도 여전히 열려 있었다. 4월 23일 이승만 대통령은 마치 학생들이 죽거나 다친 것이 자신과 아무런 상관이 없다는 듯, 부상당한 학생들이 입원해 있는 서울대병원을 방문했다. 부상당한 학생들에게 '금일봉'을 전달하고 "빨리 낫도록 하라"고 했다. 이러한 일도 가능한 것이 당시의 상황이었다. 4월 24일 이승만 대통령은 담화문을 발표했다. 자신이 자유당을 탈당할 것이며, 장관들의 사직서를 수리해 내각을 교체하겠다는 내용이었다. 민주항쟁이 시작된 이후 이승만 대통령이 수차례 성명서를 냈지만 시민들에게 항쟁의 용공성과 불법성을 경고하거나 훈계하는 내용이 대부분이었다. 이대통령이 사태 수습을 위해 어떤 시정조치를 언급한 것은 이것이 처음이었다. 그러나 여기에도 자유당과 장관들에게 모든 책임을 전가하고, 부정선거에 대한 사과는 물론이고, 그 사실을 인정하는 구절은 단 한곳도 없었다.

4월 19일 서울, 부산, 대구, 대전, 광주 등 5대 대도시에 계엄령이 내려지고 군대가 진주했기 때문에 그 이후 한동안 큰 시위가 발생하지 못했다. 그러나 그 주변의 중소 도시에서는 연일 시위가 계속되었다. 특히 서울에 근접한 인천에서는 4월 20일부터 24일까지 계속해서 시위가 전개되었다. 23일의 인천 시위에서 "이승만 정부 물러가라"는 구호가 나왔으며 같은 날 포항에서 벌어진 민주당원의 소규모 시위에서도 같은 구호가 나타났다. 4월혁명의 과정에서 마산을 비롯한 지방의 민주당 당원들의 헌신과 역할은 중요하게 기억될 필요가 있다. 2차 마산항쟁 이후 서울 중앙당은 별다른 장외투쟁을 전개하지 못했지만, 민주당 지방당원들은 전국 각지에서 여러 장외투쟁, 농성 등을 열심히 전개하며, 시민항쟁과 함께 했다.

이승만 퇴진이 확실하게 가장 핵심적인 목표로 설정된 대규모 군중 시위는 역시 마산에서 시작되었다. 4월 24일 일요일 오전 11시경 할아버지 70~80여 명이 두루마기를 입고, 갓이나 중절모를 쓰고, 일부는 지팡이를 들고, 시외버스 주차장 입구 앞에서 시위를 시작했다. 할아버지들은 "책임지고 물러가라 가라치울 때는 왔다"라고 적은 플래카드를 들고 있었다. 사복경찰이 나타났고, 할아버지들과 옥신각신하다가 플래카드를 빼앗아갔다. 할아버지들은 플래카드를 달았던 빈 막대기만 들고 계속 행진했다. 대열이 향원다방 앞에 이르자 시민들이 순식간에 몰려들었다. 신문 보도로는 3만 또는 5만 명의 시위대가 운집했다고 한다. 마산에서 이미 여러 차례 유혈사태가 발생했기에, 경찰은 시위를 무력진압하기보다는 간곡히 설득하는 작전을 펼쳤다. 3·15 1차 마산항쟁 때 민주당 지방당원으로 시위를 이끌다가 체포되었던 이양수는 새로 부임한 경찰서장의 간곡한 부탁으로 할아버지 시위 현장에 나가 시위대의 해산을 종용했다고 후일 회고했다. 할아버지들이 이끄는 시위대는 시내를 한 바퀴 행진한 후 오후 2시경 부림동 청과시장 앞에서 자진해산했다.

4월 25일 월요일에 접어들자, 이번에는 마산의 할머니들이 거리로 나왔다. 이날 오후 1시 15분경 한복을 입은 200~300여 명 되는 할머니들이 부림동 시장 근처 강남극장 앞에 모여들었다. 중년 여성들도 참여했지만, 50대 이상으로 보이는 할머니들이 대부분이었다. 할머니들은 "죽은 학생 책임지고 리대통령은 물러가라"는 플래카드를 들고 있었다. 이승만 대통령의 실명을 정면으로 거론하며, 사퇴를 촉구한 것이다. 구호 역시 할아버지들의 시위보다 더 명확했다. 깃발을 빼앗기지도 않았다. 할머니 시위대가 마산경찰서 앞에 이르렀을 때 『동아일보』 보도로는 약 3만 명의 시민들이 모여들었다. 할머니들은 경찰과 몸싸움까지 하며 경찰서 안으로 밀려들어가 "고문경찰 잡아내라" "살인경관 잡아내라"라고 외쳤다. 당시 새로 부임한 경찰서장이 할머니들을 만류하느라 눈물까지 흘리며 쩔쩔맸다고 한다. 한편 같은 날 오전 11시경 진주 지역 학생들도 "이승만 정부 물러가라"라고 쓴 플래카드를 들고 경찰서 앞에서 농성을 벌였다.

마산의 할머니들이 경찰서 정문 앞에서 몸싸움을 하던 무렵인 4월 25일 오후 3시경 서울 시내 대학교수들이 당시 동숭동에 있던 서울대 교수회관(함춘원)에 모여들었다. 교수들은 이날 시국선언문을 발표했는데, 그 4항에는 "대통령을 위시한 여·야 국회의원 및 대법관들은 책임지고 물러서라"는 구절이 있었다. 애초 마련된 선언문 초안에는 "현정부와 집권당은 책임지고 물러가라"는 두리뭉실한 표현이었으나, 최종 논의 과정에서 '대통령'이라는 직위가 명시되었다. 교수들은 집회를 마치고 오후 5시 50분경 거리로 나와 시위를 벌였다. 교수단이 들고 있는 플래카드에는 "전국 각 대학교수단-학생의 피에 보답하라-"라고 적혀 있었다. 이승만 퇴진 구호는 여기에 없었다. 교수단 시위대가 거리로 나오자 시민들이 급속이 몰려들면서 "이승만 물러가라"는 구호를 외쳤다. 이날 서울에서는 대규모 시위가 다시 발생했다.

마산의 할머니들의 행동이 이승만 퇴진 요구도 실명을 직접 거론하면서 좀더 명확히 했고 시간적으로도 앞서 있었지만, 지방 할머니들이 하는 시위와 서울의 대학교수단이 하는 시위가 사회적으로 미치는 영향력, 파급력은 같을 수가 없었다. 대학교수들의 시위는 마침내 이승만 대통령의 사임으로 가는 상황을 아주 직접적으로 촉발했다. 4월 25일 교수단 시위를 계기로 서울에서 발생한 대규모 시위는 사실상 철야 시위로 이어졌다. 다음 날인 4월 26일 오전 7시 45분경 이른 아침임에도 불구하고 1만 5000명가량의 군중이 주로 빈민들이 많이 사는 동대문 부근에 집결했다. 8시 30분경에 이르러 순식간에 7만 5000명가량의 군중이 동대문과 세종로 사이에 집결했다. 주한미군 정보보고서는 시위대가 세 가지 요구사항을 계속해서 외치고 있다고 했다. 첫째는 선거를 다시 할 것, 둘째는 이승만 퇴진이었으며, 셋째는 경찰의 정치적 간섭을 제거하라는 것이었다. 이기붕의 퇴진 같은 것은 이제 초점도 아니었다. 4월 26일 이른 아침부터 서울 도심 거리는 시위대로 메워졌고, 시위대는 국회의사당 앞에서 광화문 쪽으로 조금씩 전진했다. 이러한 상태에서 마침내 4월 26일 오전 10시 30분경 이승만 대통령의 "국민이 원하면 하야하겠다."는 내용의 성명서가 계엄군의 마이크를 통해 시위 군중에게 전달되었다. 이렇게 해서 민주항쟁이 승리한 것이다.

4·19항쟁 이후, 좀더 본격적으로는 4월 25일을 전후해 전국에서 동시다발적으로 벌어진 민주항쟁이, 부정선거에 대한 항거에서 정권퇴진 운동으로 가는 과정에는 묘하게도 노인들이 전면에 나서는 현상이 있었다. 노인시위는 마산에만 있었던 것이 아니었다. 4월 26일 아침 9시경 부산에서도 노인 300여 명이 "이승만 대통령 물러가라"라는 플래카드를 들고 시위를 벌였다. 신문 보도에 따르면 무려 94세와 87세의 노인이 선두에 섰다고 한다. 최고령자였던 것 같다. 시민들이 순식간에 합세했는데 시위대가 도심에 이르렀을 때에는 수십만 명을 헤아렸다고 한다. 서울의 대학교수단 시위 때에도 가장 연로한 교수 두 사람이 플래카드를 들고 앞장섰다.

부정선거에 반대하는 것과 "리대통령 물러가라"며 정권퇴진을 요구하는 것은 시위대가 감당해야 하는 위험에서 엄청난 차이가 난다. 생명을 걸어야 하는 상황이었기에 노인들이 젊은이들에게 좀더 많은 기회를 주기 위해, 가장 위험한 구호를 내걸고 앞장섰던 것이다. 4월혁명은 어린 학생들, 대학생과 빈민 청년 등 젊은 세대가 주도한 것이 확실하지만, 이 과정에서 여성들이 중요한 역할을 했고, 젊은이뿐만이 아니라 노인들도 특별한 역할을 했다.

마신의 할머니들과 서울의 대학교수단의 시위를 평면적으로 비교하면, 마산 할머니들의 시위가 정권퇴진 요구에서 더 선명하고 확실한 모습을 보여주었다. 이러한 패턴은 부산에서도 마찬가지였다. 부산 지역에서 4월 26일 오전 이승만 하야 성명이 나오기 전에 전개된 노인들의 시위에서는 "이승만 대통령 물러가라"라는 플래카드가 휘날렸다. 실명 거론이 있었다. 같은 날 오후 부산의 대학교수단도 시위를 했다. 이미 이승만 사임 성명서가 발표되었지만, 시위 계획과 준비는 사임 발표 전에 진행되었을 것이다. 부산 교수단은 서울 교수단의 시국선언문을 지지하는 결의문을 내고 시위에 들어갔는데, "정부 공직에 있는 자는 책임을 지고 물러나라" 등의 구호를 외쳤다.

4월혁명 과정에서 부정선거에 대한 항쟁을 정권퇴진 운동으로 전환시켜 가는 데 당시 어느 주체가 더 선도적이고, 중요한 역할을 했는지 확실하게 입증하기는 어려울 것이다. 그러나 민주항쟁이 진행되는 전반적인 맥락과 패턴을 볼 때, 야당과 엘리트 계층보다는 밑바닥 주변부의 사람들이 정권퇴진을 요구하는 분위기를 저변에서 형성한 것으로 보인다.

민주당 일부 간부들이 개인적으로 가장 먼저 이승만 퇴진을 거론했지만, 이것이 당론으로 정해진 것도, 민주당 중앙당 차원에서 정권퇴진 운동에 나섰던 것도 아니었다. 4월 19일 대규모 유혈사태가 일어나고 그 다음 날인 20일 민주당 핵심 지도자 장면은 10개항의 시국 수습 조치를 발표했다. 엄청난 유혈사태에도 불구하고, 10개항에는 이승만 대통령 퇴진 요구는 없었다. 장면은 4월 23일이 되어서야 부통령직을 사임한다는 성명서를 발표하면서, "이승만 대통령은 부정선거와 12년간의 잘못된 정치에 책임을 지고 물러나야 한다."고 촉구했다. 그러나 이러한 요구는 사실상 너무 늦은 것으로 받아들여졌다. 또한 이후 민주당 중앙당 차원에서 정권퇴진을 위해 장외투쟁을 하거나 민주항쟁에 직접 합류한 것도 아니었다.

지식인 계층, 이른바 여론 주도층이 정권퇴진 운동으로 민주항쟁을 전환시키는 데 주도적 역할을 했다고 보기도 어렵다. 예컨대 주한미국 대사관은 4월 19일 대규모 유혈사태가 발생하고, 4월 26일 이승만이 사임할 때까지 대학생, 언론인, 교수 등 엘리트 여론 주도층과 접촉하고 그들과의 면담기록을 남겨놓았다. 현재 이 중 서울대 법대생 신명철, 연세대 대학원생 최종훈, 고려대 총장 유진오, 연세대 총장 백낙준, 서울대 법대학장 신태환, 연세대 사학과 교수 민영규, 조선일보 편집국장 홍종인 및 논설위원 부완혁의 면담기록이 공개되어 있다. 이 기록들은 이승만 퇴진이라는 결과가 발생하기 전에 기록된 것이다. 이들 인사들 중 시국 수습 조치로 명확하게 이대통령의 퇴진이 필요하다고 이야기한 사람은 백낙준 한 사람밖에 없었다. 홍종인은 이승만 대통령이 계속해서 나라의 수장으로 남아 있는 것이 가능하다고 했고, 반면 부완혁은 이대통령이 임기 만료인 8월 15일까지 오직 명목적인 지위로 남아 있는 것은 가능하다고 했다. 민영규도 이대통령은 상징적인 인물로 남아 있다가 상황이 안정되면 물러나면 될 것이라 했다. 나머지 인사들은 이승만의 거취 문제에 대해 전혀 언급하지 않았다. 이러한 상황을 볼 때 당시 지식인들이 이승만 대통령의 퇴진을 촉구하는 쪽으로 여론을 선도했다고 보기는 어렵다.

마산의 시민늘은 이미 2차 마산항쟁 때부터 "이승만 물러가라"는 구호를 외쳤다. 마산의 할아버지·할머니 시위에서 나타나는 바대로 밑바닥의 민심은 민주항쟁 과정에서 대규모 희생자가 발생했을 때부터 이미 정권의 퇴진을 요구하는 여론을 자생적으로 형성해가고 있었다. 그리고 밑바닥의 사람들이 정권퇴진을 요구한 이유는 민주항쟁 중에 사망하거나 다친 사람들의 고통에 대한 공감, 그들의 유가족과 함께하려는 연대의식, 권력을 유지하기 위해 시민들을 박해하는 부당한 권력에 대한 책임 묻기라고 할 수 있다. 이러한 공감과 연대, 책임 묻기의 과정에서 여성들이 중요한 역할을 했던 것이다.

주변부의 사람들을
기록해야만 하는 이유

4월혁명이 전개되는 전반적인 맥락을 놓고 볼 때, 또한 역사의 다양한 가능성을 열어두는 방식으로 살펴볼 때, 마산에서 벌어진 할아버지·할머니 시위는 충분히 중요한 의미를 부여받을 수 있다. 4월혁명사 서술에서 당연히 기록되어야 할 것이다. 필자는 할아버지·할머니들의 시위를 3차 마산항쟁이라 부르고 싶다. 그럼에도 불구하고 4월혁명사 기록에서 이들의 시위, 특히 할머니들의 시위, 여성들의 참여와 역할이 거의 원천적으로 기록에서 배제되는 것은 무엇을 의미하는가?

민중보다는 엘리트가, 지방에서의 움직임보다는 대도시와 수도 서울의 움직임이, 도시빈민보다는 학생들이, 그중에서도 중고등학생보다는 대학생과 교수가, 일반 학생들보다는 명문학교 학생들이, 민주당 지방당원보다는 중앙 지도부가, 여성보다는 남성들이 사회에서 지위가 높고 주목을 받으며, 힘과 영향력이 있다. 따라서 다양한 가능성이 교차하고 경합하는 국면에서 어떤 결과를 내는 데에는 현실적으로 더 결정적인 역할을 했다는 사실 자체를 부정하기는 어렵다.

그러나 그 결과를 발생시키는 과정을 생각해보면 어떠한가? 어떤 결과를 발생시키는 저변의 힘을 마련하는 과정을 보면 지금까지 서술한 것에 나타나듯 중심부에 있는 인물보다는 주변부의 사람들이 더 큰 기여를 했다. 이는 당연한 일인데, 기본적으로 중심에 있는 사람들은 실질적으로 아주 소수이고, 주변에 있는 사람들이 다수이기 때문이다. 높은 사회적 지위를 갖고, 서울에 살며, 명문학교를 나온 사람들보다는 낮은 지위에, 지방에 살며, 그저 그런 학교를 나온 사람들이 더 많다. 여성들은 남성들만큼이나 숫자가 많다. 그러나 사회적으로 차별받고 배제되어, 특히 심하게 주변으로 몰리게 된다.

주변부에 위치하는 다수의 사람들이 기록되지 못하고 기억되지 못한다는 것은 무엇을 의미하는가? 결국 다수의 사람들이 갖고 있는 저변의 잠재적 역량이, 결코 엘리트에 비해 뒤지지 않는 다수의 역량이, 이 사회에서 발휘되지 못하거나, 발휘된다 하더라도 제대로 평가받기는커녕 관심조차 끌지 못하며 가려지고 지워진다는 것을 의미한다. 이렇게 주변부의 약자를 기록하지 않는 역사는 다수의 사람들이 갖고 있는 잠재적 역량을 실현할 가능성 자체를 차단하고 차별과 무시 속에서 소진시켜버린다. 그래서 우리 사회의 역사 발전의 가능성 자체를 원천적으로 차단하고 제약하는 것이다.

7장

1951년 겨울,
소정골 사람들

: 학살된 민간인과 한국전쟁

최고의 시절이자 최악의 시절, 지혜의 시대이자 어리석음의 시대였다. 믿음의 세기이자 의심의 세기였으며, 빛의 계절이자 어둠의 계절이었다. 희망의 봄이면서 곧 절망의 겨울이었다. 우리 앞에는 모든 것이 있었지만 한편으로 아무것도 없었다. 우리는 모두 천국으로 향해 가고자 했지만 우리는 엉뚱한 방향으로 걸어갔다. 말하자면, 지금과 너무나 흡사하게, 그 시절 목청 큰 권위자들 역시 좋든 나쁘든 간에 오직 극단적인 비교로만 그 시대를 규정하려고 했다.

프랑스혁명을 배경으로 하는 찰스 디킨스의 소설 『두 도시 이야기』는 이렇게 시작한다. 우리가 살아가는 '근대'라는 시대의 양면성을 잘 보여주는 글이다. 근대는 엄청나게 빠른 물질적 진보를 과시한다. 19세기 이후 인류의 삶은 그 이전과 큰 차이가 난다. 인류는 수천 년 동안 인력과 축력에 의존해왔지만, 근대에 접어들어 화석 연료를 사용해 동력을 만들고, 기계 장치를 활용해 대량생산을 할 수 있게 되었다. 무수한 물건들이 값싸게, 많이 만들어져 소비되었다. 자동차, 철도, 비행기 등 빠른 운송 수단이 나타나 세계는 가까워졌다. 1930년대쯤이면 파리에서 유행하는 스타일이 거의 동시에 식민지 조선의 경성(서울)에도 퍼져나갔다.

근대는 또한 사람들이 자유와 평등이라는 단어를 외치며 각자가 설정한 유토피아를 향해 사람들을 거세게 몰아가던 시대였다. 계급, 계층간의 갈등이 치열하게 전개되었다. 제1차 세계대전(1914~18년) 전까지는 유럽에서도 공화국보다는 왕조국가가 더 많았다. 그러나 점차 민주주의 공화국이 대세가 되어갔고, 제2차 세계대전 이후에는 많은 식민지 나라들이 독립했으며, 여성들도 참정권을 얻었다. 그러나 이러한 정치적 진보의 과정은 모두 갈등과 폭력을 수반했다.

세계는 그냥 가까워지지 않았다. 근대 자본주의 물질문명은 서구에서 시작되어, 서구가 세계를 식민지 분할하는 제국주의와 식민지 질서를 통해 퍼져나갔다. 세계는 가까워졌지만 더욱 불균등해졌다. 제국/식민의 질서에서 오는 인종 갈등, 종교와 문화, 정체성을 둘러싼 갈등이 치열해졌다. 그 과정에서 엄청난 폭력이 양산되었다.

특히 20세기는 역사학자 에릭 홉스봄 Eric Hobsbawm이 말했듯이 "극단의 시대"이자 "폭력의 시대"였다. 피비린내가 났다. 양차 세계대전을 포함해 20세기에는 무려 1억 8700만 명에 이르는 사람이 전쟁으로 말미암아 직간섭적으로 희생되었다. 1913년 당시 세계 인구의 10퍼센트, 즉 10명 중 1명이 넘는 사람들이 목숨을 잃었다는 말이다. 20세기의 전쟁은 군인들만 주로 싸우는 전쟁이 아니라, 전후방의 구분 없이 민간인들까지 직간접적으로 동원되는 총력전이었다. 공중 폭격 등으로 후방의 민간인들이 다수 희생되었다. 나아가 계급 갈등, 제국주의와 식민지의 갈등, 이와 연계된 인종 갈등 등으로 인해 수많은 민간인 학살이 자행되었다. 대량학살을 연구한 학자 벤자민 발렌티노Benjamin A. Valentino에 의하면 20세기 국제전과 내전에 직접적으로 참여해 전투 중에 죽은 사람은 3400만 명 정도였다고 한다. 그러나 각종 대량학살로 희생된 사람은 그 2~5배에 해당하는 6000만 명에서 1억 5000만 명에 이르는 것으로 추산하고 있다. 근대는 찬란하지만 정말 불편한 진실을 감추고 있는 시기다.

톱질전쟁, 한국전쟁

한국전쟁의 가장 불편한 진실은 대량학살이다. 전쟁을 겪었던 민중들은 이 전쟁을 "톱질전쟁"이라 불렀다. 전선이 톱질을 하듯 오르락내리락, 엎치락뒤치락하면서 많은 사람들이 희생되고, 권력을 쥔 사람들이 전황에 따라 수시로 바뀌어가며 학살의 악순환이 이어졌다. 이렇게 톱질하는 전쟁이었기에 한국전쟁 중 발생한 대량학살은 나치의 유대인 학살과는 다르다. 즉 가해자 집단과 피해자 집단이 고정되어 있지 않다. 가해 집단이 피해 집단이 되고, 피해 집단이 가해 집단이 되는 톱질 국면이 계속되었다. 그러나 이는 물론 가해자와 피해자가 구분되지 않는다거나, 학살과 관련된 모든 사람이 가해자이면서 피해자라는 이야기는 결코 아니다. 가해자는 그 당시 권력을 갖고 있었고, 조직된 소수였다. 피해자는 권력이 없는 사람이었고, 대부분 혐의 사실에 대해 진실 여부를 판단할 정당한 절차도 없이 일방적으로 '반동분자' '용공분자'로 낙인찍힌 다수의 사람들이었다.

1950년 6월 25일 김일성 등 북한의 지도부는 소련의 지도자 스탈린 Joseph Stalin의 지원과 중국의 지도자 마오쩌둥 毛澤東의 동조를 받아 군대를 움직여 남한에 대한 전면 침공을 감행했다. 해방 직후 분출된 자주 독립과 유토피아적 변혁을 향한 열망이 냉전이라는 국제적 조건 속에서 완전히 왜곡되어, 마침내 지옥문을 확실히 열어버렸다. 대책 같은 것은 없었다.

한국전쟁은 해방 직후부터 악화되어왔던 한국인 정치집단 사이의 폭력적 대결을 극단적이고 광범위한 대량학살 국면으로 증폭시켰다. 전쟁 발발 직후 감옥에 있던 좌익정당 남조선로동당(남로당)의 핵심 지도자 김삼룡과 이주하 등이 처형당했다. 서울을 점령한 북한 인민군은 서울대병원에 입원해 있던 국군 및 의료진 150~200여 명을 살해하고는 병원 마당에 방치했다. 우익인사들과 군인과 경찰의 가족들이 인민재판에 회부되어 처형당했다. 국군과 경찰은 후퇴해 남쪽으로 내려가면서 보도연맹원들을 대대적으로 학살했다. 이는 대량학살 국면을 크게 증폭시켰다.

보도연맹은 1949년 4월 해방 직후에 좌익활동을 했던 인사들을 전향시키고, 대한민국의 국민으로 선도한다는 명목으로 만들어졌다. 보도연맹에 가입한 사람들 중 다수는 좌익정당과 단체에서 핵심 지도자로 활동했던 사람이 아니었다. 핵심 지도자들은 감옥에 있거나 대부분 월북해 있을 터였다. 해방 직후 '조선노동조합전국평의회' '조선민주애국청년동맹' 등 좌익 대중단체에 가담했거나, 좌익정당과 단체가 주도한 '모스크바 3상회의 지지집회' 등의 군중집회에 단순 가담한 사람들도 보도연맹에 가입해야 했다. 사실 이러한 사람들이 북한의 전쟁 도발에 어떤 면에서든 직접적인 책임이 있다고 할 수는 없었고, 나아가 이념적으로 확실히 좌익이라 단정하기도 어려운 상황이었다.

미군정 방첩대 요원으로 활동한 한 미국인은 1954년에 실행된 인터뷰에서 심지어 "남조선로동당에 가입했다고 해서 반드시 공산주의자라는 증거는 없었다."라고 했다. 남로당은 당세 확장을 위해 급속하게 당원을 확충했다. 해방 직후 대표적인 좌익정당인 남로당에 가입했다 하더라도 과연 이들이 이념적으로 확실한 공산주의자였는지는 일률적으로 말하기 어렵다는 것이다. 한국전쟁 당시 경찰이었던 사람도 보도연맹원에 대해 "지방유지들, 똑똑한 사람들, 지식계층, 좌익활동을 했던 사람들"이라고 했다. 한국전쟁 발발 직전까지 보도연맹에 가입한 사람은 미국 정부문서에서는 6만 명 정도라고 보았고, 이 사업을 주관하고 지도한 당시 사상검사 선우종원은 30만 명 정도라고 했다.

정부는 과거 좌익활동을 했던 사람들도 대한민국 국민으로 인도하고 선도한다면서 보도연맹을 만들었지만, 또한 이들을 잠재적 위험인자, 잠재적 반역세력으로 규정하고 경계하며 통제했다. 1949년 10월부터 일부 지역에서 시민들에게 신분증으로 '도민증道民證'을 발급했지만, 보도연맹원들에게는 도민증이 아니라 '맹원증盟員證'을 발급했다. 이러한 상태에서 전쟁이 발발하고 순식간에 수도 서울이 점령되었다. 인민군에게 점령된 지역에서 보도연맹원들이 앞장서 우익인사들을 인민재판에 끌어내 박해하고 있다는 풍문이 돌았다. 보도연맹 사업을 주관했던 사상검사 선우종원은 자신도 수원에서 이러한 정보를 들었지만, 보도연맹원들이 조직적으로 앞장을 선 것은 아니고, 극히 일부가 여기에 가담했을 것이라고 보았다. 대한민국 정부가 다시 서울을 수복한 후 이 문제에 대해 "전경찰을 동원해 조사한 결과 개별적인 일은 있었지만, 조직적인 행위는 없었던 것으로 파악했다."고 증언했다.

서울이 인민군에 의해 완전히 점령당한 1950년 6월 28일부터 한강 이남의 보도연맹원들이 소집되어 구금되고, 나아가 국군과 경찰에 의해 집단학살당하는 일이 벌어졌다. 노무현 정부기 발족한 '진실·화해를위한과거사정리위원회'(진화위)는 보도연맹 사건에 대해 집중적으로 조사한 끝에 이 사건에 대한 진실규명결정서를 발표했다. 이 발표에 따르면 보도연맹원 학살이 정부 차원에서 결정된 명령에 의해 수행된 것이라 보았다. 이 결정서에서는 보도연맹 학살 전체 희생자 수를 알기는 어렵다고 했다. 다만 각 군에서 적게는 100여 명, 많게는 1000명 정도가 희생되었다고 추정했다.

한국전쟁이 발발했을 때 보도연맹원 중 확실히 좌익사상을 갖고 있거나, 대한민국 정부를 불신했던 사람들은 여건이 허락되면 소집 명령에 응하지 않고, 몸을 피했을 것이다. 반면 "나는 괜찮겠지"라고 순순히 소집에 응했던 사람들은 끌려가 학살당했다. 의열단과 임시정부 광복군 활동으로 이름 높았던, 영화 「암살」에도 나오는 독립운동가 김원봉의 남동생들도 4명이나 밀양에서 학살당했다. 김원봉은 해방 직후 친일경찰에게 수모를 당한 후 월북하여 북한정권에 참여해 국가검열상이 되었다. 이에 그의 남동생들이 4명이나 학살당한 것이었다.

서천등기소 학살 사건

　　　　　　　　　　　남쪽에 진주한 북한 인민군과 지방의 좌익인사들은 우익인사들을 학살했다. 인민군과 좌익세력이 자행한 대량학살은 후퇴 국면에서 대대적으로 발생했다. 새로운 지역을 점령한 군대는 보복 행동을 하더라도 그 범위를 제한하고, 자제하는 경향이 있다. 너무 거칠고 가혹하게 보복하면 향후 그 지역 주민들을 통치하기 어렵기 때문이다. 그러나 후퇴하는 국면에서는 상황이 달라진다. 그 지역을 버리고 떠나는 만큼 잠재적 위험인자들, 마음에 안 드는 사람들을 모두 제거하려고 한다. 국군이 후퇴하면서 보도연맹원들을 학살한 것처럼, 인천상륙작전 이후 패주하는 국면에서 북한 인민군과 지방 좌익세력은 우익인사들을 대대적으로 학살했다. 한국정부는 좌익에 의해 학살된 사람을 12만 명가량으로 추정했다.

　인민군의 후퇴 국면에서 충남 서천군에서 벌어진 학살은 그 참혹한 양상을 잘 보여준다. 후퇴하는 인민군과 서천 지역의 좌익세력들은 서천 내무서에 감금해놓은 우익인사들을 1950년 9월 26일 밤 서천등기소 건물로 끌고 갔다. 이들은 수감자들의 손을 뒤로 하여 새끼줄로 묶어 한 줄로 세워 놓고, 대열을 지어 등기소 건물로 이송했다. 수감자들은 이제 모든 조사가 끝나서 다른 곳으로 옮겨진 후 곧 석방될 것이라는 이야기

서천등기소 창고에서 벌어진 학살 사건 현장.

를 들었기에 순순히 끌려갔다. 일부 소수의 사람들이 낌새를 채고, 일부러 대열에서 뒤쳐져 오다가 슬그머니 대열을 벗어나 탈출을 시도했다. 인민군이 도망가는 사람들에게 총을 쏘았지만 시늉만 할 뿐 적극적으로 잡으려 하지는 않았다고 한다.

인민군과 지방 좌익세력들은 우익인사들을 서천등기소 창고로 몰아넣었다. 이 창고는 본래 서류를 보관하는 곳으로 붉은 벽돌로 아주 튼튼하게 지어진 건물이었다. 건물 앞면에는 육중한 철제 출입문이 있었고, 벽마다 창문이 있었지만 쇠창살로 덮여 있었다. 건물 내부의 크기는 12평 정도로 크지 않았다. 수감자들이 이곳에 들어갈 때 건물 앞마당에는 이미 장작이 쌓여 있었다. 9월 27일 새벽 1시경 인민군은 건물 외벽에 장작을 쌓아놓고, 휘발유를 뿌린 후 불을 질렀다. 건물 안에 빼곡히 서 있던 수감자들은 아비규환 속에서 불에 타 숨졌다. 일부 우익인사들은 죽어가면서 "대한독립만세"를 외쳤다고 한다.

서천등기소에서의 학살은 조선로동당과 인민군 상부의 지시에 따라 조직적으로 진행되었다. 이들이 등기소 창고 건물을 택한 이유는 이 건

230

물이 붉은 벽돌로 지어진, 이 지역에서 가장 튼튼한 건물이었기 때문이다. 서천군의 다른 건물들은 대부분 목조 건물이었기 때문에, 사람들이 벽을 뚫고 나올 가능성이 있었던 것이다. 이 건물에서 불타 죽은 피학살자 수는 문헌자료와 목격자 진술을 종합해 볼 때 240~250명 정도로 추정된다. 희생자들은 경찰, 군인, 대한청년단, 지역 유지, 면장 및 면직원 등이었다.

거창 민간인 학살 사건

톱질전쟁은 양측의 정규군이 대치했던 주전선主戰線에서만 진행된 것은 아니었다. 지리산 등 한반도 남부의 산악 지역에서 또 하나의 전선이 만들어졌다. 지역 좌익세력과 인민군 패잔병들이 산속에 들어가 빨치산 활동을 벌였던 것이다. 낮과 밤을 번갈아가며 군인 및 경찰과 빨치산이 산골 마을을 장악해, 또 하나의 톱질전쟁이 벌어졌다.

거창군은 1950년 7월 29일 인민군에 의해 점령되었다. 인천상륙작전 직후인 9월 27일 국군이 거창읍에 있는 경찰서를 수복했다. 신원면에 있는 지서는 11월 5일에야 경찰이 복귀하여 접수할 수 있었다. 그런데 12월 5일 이 지역 산악에 근거지를 둔 빨치산이 다시 거창 지역을 장악했다. 해가 바뀌어 1951년 2월이 되어서야 국군 11사단이 거창, 함양, 산청 지역을 다시 장악해들어가기 시작했다. 11사단장 최덕신 장군은 이른바 벽을 쌓고 들을 비운다는 격벽청야堅壁淸野 작전을 전개했다. 빨치산을 주민으로부터 완전히 차탄시켜 고사시킨다는 전술이었다. 1951년 2월 5일 한동석 대대장이 지휘하는 11사단 9연대 3대대는 거창읍에서 신원면 지역으로 진입했다. 3대대는 별다른 저항을 받지 않았고, 2개월 만에 수월하게 다시 신원면 지서를 접수했다. 그리고 곧바로 산청 방면으로 이동했는데, 이틀 후인 2월 7일 빨치산이 다시 내려와 신원면 지서를 공격하여 10여 명의 사상자가 발생했다.

3대대 병력은 다시 신원면으로 돌아왔다. 대대장 한동석을 비롯한 군인들은 신원면 지서가 다시 습격당한 것이 마을 주민 중에 빨치산과 내통하는 세력이 있었기에 가능했다고 단정했다. 신원면은 6개의 리로 구성되어 있었고, 원래 8000명가량의 주민이 살고 있었다. 그러나 빨치산 활동 때문에 이 무렵 6000여 명의 주민들은 타지로 피난가고, 오직 2000명의 주민만 남아 있었다. 남은 사람들은 피난을 가기에는 활동력이 떨어지는 노인과 빨치산으로 오인받을 염려가 없는 여성들, 아이들이 대부분이었다. 신원면으로 들어온 3대대는 마을을 불태우고, 일부 주민을 탄량골에서 학살했다. 3대대는 2월 10일 아이, 어른, 여성 구별 없이 이 지역의 모든 마을 주민 600여 명을 신원초등학교 교실 두 칸에 감금했고, 11일에는 이 사람들 중 517명을 근처 박산골로 끌고가 학살했다. 신원면에서 학살된 사람은 모두 719명이다. 남자가 320명, 여자가 399명으로 남자보다 여자가 많았다. 그리고 한성훈이 이미 지적했듯이 피학살자 중에는 형법 규정상 형사처벌도 받지 않을 나이인 15세 미만의 미성년자가 무려 359명이나 되었다. 희생자 중 거의 절반이 미성년자, 중학생 이하의 아이들이었던 것이다. 한편 60세 이상의 노인도 66명이나 되었다. 이 사건은 당시 국회에서도 큰 논란을 발생시켰다. 국방, 법무, 내무부장관이 이 사건에 책임을 지고 사직하고, 재판을 통해 오익경 11사단 9연대장은 무기징역을, 한동석 대대장은 징역 10년을 선고받았다. 그러나 이들은 1년도 되지 않아 형집행 정지로 모두 풀려났다.

산청군 외공리 소정골에서
사라진 사람들

거창과 그 인근 지역에서 빨치산 진압과 관련된 학살이 벌어질 무렵, 산청군의 한적한 야산 골짜기에서 배경과 성격이 완전히 다른 또 하나의 대량학살이 진행되었다. 사건이 발생한 시점은 1951년 2월 또는 3월경인데, 설 명절이 지나고 얼마 되지 않은 시점이고, 거창, 산청 지역이 국군에 의해 수복된 지 얼마 안 되었던 때였다. 증언자마다 이야기가 엇갈려 정확한 날짜를 확정하기는 어렵다. 이날 장갑차처럼 큰 총을 거치한 차량이 선두에 서고, 버스 10대 이상이 따르는 긴 차량 행렬이 산청군 시천면 외공리 산길에 나타났다.

군복을 입고, 철모가 아닌 챙이 있는 모자를 쓴 국군으로 보이는 사람들이 버스에 탄 200~300명 사이의 민간인들을 통제하고 있었다. 이들은 외공리에 있는 속칭 '소정골' 앞에 멈추었다. 군인들은 민간인들을 버스에서 내리게 했고, 이들을 밤나무가 가득 있는 야산 골짜기로 끌고 갔다. 버스에서 내린 사람들은 대부분 20~30대의 젊은 남성들이었고, 일부 여성과 어린이가 있었다고 한다. 모두 평상복, 한복 등 민간인 복장을 하고 있었다. 이들은 끌려갈 당시 손이 묶여 있지 않았다. 한 목격자는 농촌 지역 주민이 아니라 도시에 살던 사람 같아 보였다고 했다. 군인들은 주민들의 접근을 차단한 채, 이들을 산속으로 끌고 갔다. 외공리 주민들은 사람들이 골짜기로 끌려가는 것을 목격했지만, 주민들이 아는 사람은 한 명도 없었다. 외지에서 온 사람들이 확실했다.

사람들이 골짜기로 끌려간 후 1시간쯤 지났을 때부터 총소리가 계속 들려왔다. 서너 시간이 지나고 군인들이 골짜기에서 도로로 내려왔고, 차량은 이 지역을 빠져나갔다. 사건이 발생한 이후 주민들이 가보니 여기에는 원래 숯을 굽는 숯굴(목탄요)이 하나 있었는데, 그곳에 사람을 죽여 매장했고, 그 주변 몇 군데 구덩이에도 시신이 매장되어 있었다. 구덩이를 얕게 파고 황급히 매장을 했기에, 흙으로 덮었지만 팔다리를 비롯한 시신의 일부가 노출되어 있는 상태였다. 주민들은 일부 노출된 시신 위에 돌을 올리고, 흙을 더 덮어 주었다. 무섭고 끔찍했지만 이곳 주민들은 생계를 위해 그 근처 밭과 밤나무 과수원에서 계속 일할 수밖에 없었다.

사실 이때 여기서 학살되어 매장된 사람이 정확히 누구인지는 그때도 그렇고, 현재까지도 모른다. 희생자 중 단 한 사람의 신원도 정확히 밝혀지지 않았다. 희생자들이 외지에서 끌려왔으니 누가 누군지 알 수가 없는 것이다. 그리고 이들을 학살한 군인으로 보이는 사람들은 남쪽의 국군이 확실해 보이는데, 정확히 어느 부대 또는 어느 기관 사람들인지 지금까지 모르고 있다.

진실규명,
소정골 유해 발굴

한국전쟁기 민간인 학살 문제에 대해서는 1960년 4월혁명 직후 사회적으로 쟁점이 된 바 있었다. 주로 각 지역의 지방 신문들이 보도연맹원 학살 등 한국전쟁 전후에 진행된 학살 사건을 잇달아 폭로했고, 국회 차원에서도 조사가 있었다. 4월혁명 직후 『부산일보』가 외공리 소정골에서 벌어진 학살에 대해 기사를 썼다. 또한 경상도 지역에는 학살 희생자의 유족들을 중심으로 피학살자유족회를 만들어 진상규명과 책임자 처벌을 요구했다. 합동 분묘를 만들고 위령비를 세우기도 했다. 그러나 1961년 5·16쿠데타를 통해 군인들이 권력을 잡자 피학살자유족회 간부들은 잡혀가고, 각지의 위령비들은 파괴되었다.

한국전쟁 전후 민간인 학살 문제가 다시 사회적으로 쟁점화된 것은 군부독재 정권이 퇴진하고 한국이 민주화 이행에 나서면서부터였다. 새로운 세기가 시작되는 2000년을 전후해 한국전쟁기 민간인 학살 문제에 대한 진상규명을 촉구하는 시민단체들이 생겨나고, 진상규명 운동이 전개되었다. 이러한 상황 속에서 사건 발생 이후 47년이 흐른 1998년, 진주 MBC 다큐멘터리 제작팀이 한국전쟁기 지리산 지역 민간인 학살 사건을 다룬 다큐멘터리 「지리산의 눈물」을 제작하면서, 외공리 소정골을 찾았다. 일부 시신 매장지를 확인하고, 유해도 조금 발굴했지만 일단 재매장했다.

그리고 2000년 5월 여러 민간단체의 주도하에 '지리산 외공 양민 학살 사건 진상규명 및 통일기원 진혼굿' 행사를 하고, 다수의 시신이 매장된 '숯굴' 구덩이를 파보았다. 150여 구의 시신과 일부 유품이 발굴되었지만, 민간단체들이 이들 시신을 분류, 보관, 처리할 방도가 없었다. 이에 목곽을 짜서 다시 그 자리에 묻고 봉분을 만들었다. 그리고 노무현 정부 들어서 진화위가 발족해, 한국전쟁 전후 민간인 학살 문제에 대해서도 진상규명을 시도했다. 2008년 7월 진화위의 지원을 받아 경남대학교 박물관팀이 외공리 소정골 유해 매장지를 체계적으로 발굴했다.

1951년 겨울 소정골에서 가장 많은 사람들이 학살되고, 매장된 곳은 이른바 '숯굴' 구덩이다. 숯굴이란 숯을 굽는 가마인데 목탄요라 부르기도 한다. 목탄요는 바닥이 평평하거나 약간 파져 있고, 흙으로 벽과 천장을 쌓아올리는 축조식 목탄요가 있고, 반면 땅을 깊고 넓게 파고 천장만 지상으로 노출되어 있는 굴광식 목탄요가 있다. 이곳에 있던 숯가마는 굴광식 목탄요였던 것으로 보이는데 이에 깊게 판 구덩이가 존재했고, 사람들을 그곳에 밀어넣고 학살했던 것이다. 발굴팀은 유해를 분석한 끝에 숯굴에 학살되어 매장된 사람들의 숫자를 142명 이상이라 보았다. 숯굴 구덩이의 규모를 볼 때 150명 내외의 사람들을 한번에 구덩이에 몰아넣고 사살하는 것은 불가능해보이고, 일정한 수의 사람을 구덩이에 몰아넣고 총을 쏘아 사살한 후 순차적으로 그 시신 위에 다른 사람을 몰아넣고 사살했던 것으로 추정했다.

숯굴 외에 다섯 곳의 매장지가 발굴 과정에서 확인되었다. 이들 매장시는 전문적인 발굴팀이 처음 판 땅이었기 때문에 희생자의 유해를 한 개체씩 일괄 수습해가며 발굴을 했다. 다섯 곳 모두 1미터가 안 되는 구

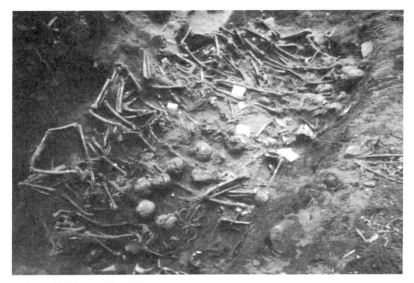

소정골에서 학살당한 이들의 유골.

덩이를 파고, 피학살자의 손을 뒤로 묶은 후 구덩이에 엎드리거나 꿇어 앉힌 상태에서 머리에 총을 쏘아 사살한 것으로 보인다. 탄피는 한곳에 몰려서 발견되었는데, 매장지에 묻힌 희생자의 숫자와 탄피의 숫자를 맞춰보면 거의 일치한다. 체계적인 명령에 의해 조준 사격이 이루어진 것이다.

그런데 특이한 점은 소정골에서 발굴된 탄피는 일부 권총 탄피가 발견된 것 외에는 모두 카빈소총 탄피라는 것이다. 당시 국군 부대는 대부분 병사들의 무기가 통일되어 있지 않았다. 전쟁 중이었고, 이에 자주 부대 편성이 바뀌었으며, 일선의 군인들은 같은 부대라도 M1, 카빈소총, 또는 일본군이 쓰던 총 등 다양한 소총을 들고 다니며 싸웠다. 그러나 이 부대는 병사들이 모두 같은 카빈소총을 소지하고 활동한 것으로 보아 매우 잘 편성되고, 정제된 부대라 할 수 있다. 일반적인 국군 부대라기보다는 무언가 특별한 목적을 갖고 있는 부대거나 새로 신설된 부대라고 생각된다.

체계적으로 발굴을 해본 결과 소정골에서 사망한 사람들은 최소 268명, 최대 276명에 달하는 것으로 추정된다. 학살된 사람은 대부분 젊은 남자들이었다. 10명의 여성 유해와, 10세 전후의 어린아이로 추정되는 유해도 한 구 수습되었다. 도대체 이들은 누구였을까?

소정골 피학살자는 누구이며, 왜 학살되었는가?

소정골에서 학살된 사람들이 누구인지, 원래 어디에서 살다가 이곳에 끌려왔는지, 왜 여기서 학살되었는지를 명확히 확인하기는 어렵다. 유해와 함께 희생자들이 소지했던 일부 유류품도 수습되었는데, 인상仁商, 경농京農, 금중金中, 숭중崇中, 인중仁中 등 학교 이름이 새겨진 단추가 있었다. 이 중 경농은 서울시립대학교의 전신인 경성농업학교의 약칭이고, 인상은 현재 인천중학교의 마크와 같은 것으로 확인되었다. 또한 '해관海官'이라고 새겨진 단추도 나왔는데 해관은 세관의 옛 이름이다. 한국전쟁 이전에 이미 해관이라는 명칭은 사용되지 않았다고 하는데, 아무튼 태극무양이 있는 단추 등 당시 관공서 공무원들의 제복에 달려 있었을 것으로 추정되는 단추들도 수습되었다. 그밖에 "코레아, 해방"Corea, Hae bang이라고 새겨져 있고, 태극마

크가 그려진 수상비행기가 양각되어 있는 버클, '성일'Sungill이란 글자가 새겨져 있는 구두 주걱 등이 발견되었다. 그리고 이병제李柄濟라고 새겨져 있는 도장이 하나 출토되었다. 남겨진 유품 중 유일하게 실명이 새겨져 있는 것이었다. 또한 20대 후반 여성으로 추정되는 유해 근처에서 은제 비녀가 하나 출토되었는데, 정교한 꽃문양이 조각되어 있어 일반 민간에서 사용하던 평범한 물건은 아니었다고 한다. 또한 지퍼가 시신 매장지에서 다수 출토되었는데, 당시 평범한 사람들의 의복에서 지퍼가 사용되는 경우는 드물었다.

출토된 유류품으로 확인된 태극문양이나 학교 이름, 영어로 새겨진 글씨를 볼 때 이들이 북한에서 온 사람이 아니었음은 확실하다. 이들이 사는 지역은 교복 단추에 있는 학교 이름 등을 볼 때 서울이나 인천, 경기도 지역 사람으로 보이고, 유류품으로 볼 때 농촌 사람이 아니라 도시 사람이며, 평범한 서민이라기보다는 지식인, 중산층이었을 것으로 보인다. 죄수복이나 단일한 복장이 아니라 다양한 일반 민간인 복장을 했다는 점, 비녀, 옷핀, 동전, 열쇠 등이 발견된 것으로 보아 희생된 사람들이 수용자를 철저히 관리하는 감옥 같은 곳에서 있다가 이곳으로 끌려온 것은 아니라 추정된다. 또한 어떤 수용시설에 갇혀 있었다고 하더라도 장기간 구금 상태였던 것 같지는 않다.

2008년 체계적인 발굴이 이루어지고, 그 다음 해인 2009년 3월 진주 MBC는 외공리 소정골 학살을 다룬 다큐멘터리를 방영했다. 여기서는 소정골 피학살자들이 북한 인민군의 점령 기간 중 공산 통치에 협력한 사람들인 이른바 '부역자'로 지목되어 서울이나 인천 등지에서 부산 또는 거제도 수용소에 끌려온 사람일 가능성이 높다고 추정했다. 중공군이 남하할 무렵 부역자로 지목된 사람들이 전국 각지에서 부산, 거제도 등지로 이송되어 수용소에 갇힌 사례가 있는데, 이러한 사람들로 추정된다는 이야기다. 특히 1951년 1월 말 발행된 『민주신보』라는 신문에 군·경찰 합동수사본부가 거제도의 피난민 수용소를 급습하여 피난민으로 가장한 불온세력 총 286명을 검거했다는 기사가 있는데, 공교롭게도 체포 시점과 체포된 사람의 숫자가 소정골 피학살자 수와 유사하다는 것이었다.

도대체 왜 한국을 위해
싸워야 하는가!

진주 MBC 다큐멘터리 제작팀의 추정은 개연성이 있다. 1950년 9월 인천상륙작전 이후 국군과 유엔군이 북상하면서 부역자 처리 문제는 국내외적으로 큰 쟁점이 된 바 있다. 1980년 치안본부(경찰청의 전신)가 만든 자료를 보면 한국전쟁 때 부역자 및 자수자 명단은 모두 54만 3827명이라고 한다. 인민군이 후퇴하면서 다수의 우익인사와 군인, 경찰의 가족을 학살하거나 납치했기에 부역 혐의자에 대해 군과 경찰은 물론, 일반 시민들도 감정이 좋을 리 없었다. 부역자로 지목된 사람들은 정당한 재판이나 그들이 혐의 내용을 객관적으로 조사받거나 항변할 수 있는 절차도 없이 처형되는 경우가 많았다.

저명한 사상검사 오제도는 서울이 수복되었을 때 서울 종로경찰서에 구금된 부역 혐의 용의자 600명 중 200명 남짓이 여성이었는데, 정밀히 조사해보니 대부분 군인과 경찰 가족이었다고 증언했다. 남편은 38선을 넘어 진격 중인데, 처는 반역자로 몰리는 황당한 경우도 있었다는 것이다. 남편 김의한과 함께 중국에서 독립운동을 하다가 귀국한 정정화도 이때 부역자로 몰려 끌려갔다. 당시 남편 김의한은 인민군이 후퇴할 때 끌려가 납북되었다. 그녀는 연로한 시어머니와 어린 손녀를 돌보느라 인민군과 중국군이 다시 서울을 점령했을 때(1·4후퇴) 미처 후퇴하지 못했다. 그후 다시 서울이 국군과 유엔군에 의해 수복되었을 때 정정화는 부역자로 몰려 일제강점기 "왜놈들에 의해 체포되었던 종로경찰서로" 다시 끌려갔다. 그녀는 "내가 쉽게 잡혀오긴 했으나 내가 잡혀왔다는 것이 내게는 결코 쉬운 일이 아니었다."고 했다. 정정화는 혐의를 받을 만한 어떠한 일도 한 적이 없지만 "1·4후퇴 당시 후퇴하지 않은 것이 유죄였다."라고 말했다. 검사는 정정화를 부역 혐의자로 기소했다.

1950년 12월경 부역자 처리 문제는 국내외적으로 논란을 발생시켰다. 1950년 12월 15일 서울 북쪽에 있는 홍제리에 서대문, 마포 형무소 경비병들이 부역자로 지목된 40명 정도 되는 재소자들을 트럭에 싣고 나타났다. 재소자들은 줄에 단단히 묶여 있는 상태였는데, 경비병들이 구덩이 속에 그들을 몰아넣고 꿇어앉힌 뒤, 뒤에서 총을 쏘아 처형했다. 당시 홍제리 지역에는 영국군이 주둔해 있었는데, 이들이 처형 광경을 목격했다. 영국군들은 처형된 사람들 중에는 여성과 어린아이도 있었다고 주장했다. 영국군 병사들은 이 광경을 보면서 "도대체 우리가 한국을 위해서 싸워야 하는 이유가 뭐냐?"고 분노했다. 그날 형무소 경비병들은 내일도 처형이 있을 것이라고 하면서 미리 구덩이를 파놓고 갔다고 한다. 다음 날 아침 경비병들이 다시 재소자들을 끌고 현장에 나타났다. 분노한 영국군들이 처형을 저지했다. 형무소 경비병들을 무장해제하고, 파놓은 구덩이를 다시 메우게 했다. 이 소식은 유엔에서 한국 문제를 전담하는 기구인 언커크UNCURK: 유엔한국통일부흥위원회에 알려졌고, 언커크는 캐나다군 장교를 보내 진상을 규명하기 위해 시신을 발굴했다. 구덩이를 파본 결과 여성의 시신은 발견되었지만, 어린아이의 시신은 발견되지 않았다.

홍제리 사건을 계기로 한국정부의 부역자 처리 방식에 대해 국내외적으로 비판 여론이 일자 1950년 12월 19일 이승만 대통령은 부역 행위자 중 개과천선하고자 하는 사람들에게 기회를 주기 위해 "사형의 판결이 선고된 죄수라 할지라도 신중히 검토하여 감형 등 적당한 조치를 강구하고자 한다."는 성명서를 발표했다. 일부 체포된 부역 혐의자들은 중국군이 남하하자 부산, 거제도 지역으로 이동되어 수용소에 감금되기도 했다. 소정골 피학살자들은 사건의 시점과 장소, 사건이 발생한 맥락을 보았을 때, 부역자로 지목되어 남쪽으로 이동되었던 사람들 중의 일부가 아니었을까 추정된다. 그러나 이는 정황과 맥락을 바탕으로 내린 가장 가능성 높은 추정일 뿐이다. 그들이 누구인지, 왜 학살되어야 했는지에 대해 현재 우리가 확실히 알고 있는 것은 없다.

소정골 학살터,
꼭 파헤쳐야 했는가?

진화위 활동으로 인해 많은 부분이 드러나기는 했지만, 우리는 아직 한국전쟁기에 자행된 민간인 학살의 실상에 대해 산청군 외공리 학살처럼 모르는 부분이 많다. 이러한 문제에 대해 기억하고, 진상을 규명하려 노력하는 것이 미래를 위해 더 나은 것일까? 아니면 때로는 "망각이 평화를 가져온다."는 말처럼 그냥 잊거나 불문에 부치는 것이 나을까? 더이상 파헤쳐봐야 뚜렷한 결론도 나지 않고, 단지 증오감과 적대감만이 증폭되는 것일까? 이 점에 대해 사람마다 의견이 다를 수는 있다고 인정한다. 그러나 필자는 기억하고, 진상을 알기 위해 노력해야 한다고 생각한다. 왜냐하면 일단 이와 같은 민간인 학살이 발생했던 환경과 조건에서 우리가 여전히 자유롭지 못하기 때문이다. 이와 같은 비극이 다시 반복되는 것을 막으려면, 이 문제를 꺼내고, 규명하고, 또한 성찰할 필요가 있다.

1945년 제2차 세계대전의 종결부터 현재까지 최근의 전쟁 양상은 국가들 사이의 이해관계의 대립 때문에 발생하는 국제전과 내부의 정치적, 이념적, 인종적 갈등 때문에 생겨나는 내전의 구분이 명확하지 않은 것이 특징이다. 나아가 전쟁과 평화의 구분도 흐릿해지는 경향이 있다. 그러하기에 어떤 형식으로든 전쟁이 발생하면 군인보다는 민간인 사망자가 더욱 많이 발생한다. 제1차 세계대전 때는 사망자 중 민간인이 차지하는 비중이 5퍼센트 정도였지만, 제2차 세계대전에서는 민간인 사망자가 66퍼센트에 달했고, 최근에는 전쟁 피해자의 80~90퍼센트가 민간인이다. 스웨덴 웁살라 대학의 자료에 따르면 21세기에 들어서도 2001년부터 2004년 사이에 30개 주권 국가에서 내전이 발생했다고 한다. 그리고 최근 중동 사태에서도 우리가 목격하듯 내전 중에는 사망자도 많이 발생하지만 엄청난 숫자의 난민도 발생하고, 이는 국제적·인도적으로 커다란 문제를 야기한다.

한반도는 여전히 분단 상태일 뿐만이 아니라, 나아가 여전히 휴전 상태다. 민간인 학살 문제는 전쟁 중의 인권침해(전쟁범죄)에 해당하는 문제인데, 이 문제를 잘 성찰하여 대처하지 못한다면, 이러한 사태는 언제든 재발될 수 있다. 우리가 현재 제2차 세계대전 중 일본군의 성노예('위안부') 강제 동원에 대해 끊임없이 문제 제기를 하고 있는 것도 같은 맥락이다.

나아가 한반도가 여전히 분단되어 있는 한 강대국이 조성한 갈등이 약소국 내부의 다양한 갈등을 걷잡을 수 없이 증폭시키는 구조로부터 결코 자유로울 수 없다. 제2차 세계대전 이후 벌어진 내전은 표면상으로는 내전으로 보일지라도 그 주변 강대국의 국제적 갈등과 불가분 연계되어 전개되는 경우가 대부분이다. 냉전시기 발생한 한국전쟁, 베트남전쟁도 마찬가지였고, 탈냉전 이후 동유럽 지역에서 일어난 내전 사태, 현재 중동에서 일어나고 있는 내전, 테러 사태도 마찬가지다. 이러한 전쟁 중에 수많은 대량학살이 발생했는데, 많은 사람들이 일반적으로 인종 갈등, 종교적 갈등, 또는 이념 및 계급 대립 등이 대량학살에 중요한 작용을 했을 것이라 생각한다. 그러나 20세기 대량학살을 연구한 발렌티노는 역사상 최대의 대량학살은 오히려 상대적으로 동질적 사회, 동질적 집단, 혹은 인종적, 계급적으로 매우 유사한 집단에서 발생했다고 지적한다.

한국전쟁에서도 마찬가지 양상이었다. 여기에는 미국과 소련의 냉전이라는 국제적 대립, 한반도의 두 분단 정부 사이의 정통성 경쟁 등 국가적 차원의 갈등이 물론 작용했다. 그러나 한국전쟁기에 군과 경찰 등 국가권력에 의한 민간인 학살만 자행된 것은 아니었다. 민간인끼리도 서로를 죽였다. 한국전쟁기 마을에서 자행된 학살을 심층적으로 연구한 박찬승은 한국전쟁기의 민간 차원의 충돌은 주로 지주와 소작인 간의 계급 갈등, 혹은 이념적 충돌에서 빚어진 것은 아니었다고 지적한다. 오히려 "친족, 마을, 신분 간의 갈등이" 더 중요해 보인다고 했다. 그러나 박찬승은 마을에서 벌어진 학살에 대해 이렇게 지적한다.

즉 사소한 갈등을 증폭시키는 계기를 만든 것은 한반도의 분단, 미군정에 의한 의도적인 좌우 분화, 그리고 경찰로 표현되는 국가권력이었다. 이후 양자 간의 갈등은 내연하면서 더욱 깊어졌다. 그리고 한국전쟁은 그러한 갈등을 엄청난 규모로 증폭시키면서 친족 내부의 학살극으로 이끌었다 (…) 외부의 힘의 작용이 내부의 분열로 이어지고, 그것이 곧 "골육상쟁"으로 이어진 X리의 비극의 역사는, 20세기 중반 분단에서 한국전쟁으로 이어지는 한국사를 압축해서 보여주는 사례였다.

한국전쟁기 마을에서의 학살은 강자들 사이의 갈등이 약자들에게 이전되고, 증폭되는 양상과 밀접한 관련이 있다는 지적이다. '위험사회'

를 경계한 울리히 벡Ulrich Beck은 위험이 부와는 다른 방식으로 계층화되거나 계급적 방식으로 분배된다는 것도 지적한다. 즉 "부는 상층에 축적되지만, 위험은 하층에 축적된다."는 것이다. 가난하고 약한 사람들일수록 더 많이 위험에 노출된다는 이야기다. 그러나 벡은 생태·환경적 관점에서 "빈곤은 위계적이지만 스모그는 민주적이다."라고 강조한다. 위험이 어디에 축적되든 결국 생태와 환경이라는 측면에서 지구적으로 모두가 피해를 볼 수밖에 없다는 것이다. 그래서 "위험은 지구화 경향을 내장하고 있다."라고 강조한다.

생태·환경적 차원뿐 아니라 폭력도 마찬가지라고 생각한다. 중동에서 만연된 내전 사태가 엄청난 난민을 발생시키고, 각종 테러 사건이 속출해 유럽 강대국의 안전도 흔들리고 있는 작금의 사태를 보면 이를 쉽게 이해할 수 있다. 따라서 전쟁범죄, 학살 같은 문제는 한국의 문제이기도 하지만, 지구적인 차원의 인류의 문제이기도 한 것이다. 여기에 대한 진상규명은 불행이 반복되는 것을 막기 위해서도 꼭 필요하다.

악의 진부함

한나 아렌트Hannah Arendt라는 저명한 철학자이자 정치이론가가 있다. 그녀는 '전체주의' 연구로 저명한 학자가 되었다. 아렌트는 독일에서 태어나고 자랐다. 그러나 젊은 시절 유대인 시온주의자의 활동을 도와주다가 경찰에 체포당하는 등 박해를 겪고, 미국으로 망명해야 했다. 아렌트의 저서 중에 『예루살렘의 아이히만』이 있다. 아이히만은 나치 친위대의 간부로 유대인 문제를 전담했던 부서의 책임자였다. 그는 특히 나치가 점령한 전유럽 지역에서 유대인들을 모아 아우슈비츠 등 유대인 수용소이자 학살 공장으로 보내는 업무를 담당했던 사람이다. 이렇게 나치가 학살한 유대인은 무려 600만 명이 넘고, 아이히만은 여기에 핵심적인 역할을 했다.

아이히만은 제2차 세계대전이 끝났을 때 아르헨티나로 도망가는 데 성공했다. 이름을 바꾸고 그곳에서 은신해 살다가 1960년 이스라엘 정보기관 모사드에 의해 체포되어 예루살렘에 압송되었고, 1961년부터 재판을 받았다. 아렌트는 『뉴요커』의 재정적 후원을 받으며, 이 재판을 직접 참관하고 글을 썼다. 아렌트는 이 책에서 악의 진부함banality of evil을 이야기한다.

아이히만은 재판 과정에서 수많은 유대인의 생명을 빼앗는 일을 실제 주도했음에도 불구하고, 유대인에게 그다지 큰 증오감을 보이지도 않았고, 별로 죄책감을 느끼지도 않았으며, 대수롭지 않게 자신은 그냥 근면하게 행정적인 일을 처리했을 뿐이라고 항변했다. 아렌트는 이러한 아이히만을 보면서 "아이히만의 성격 결함은 그에게 그 어느 것도 타인의 관점에서 바라볼 수 있는 능력이 없다는 점이었다."라고 했다. 또한 그의 핵심적인 문제점을 "단지 자기가 무엇을 하고 있는지 결코 깨닫지 못한 것이다."라고 지적한다.

자신의 행동으로 말미암아 타인이 겪게 될 고통에 대해 동정하거나 공감하거나 생각하지조차 못하는, 타인을 배려하거나 타인과 유대관계를 형성하지 못하는, 아이히만의 결함은 심지어 자기 자신에 대해서도 비슷한 태도를 보인다. 그는 처형당하는 순간 자기가 아주 특별하고 심각한 상황에 처했음에도 불구하고, 여기에 대해 별 생각이 없다는 듯 상투적으로 진부하게 행동하고 말해버리고 만다. 아이히만은 교수대 앞에서 마지막으로 붉은 포도주 한 병을 요구했고, 절반 정도를 마셨다. 그는 처형당하기 직전 최후 진술에서 "잠시 후면 여러분, 우리는 모두 다시 만날 것입니다. 이것이 모든 사람의 운명입니다. 독일 만세, 아르헨티나 만세, 오스트리아 만세, 나는 이들을 잊지 않을 것입니다."라고 말했다. 그는 이렇듯 자신의 죽음을 목전에 두고서도 마치 자신이 생전에 타인의 장례식장을 방문하여 대수롭지 않게 상투적으로 말을 건네듯 진부하게 말하고 말았다. 아렌트는 아이히만의 이러한 태도에 대해 "두려운 교훈, 즉 말과 사고를 허용하지 않는 악의 진부함"을 보여주는 것이라 했다. 이에 아렌트는 결론적으로 이처럼 '무사유'에 대해 경고한다.

> 그는 어리석지 않았다. 그로 하여금 그 시대의 엄청난 범죄자들 가운데 한 사람이 되게 한 것은 (결코 어리석음과 동일한 것이 아닌) 순전한 무사유sheer thoughtlessness였다 (…) 이처럼 현실로부터 멀리 떨어져 있다는 것과 이러한 무사유가 인간 속에 아마도 존재하는 모든 악을 합친 것보다도 더 많은 대파멸을 가져올 수 있다는 것, 이것이 사실상 예루살렘에서 배울 수 있는 교훈이었다.

필자는 역사학자이고, 학부 때에는 고려사에 주로 흥미를 갖고 공부했지만, 대학원 이후 한국근현대사를 전공했기 때문에 솔직히 이 글을 쓸 때까지 '발굴보고서' 같은 것을 한 번도 읽어보지 않았다. 경남대학교 박물관팀이 작성한 소정골 유해 발굴보고서를 읽으면서, 현대사 전공자가 발굴보고서를 읽고 글을 쓰는 경우도 있구나 하면서 무언가 어색함을 느끼기도 했다. 우리가 소정골의 학살터를 고고학적 기법까지 동원해 발굴한 이유는 아렌트의 이야기를 들어보면 명확해진다.

권력의 은폐와 무관심, 망각에 의해 파묻힌 과거의 처참한 비극의 진실을 자각하기 위해, 무수한 사람들의 억울한 죽음에 대해 그리고 그들이 남긴 유가족의 고통에 대해 공감하고 성찰하고 연대감을 형성하기 위해, 우리는 그 죽음들을 방치하거나 묻어둘 수만은 없다. 과거의 처참한 비극을 고통스럽게 드러내고, 그 진실을 대면하는 것은 또다시 적대감과 반목을 증폭시키는 행위라기보다는, 이러한 대량학살의 비극을 겪고도 냉전적 시각으로, 또한 국가 정통성이라는 명분으로 대량학살을 당연시하고 대수롭지 않게 치부하거나, 별 것 아닌 진부한 일로 치부하는 '무사유'를 일깨우기 위해 필요한 것이다. 이러한 작업을 통해 우리는 상투적으로, 진부하게, 무감각하게, 사람들을 무사유의 경지로 인도하는 악을 경계하고, 피해갈 수 있는 것이 아닐까?

8장

피 흘리는 젊음

: 돌아온 학병들과 학병동맹 사건

투퀴디데스의 『펠로폰네소스 전쟁사』라는 책이 있다. 기원전 5세기 그리스 반도의 아테나이와 스파르타의 전쟁을 서술한 책이다. 여기서 서술된 전쟁의 양상은 냉전의 역사와 묘한 유사성을 보여준다. 1947년 미국 국무장관 조지 마셜George C. Marshall은 이 책의 내용을 되새겨보지 않은 사람은 현재의 국제관계(냉전)를 지혜롭게 다루기 어려울 것이라 했다. 1945년 해방 직후 냉전과 분단의 발생 과정에서 한반도에서 벌어진 일은 펠로폰네소스 전쟁 중 케르퀴라Kerkyra라는 곳에서 벌어진 일과 매우 유사하다.

케르퀴라는 그리스 반도 서북쪽 해안가에 위치한 섬나라인데, 펠로폰네소스 전쟁의 진원지가 된 나라 중 하나였다. 이 나라에는 민중파와 귀족파 사이에 정치적 갈등이 있었다. 전쟁의 과정에서 민중파들은 아테나이와 손을 잡았고, 귀족파는 스파르타를 끌어들였다. 정치적인 갈등으로 발생한 내란과 외부의 패권 갈등이 겹쳐지며 이 섬나라에서는 전황이 바뀔 때마다 민중파와 귀족파가 서로를 집단 살육하는 참사가 반복되었다. 투키디데스는 케르퀴라에서 발생한 일에 대해 다음과 같이 개탄했다.

각 정파가 반대파에게 피해를 주면서 자신에게 유리한 동맹을 맺을 수 있는 전시에는 변혁을 꾀하는 자들이 외부에서 원군을 불러들이는 것은 자연스러운 일이 되었다. 이런 내란은 헬라스의 도시들에 크나큰 고통을 안겨주었는데, 이런 고통은 사람의 본성이 변하지 않는 한 잔혹함에서 정도의 차이가 있고, 주어진 여건에 따라 양상이 달라져도 되풀이되고 있으며 언제나 되풀이될 것이다.

해방 이후 한반도에서 벌어진 상황은 케르퀴라에서 강자들의 패권을 둘러싼 외부적 갈등이 약소국 내부의 정치적 갈등과 결합해 증폭되는 양상과 매우 유사하다. 미국과 소련의 분할점령 상황에서 한국의 좌우익 집단은 각기 자신에게 유리한 지역에서 외세를 끌어들이거나 또는 외세에 편승해 상대방 정치집단을 철저히 박해하고 배제했다. 그럼으로써 상대방을 철저히 부정하고, 배타적이고 거칠게 다룰 수 있었다.

한반도 북쪽에서 우익 정치집단이 박해와 탄압을 받으면, 이들이 남쪽으로 내려와 철저한 반공세력이 되어 '서북청년단' 같은 단체를 만들어 좌익들을 응징하고, 남쪽에서 좌익들이 탄압을 받으면 북쪽에서 이것이 우익집단을 배제하거나 탄압하는 명분을 주는 고리가 일찍부터 형성되었다. 이러한 메커니즘에 따라 주변 강대국의 패권을 둘러싼 갈등이 내부의 정치적 갈등과 결합하여 대단히 폭력적이고, 잔인한 방향으로 증폭되는 "케르퀴라 효과"라 칭할 만한 현상이 나타났던 것이다.

해방과
돌아온 학병들

해방은 끌려간 사람들의 귀환을 의미했다. 끌려간 '학병'들도 돌아왔다. '학병'이란 무엇인가? 1943년 일제는 전세가 다급해지자 이른바 '학도특별지원병제'를 발표하고, 전문학교와 대학에 다니는 한국인 및 대만인 학생들을 전쟁에 대거 동원했다. 일본인 학생들은 이미 군대로 끌려간 상태였다. 이때 이공계나 사범계 학생들은 계속 공부할 수 있었지만, 문과계 학생들은 지원을 강요받았다. 문과계 공부는 전쟁 상황이 급박할 때 잠시 중단되어도 상관없다고 생각했던 모양이다. 이렇게 일제에 의해 전쟁으로 동원된 사람들을 '학병'이라 한다.

학병 동원은 '지원병'이라 했지만 실질적으로는 강제 동원이었다. 일제 경찰, 지역 유지들이 총동원되어 학생들을 압박했고, 공공연한 협박과 회유가 이어졌다. 최남선, 이광수 같은 존경받는 한국인 명사들이 일본 도쿄까지 찾아가 한국인 유학생들에게 학병 지원을 권유했다. 그리하여 1944년 1월 20일 총 4385명의 한국인 학생들이 일제히 입대했다. 그들은 중국, 일본, 동남아시아, 태평양의 섬들로 흩어져 배치되었다. 최영희, 장도영 등 5·16쿠데타와 관련해 언급되는 인물들도 모두 이때 학병으로 끌려갔다가 그것이 계기가 되어 군 장교가 된 사람들이다.

원로 국문학자 김윤식은 최근 학병세대의 글을 분석하는 책을 연달아 내놓은 바 있다. '세대'는 대체로 특정 연령대의 사람들이 동일한 사건을 겪거나 같은 경험을 함으로써 독특한 정체성을 갖는 집단을 형성하는 것을 말한다. 일제강점기에 초등학교, 심지어 간이학교까지 포함해 어떤 근대적 교육의 혜택을 조금이라도 본 한국인은 전체 인구의 33퍼센트 정도에 불과했다. 학병들은 그 33퍼센트 중에서도 전문학교 이상의 고등교육을 받은 사람들이니, 아주 극소수의 엘리트 집단이라 할 수 있다. 이런 집단이 모두 같은 날 일제히 입대해 1년 8개월간 생사를 넘나드는 전쟁 경험을 공유했으니, 충분히 하나의 세대적 정체성을 형성할 만하다.

1945년 8월 해방이 되자마자 돌아온 학병들은 '학병동맹'이라는 단체를 결성했다. 동맹원 일부는 집단으로 숙식을 같이하며 치안대에 가담했고, 미군이 진주할 때에는 연합군에 좋고 깨끗한 인상을 주기 위해 거리 청소를 하는 등 다양한 활동을 전개했다. 학병동맹은 자신들의 기관지 『학병』을 발행했는데, 창간호에 수록된 위원장 이춘영의 글은 이렇게 시작된다.

우리들 학병은 이제 돌아왔습니다. "너희들이 지원하는 것이 조선을 살리는 것이고 오로지 너희의 피를 흘리는 것만이 조선의 삼천만 동포를 영원히 살리는 단 한 개의 길이다." 이렇게 우리들의 선배들이 불타는 애국심으로, 우리들의 손을 잡을 듯이 권유하고 다니는 그 모양이 전선천리戰線千里 뜻 아닌 총을 잡고 달리고 있던 기억과 함께 눈앞에서 선하게 보입니다.

일제의 침략전쟁에 협력했던 친일인사들을 이렇듯 비판하면서 이춘영은 "우리 학병들도 신조선 건설을 위하야 힘 있는 우국지사가 되어 선봉이 되렵니다."라고 다짐했다.

그런데 한국인들은 해방 직후 감당하기 대단히 어려운 아주 복잡한 상황에 직면했다. 한반도가 북위 38선을 경계선으로 미국과 소련 두 나라 군대에 의해 분할점령되었던 것이다. 두 강대국이 한반도를 분할점령한 것은 공식적으로는 일본군의 무장해제를 위한 것이라고 이야기되었지만, 미국과 소련 양군은 이 일이 완료된 후에도 한반도를 계속 분할점령했고, 당연히 한국인들에게 압도적인 영향을 미쳤다.

미국과 소련은 제2차 세계대전 중 독일, 이탈리아, 일본 등 파시즘 진영('주축국')에 맞서 함께 싸운 연합군의 일원이었다. 즉 두 나라는 전시에는 동맹국이었다. 그러나 미국과 소련은 근대 세계사에서 크게 대비되고 갈등했던 이념인 자유주의와 공산주의를 각기 대변하는 나라였다. 미소관계는 전쟁 종결 무렵부터 전후 세계질서의 패권을 두고 경쟁하는 조짐이 나타났다. 그리고 마침내 양국은 서로 전쟁은 하지 않지만 장기간 적대적 대치관계를 형성하는 '냉전'으로 갔다. 냉전의 양대 축에 의해 분할된 한반도는 여기에 아주 일찍, 직접적으로, 강력하게, 영향을 받아야 했다. 분할점령 상태에서 1945년 11월 북쪽에서 신의주 사건이, 이듬해 1월 남쪽에서 학병동맹 사건이 발생했다. 이는 한국의 좌우익 집단이 보복이 보복을 낳는 유혈사태를 연달아 발생시키며, 민족 분단과 전쟁이라는 지옥문을 여는 첫 걸음이 되는 사건이었다.

학병동맹과
해방 직후의 좌우익

학병동맹은 국군준비대와 더불어 해방 직후 대체로 좌익 청년조직으로 분류되고 있고, 나아가 좌익 정당인 조선공산당의 외곽 단체로까지 이야기되고 있다. 2대 위원장 왕익권과 3대 위원장 이춘영은 훗날 조선공산당과 이를 이은 남조선로동당에서 활동했고, 마침내 월북했다고 한다.

해방 직후 한반도의 최대 쟁점은 식민지 상태에서 벗어나 한국인들의 근대 국민국가를 수립하는 문제였다. 우익세력들이 모두 사회개혁의 필요성을 부정한 것은 아니었지만, 이들은 한국인들의 국가를 만드는 것에 최우선적인 초점을 두고, 개혁은 나중에 할 수도 있다는 입장이었다. 반면 진보적 성향을 갖는 집단은 국가 건설은 반드시 토지개혁 등 일제 식민지 유재와 친일파 청산 등 사회개혁을 담보하고, 그것을 토대로 진행해야 한다고 주장했다. 이것이 해방 직후 좌우익 사이에 가장 근본적인 인식 차이였다. 학병동맹은 이러한 기준으로 볼 때 확실히 좌파적 또는 진보적 성향을 가진 단체라 할 수 있었다. 학병이라는 존재는 기본적으로 지식인 집단이다. 양차 세계대전 사이의 전간기에는 전세계적으로도 좌익 성향이 지식인 사회에서 풍미했을 때였다.

그러나 해방 직후의 상황과 맥락을 고려해볼 때, 학병동맹이 처음부터 조선공산당의 외곽단체였다고 하는 것은 무리가 있다. 좌파적 주장을 한다고 모두 조선공산당과 입장을 같이했던 것은 아니었다. 애초 학병동맹 내부에는 다양한 이념적 성향이 존재했던 것으로 보인다. 일제 강점기부터 완전히 분단되기 전까지의 한국 좌우익 집단의 차이를 순수하게 이념적으로만 말한다면, 아주 극단적으로 벌어졌던 것은 아니었다. 이는 대한민국의 제헌헌법을 보아도 알 수 있다. 대한민국을 수립한 사람들의 주류는 기본적으로 반공주의자였고 우익이었지만, 제헌헌법에는 농지개혁이 필요하다는 조항도 있고, 친일파 청산에 대한 규정도 있으며, 사회주의적 요소를 담은 경제조항도 있었다. 한국은 식민지였다가 해방된 나라였기에, 우익 정치집단도 이념적으로는 상당히 개혁적 성향을 갖고 있었다. 해방 직후의 좌우 갈등은 본질적인 이념적 차이보다는 좌우익이 서로 관계하는 방식에서 비롯되었다. 탈식민을 추구하는 과정에서 나타나는 한국인 내부의 이념적·정치적 갈등이 분할점령이라는 조건 속에서 미국과 소련이라는 두 강대국의 패권 대립과 겹쳐져, 갈등이 증폭되고, 이것이 이념적·정치적 차원을 넘어 군사적·폭력적 차원으로 비화되는 것이 문제였다.

해방이 되자마자 한국인 좌우익 정치집단이 서로를 반역자라 배제하며, 혈투를 벌였던 것은 아니었다. 해방 직후 여운형이 만든 건국준비위원회는 좌우가 함께 참여하는 조직이었고, 지방의 자치조직들도 마찬가지였다. 그러나 9월 6일 좌익세력의 주도로 이른바 조선인민공화국이

졸속으로 선포되면서 좌우익의 분리가 본격적으로 진행되었다. 조선공산당의 당원 일부도 조선인민공화국이 너무 좌편향적으로 구성되어 일반 대중들에게 공산주의 정권이라는 인상을 주었고, 이에 "중립은 물론 우리의 동정자까지 우익진영으로 다름질치게 했다."며 "민족통일을 스스로 파괴"한 것이었다고 비판했다.

　조선인민공화국 선포로 좌우 분립이 심화되었지만, 좌우익 정치집단은 때로 한자리에 모이기도 했다. 1945년 10월 이승만이 미국에서 귀국하자 조선공산당까지 포함해 좌우익을 망라한 정당·사회단체가 모두 모여 '독립촉성중앙협의회'를 만들고 국가 건설을 위한 정치 통합을 논의했다. 학병동맹도 이 회합에 참가했다. 나아가 학병동맹 위원장 이춘영 등 간부는 1945년 11월 3일 이승만과 따로 한 시간 동안 만나기도 했다. 우익인사에게도 존경을 표하고, 만나 이야기했던 것이다. 이승만도 이 무렵에는 반공주의적 발언을 자제하고 있었다.

　1945년 11월 말과 12월 초에 걸쳐 중경 임시정부 인사들이 귀국하자 좌우익 사이의 정치적 대립은 조선인민공화국을 지지하느냐, 아니면 임시정부를 지지하느냐라는 문제를 중심으로 전개되었다. 학병동맹과 국군준비대는 조선인민공화국을 지지하는 쪽이었다. 이때부터 임시정부를 지지하는 조선유학생회, 조선건국청년회 등 우익 청년단체와 학병동맹, 국군준비대는 때로는 폭력을 주고받는 등의 갈등을 보였다. 학병동맹 내의 일부 우파적 그룹들은 따로 학병단을 만들어 나가기도 했다.

　'국군준비대'는 일제 때 군대에 끌려갔다가 돌아온 청년들이 국가 건설과 군대 건설을 준비한다는 목적으로 1945년 8월에 창설되었다. 이

단체는 구성원과 이념적 성향 모두 학병동맹과 유사했다. 국군준비대는 1945년 12월 26일과 27일 전국대회를 개최했다. 찬반탁 국면의 소용돌이로 들어가기 바로 직전이었다. 이 자리에서 김원봉, 지청천(이청천), 김일성, 무정 등이 명예의장으로 추대되었다. 좌우익 지도자를 망라하여 항일무장투쟁을 했던 사람들을 명예의장에 추대한 것이다. 또한 조선공산당을 대표하여 이현상이 나와 "우리 인민의 민주주의적 결의를 응결한 정권은 오직 조선인민공화국"이라는 연설을 했지만, 이날 첫 번째로 축사를 한 사람은 대한민국 임시정부 주석 김구였다. 나아가 국군준비대는 임시정부 광복군 국내지대와 '국군'을 만들기 위한 통합 논의를 전개했고, 1945년의 마지막 날 두 조직이 서로 통합하기로 합의했다는 언론 보도가 있었다. 이러한 사실들은 좌파계 청년단체인 국군준비대와 학병동맹의 경우도 대한민국 임시정부와 그 요인들을 철저히 불인정하거나 배제하는 것은 아니었음을 잘 보여준다. 그러나 이와 같은 상호 인정과 협력의 분위기는 1946년 새해 벽두부터 찬반탁 논쟁의 광풍이 불어오면서 절단나기 시작했다. 그 소용돌이의 한복판에 신의주 사건과 학병동맹 사건이 있었다.

신의주 사건

1946년 초 남쪽에서 좌우 갈등이 격화되는 상황에는 1945년 11월 북쪽에서 발생한 신의주 사건이 아주 직접적인 영향을 미쳤다. 신의주 사건과 학병동맹 사건은 사실상 연계되어 있다. 해방 직후 38선 이북에도 건국준비위원회, 자치회 등 한국인의 자치권력이 만들어졌다. 소련군이 진주하자 이들 조직들은 인민정치위원회(통상 인민위원회로 불림)로 개편되었다. 소련군은 남쪽의 미군정과는 달리 정식 군정조직을 만들지 않고 인민위원회를 통해, 실질적으로는 공산당 조직을 통해 간접적인 점령통치를 했다. 형식적으로는 간접통치였지만, 소련군은 한국인들을 엄격하게 통제하고 영향력을 행사했다. 소련군이 진주한 이후에도 일부 우익 민족주의 지도자들은 인민위원회에 그대로 남아 있었다. 일례로 저명한 기독교 민족주의 지도자 조만식도 1946년 초까지는 평안남도 인민위원회 위원장으로 활동했다.

평안도는 일제강점기에도 공산주의자보다는 민족주의자의 영향력이 강했다. 그런데 소련군의 진주로 인민위원회 내의 좌우익의 관계가 달라졌다. 평안북도 인민위원회 교육부장으로 활동했고, 스스로를 "민족주의적 자유주의자"로 자처했던 함석헌은 소련군이 당도하자 좌익인사들의 태도가 오만해졌다고 했다. 공산 군대가 들어오니 권력에 대해 야심 있는 분자가 거기 달라붙어 그가 보기엔 "어거지 혁명"이 시작되었다고 했다. 함석헌은 신의주 사건으로 일시 체포되었다가 곧바로 월남했고, 박정희 정부기 저명한 재야 민주화운동가로 활동했다.

신의주 사건은 1945년 11월 18일 이 도시 근처 용암포에서 발생한 유혈사태가 직접적인 계기가 되었다. 이날 용암포에서 학생과 시민들의 집회가 있었는데, 일부 학생들이 이 지역 인민위원회 위원장과 한국인 공산당원들의 행태를 비판했다. 집회를 마치고 학생과 시민들이 항의를 하기 위해 거리에 나섰는데, 갑자기 농민조합과 노동조합의 조합원들이 망치와 몽둥이를 들고 나와 시위대를 습격했다. 다수의 학생이 부상당하고, 홍석황 장로가 사망하는 등 유혈사태가 발생했다.

용암포 사건에서 주로 쟁점이 된 사안은 이 지역의 유일한 교육기관이었던 수산학교가 공산당 지방조직에 의해 접수되어 공산주의 청년을 훈련시키는 시설로 사용되는 문제였다. 신의주에서도 일제강점기에 재판소로 쓰던 건물을 공산당이 접수하여 사용하자 인민위원회와 이를 조종하는 공산당이 "일방적으로 행정을 처리한다."는 불만이 주민들 사이에서 일어났다. 공산당은 엄연히 하나의 정당인데, 행정이나 교육 등 공공의 목적으로 사용하던 건물들을 독단적으로 점유하여 사용하니 당연히 불만이 나올 수밖에 없었다. 이 점은 월남한 인사의 증언만이 아니라, 당시 북쪽에서 작성된 문서를 통해서도 확인된다. 한편 이러한 상황은 아직 공식적으로 엄연히 일개 정당에 불과한 공산당이 소련군의 점령이라는 상황 속에서 마치 정권기관처럼 행동했음을 보여준다. 신의주 사건 직후인 1945년 12월 조선공산당 평남도당의 모임에서 발표된 보고 연설에서도 일부 당원들이 당조직과 정권기관을 혼동하여 많은 문제를 야기했다는 지적이 나올 정도였다.

신의주에 있는 6개 학교 학생들은 용암포 사건에 자극받아 1945년 11월 23일 일제히 들고일어났다. 이들은 각 학교별로 역할분담을 하여 평안북도 인민위원회와 공산당 청사로 돌진했다. 이때 한국인 보안대원들과 소련군이 시위대에 총격을 가했다. 이날 사망한 사람들의 숫자는 기록마다 차이가 난다. 거사 참여자의 증언에 의하면 15~24명 정도의 사망자가 발생했다고 했고, 해방 직후 반공 학생운동을 했던 사람들이 펴낸 책에는 사망자 15명의 실명이 제시되어 있다. 남쪽의 미군 정보 망은 23명 정도가 사망한 것으로 보았다. 대체로 15~24명 정도의 사망 자가 발생했던 것이다. 아울러 많은 사람들이 체포되었고, 일부는 시베 리아로 끌려가기도 했다. 신의주 사건은 해방 직후 좌우익 갈등, 점령 당 국과 한국인 사이의 갈등으로 발생한 최초의 대규모 유혈사태였다. 피 해자였던 한국 우익 학생들은 신의주 사건을 전세계적으로 소련의 점령 지역에서 최초로 발생한 "반공, 반소 의거"로 의미를 부여하고 있다.

신의주 사건 직후부터 조선민주당(당수 조만식) 간부, 기독교인 등 우 익인사들이 대거 월남하여 이 사건의 진상을 폭로하기 시작했다. 북쪽 의 우익인사들은 이 사건을 계기로 확실한 반공주의자가 되었고, 남쪽 으로 내려와 반공, 반소 운동의 선봉에 섰다.

그런데 신의주 사건에서 주목되는 점은 당시 소련 당국이 이를 "서 울에서 보내진 학생조직이" 작용하여 발생한 사건으로 파악했다는 것 이다. 소련과 미국의 점령 당국이 자신들이 갖고 있는 주류 이념과 배치 되는 한국인 정치집단을 단지 '부르주아 민족주의자' 또는 '자유주의 자' '공산주의자'로만 보아준다면 그나마 다행이다. 분할점령이라는 상 황에서 소련은 우익세력을 남쪽의 미국과 "반동집단"에 사주를 받는 세 력으로 의심했다. 미국 역시 한국인 좌익집단을 북쪽의 소련과 그 휘하 의 한국인 공산주의자에 의해 조종되는 집단으로 보았다. 그렇게 정의 내릴 때 두 점령 당국은 자신의 이념과 배치되는 한국인 정치집단을 더 욱 억압적으로 다루게 된다. 이러한 두 점령군의 태도가 한국인 내부의 좌우 갈등을 당연히 증폭시키는 것이다.

모스크바 3상결정과
반탁운동의 회오리

1945년 12월 모스크바에서 미국, 영국, 소련의 외교 수장들이 모인 국제협상이 있었다. 여기서 한국의 독립문제도 논의되었다. 미국과 소련은 논의 끝에 한반도 문제 처리에 대해 일단 타협에 성공했다. 12월 28일 모스크바 3상결정이 공식적으로 발표되었다. 그 내용의 골자는 미소공동위원회가 한국의 정당·사회단체와 협의하여 남북을 망라하는 한국인들의 임시정부를 수립하며, 최대 5년 동안 미국, 영국, 중국, 소련이 참여하는 신탁통치를 실시한다는 것이었다.

카이로 선언에 명시된 "적당한 시기에"라는 구절의 의미가 연합국이 한국을 신탁통치하거나 국제 공동관리하는 것이라는 풍문은 카이로 선언 발표 당시에도 돌고 있었다. 물론 해방이 되고, 모스크바 3상결정이 공표되기 전에도 여러 풍문이 들려왔다. 좌우익 정치집단 모두 신탁통치설에 반대했다. 그런데 모스크바 3상결정이 발표되기 직전 일부 국내 언론들은 신탁통치가 소련의 정책이고 소련이 주된 제안자라는, 사실과 완전히 다른 보도를 했다. 모스크바 3상결정이 공식 발표된 이후에도 남쪽 대부분의 우익 언론들은 한국인의 임시정부 수립 이야기는 거의 언급하지 않고, 신탁통치 문제에만 초점을 맞추어 보도했다. 김구 등 임시정부 세력을 중심으로 우익인사들이 즉각 반탁운동에 나섰다. 신탁통치가 "소련의 음모"라는 선입견 속에서 반탁운동은 반소·반공운동으로 이어졌다.

1945년 12월 말까지 좌익세력들도 대부분 신탁통치에 반대하는 입장을 보였다. 그러나 1946년 1월 2일 조선공산당을 비롯한 좌익 지도부는 공식 발표된 모스크바 3상결정의 내용을 전달받고, 이 결정을 전반적으로 지지하기로 결정했다. 여기에는 물론 소련의 영향력도 작용했겠지만, 꼭 그것만이 이유라 할 수는 없었다.

당시 좌익세력들은 미군정에 행정권을 조선인민공화국 또는 지방인민위원회로 넘기라고 주장하고 있었다. 한편 좌파적 성향을 가진 국군준비대의 경우 1945년 12월 30일 신탁통치 문제로 어수선할 때 발표한 성명서에서, 하루빨리 민족의 정치적 통합을 달성하기 위해 '대한민국 임시정부'와 '조선인민공화국' 모두를 자체 해산하고 "민주주의통일정부 즉시 수립을 단행하자"고 주장했다. 모스크바 3상결정의 내용에는 비록 강대국의 신탁통치라는 제약은 있지만, 즉각적인 한국인들의 임시정부 수립이라는 내용이 있었다. 당시 좌익들이 해오던 주장에 부합되는 내용이 포함되어 있었던 것이다.

1946년 초 좌익세력들은 여론 공세에서 우익에게 완전히 밀리고 있었다. 우익은 좌익들이 애초 신탁통치에 반대하다가 소련의 지시로 입장을 변경하는 민족반역적 행동을 했다고 몰아붙였다. 그러자 좌익세력은 우익 지도자들의 과거 친일 경력을 거론하며 "누가 반역자인가?"라고 맞대응했다. 모스크바 3상결정의 정확한 내용이 무엇이고, 문제가 된 신탁통치가 정확히 어떤 것이며, 외국군의 분할점령통치 상태에 있는 한국인들에게 무엇이 현명한 선택인지에 대한 숙고와 논의 같은 것은 없었다. 오직 누가 반역자냐는 차원의 공방전이 존재할 따름이었다. 지금도 한국현대사를 둘러싼 논의는 쉽게 반역자 논쟁으로 비약된다.

반탁 학생시위와
학병동맹 사건

신탁통치 반대운동의 태풍이
불어오던 1946년 1월 18일 오후, 우익 학생으로 구성된 '반탁전국학생
총연맹'(반탁학련)은 서울 정동교회에서 대규모 반탁 학생대회를 개최했
다. 이날 특히 북에서 내려온 학생들이 신의주 사건을 언급하며 소련군
과 공산주의자를 비난하는 연설을 해서 학생들을 격앙시켰다. 월남한
여학생 임영애는 다음과 같은 연설을 했다.

북한에 진주한 로스케 놈들은 밤이면 쌀과 공장의 기계들을 소련으로
가져가는가 하면 대낮에도 부녀자를 강간하고 있다 (…) 이 천인공노할
만행을 보고도 못 본 체하고 있는 놈들은 바로 북한의 공산당놈들이다.

신의주 사건 때 소련군과 공산주의자들이 우익인사들을 탄압한 것
이 남쪽에 반공주의를 강화하는 즉각적인 효과를 불러일으킨 것이다.
반탁운동이 곧바로 극단적인 반공·반소운동으로 표출된 것은 이처럼
분할점령으로 조성된 독특한 조건이 작용했다. 이날 참석자 중 1000여
명의 학생들은 집회를 마치고 곧바로 시위에 돌입했다.

학생시위대는 반탁의지를 알리기 위해 소련영사관과 미군정 존 하

지 John R. Hodge 사령관이 있는 조선호텔 등을 돌았다. 여기까지는 평화적인 시위였으나, 오후 6시 30분쯤 되어 어둠이 깔리자 시위대는 좌익기관들을 연달아 습격하기 시작했다. 제일 먼저 조선인민공화국의 기관지격인 조선인민보사 건물에 난입하여 인쇄시설을 파괴했다. 이후 연달아 안국동에 있는 조선인민당(당수 여운형) 본부와 인사동 네거리에 있던 서울시 인민위원회 건물을 습격해 기물을 때려부수었다. 피습된 기관의 관계자들은 대규모 시위대의 위세에 눌렸는지 피신하여 양쪽이 크게 충돌하는 불상사는 없었다.

이후 학생시위대는 반탁의지를 전달하기 위해 김구 및 임시정부 요인들이 머무는 서대문 근처 경교장으로 향했다. 시위대가 경교장 부근에 이르렀을 때 갑자기 총성이 울리고, 괴한들이 몽둥이를 들고 반탁시위에 참석한 남녀 학생들을 마구 구타하기 시작했다. 이때는 오후 7시 30분 무렵으로 완전히 깜깜해졌을 때였다. 괴한들은 어둠 속으로 사라졌고, 현장에서 잡힌 범인은 없었다. 세브란스 의전 학생 함영훈이 총상을 입었다. 미군 방첩대CIC 보고서에 의하면 6명이 중상을 입어 입원했고, 20명 정도가 병원치료를 받고 귀가했다.

미군정 경찰은 곧바로 반탁시위대를 습격한 괴한들을 학병동맹원들이라 지목했다. 바로 그날 밤 자정이 넘어, 즉 19일 새벽에 경기도 경찰부장 장택상의 지휘로 경찰들이 곧바로 삼청동에 있는 학병동맹 본부로 달려갔다. 학병동맹 측에서 저항이 있자 100명 이상으로 증원된 무장경찰이 학병동맹 본부 건물을 포위했다. 먼동이 터오를 무렵 경찰이 총기를 발사하며 학병동맹 건물에 진입했다. 그 과정에서 학병동맹원 박

망우리 묘지에 자리한 삼학병(박진동, 김성익, 김명근)의 묘.

진동, 김성익, 김명근(일명 이달) 등 3명의 학병이 목숨을 잃었다. 반탁시
위대가 좌익기관들을 습격했는데, 경찰이 반탁시위대를 습격했다는 혐
의로 학병동맹을 습격해 사망자가 발생하는 참사가 벌어진 것이다. 미
군정 경찰은 보조를 맞추려 했는지 학병동맹 사건 발생 다음 날인 1월
20일 오전 10시경 반탁학련 본부도 급습하여 좌익기관을 파괴한 혐의로
연맹원 41명을 체포했다.

진실논란에 휩싸인
학병동맹 사건

학병동맹 사건은 그 진실을 둘

러싸고 심각한 논란을 불러일으켰다. 학병동맹은 원래 사건이 발생한 다음 날인 1946년 1월 20일에 2년 전 자신들이 일제히 학병으로 끌려간 바로 그날을 기념하여, '전국학병대회'를 개최하기로 하고, 준비 작업을 하고 있던 차였다. 이 대회는 물론 개최예정일 바로 전날 새벽에 학병동맹 본부가 경찰의 습격을 받아 무산되었다. 만약 그대로 진행되었다면 일제하에서 학병 지원 권유를 하고 다녔던 인사들과 경찰로서는 참으로 불편한 일이었을 것이다. 당시 경찰은 학병 동원 과정에서 중요한 역할을 했는데, 이들 중 상당수는 계속 미군정 경찰로 남아 있었다.

즉각 '학병참사투쟁회'가 구성되어 경찰의 처사를 비난했고, '조선신문기자회'도 수차례 경찰 발표에 의혹을 제기하는 성명서를 발표했다. 학병동맹 측은 반탁시위대가 습격당하던 바로 그 시간, 사망한 박진동을 비롯한 동맹원들은 삼청동 본부 건물에서 이틀 후 열릴 예정인 전국학병대회 준비를 위한 회의를 하던 중이었다고 주장했다. 학병동맹원들이 우익 학생시위대를 습격했다는 혐의는 날조되었다는 것이었다. 또한 다수의 무기를 은닉하지도 않았는데, 경찰이 부당하게 본부를 습격하여 사망자까지 발생시켰다고 항의했다.

학병동맹 사건을 둘러싼 논란의 쟁점은 크게 두 가지였다. 첫째는 1월 18일 저녁 서대문 근처에서 반탁시위대를 습격하는 데 학병동맹원들이 주도적인 역할을 했느냐이다. 둘째는 19일 새벽 경찰의 학병동맹 본부 습격이 과잉진압이었는가 여부였다.

우선 두 번째 쟁점에 대해 경찰은 자신들이 학병동맹 건물에 접근했을 때, 학병 측에서 먼저 총기를 발사했고, 그곳에 다수의 무기가 있다

270

고 확실하게 추정되는 상황이라 불가피하게 총기를 사용하여 제압할 수밖에 없었다고 했다. 반면 학병동맹 측은 이미 그날 밤 조선인민보사, 조선인민당 등의 좌익기관들이 반탁시위대에 의해 습격을 받았기 때문에, 자신들은 새벽에 학병동맹 본부를 급습한 사람들이 우익 '테러집단'이라 생각했다고 진술했다. 이에 몽둥이와 모형 총기(목총)를 들고 대항하며 경찰이 오기만을 기다렸는데, 정작 알고 보니 자신들을 습격한 사람들이 우익단체가 아니라 경찰이었다고 개탄했다. 경찰은 진압 후 학병동맹 본부에서 권총 1정, 일본도 3개, 탄환 17발, 지휘도 1개를 압수했다고 발표했다. 경찰의 발표에 따른다 하더라도 총기라고는 권총 한 자루가 전부였다.

첫 번째 쟁점은 약간 복잡하다. 경찰은 두 차례 학병동맹 사건에 대한 공식 수사결과를 발표했다. 경찰 발표에 따르면 1월 18일 저녁 경찰은 여학생 6명을 납치해가는 백종선을 종로 근처에서 체포했다고 했다. 그를 취조한 결과 좌익단체가 반탁시위대에 습격당하자 조선인민당 측에서 학병동맹에 응원을 요청했고, 이에 경찰 진압작전 때 사망한 박진동의 지휘로 학병동맹원들이 출동하여 반탁시위대를 습격했다는 사실을 알아냈다고 했다. 또한 같은 날 18일 자정 무렵 인사동 네거리에서 경찰은 학병동맹원 박태윤과 이창우를 불심검문 끝에 체포했는데, 이들이 다이너마이트 8개와 도화선 등을 갖고 있었다는 것이다. 경찰은 이에 학병동맹원들이 모종의 테러 계획을 계속 꾸미고 있을 것이라 판단하여 학병동맹 본부를 신속히 수색했다고 밝혔다. 요컨대 경찰의 논리는 백종선의 검거를 통해 학병동맹원들이 반탁시위대를 습격했다는 사실을 확인했고, 박태윤과 이창우가 다이너마이트를 갖고 있었기에 학병동맹에 대한 즉각적인 수색이 불가피했다는 것이었다.

논란이 일자 미군 24군단 소속 방첩대 224파견대는 반탁시위대의 좌익기관 습격과 학병동맹 사건에 대해 조사했다. 미군 방첩대 요원들이 관련자들을 직접 찾아가 탐문한 것을 토대로 1946년 1월 29일 보고서를 작성했다. 이들이 탐문한 바에 따르면 좌익기관을 습격한 혐의로 미군 정에 의해 체포된 반탁학련 학생들은 그날은 깜깜한 밤중이라 자신들을 습격한 괴한들이 누군지는 모르겠다고 했다. 반면 부상당한 학생이 입원한 병원 의사들과 반탁학련 간부 일부는 괴한들을 학병동맹원, 청년돌격대, 국군준비대 등 좌익 청년단체에서 온 청년들이라고 증언했다. 그러나 이들도 그날은 괴한들이 누구인지 몰랐지만, 나중에 주로 반탁학련 정보부로부터 이러한 이야기를 들었다고 했다.

그런데 당시 체포된 우익 반탁학련 학생 지도자 중 이동원이라는 연희전문학교 학생이 있다. 그는 나중에 외무장관이 되어 엄청난 논란 속에서 한일회담을 성사시킨 인물이다. 이동원은 정동교회에서 열린 반탁학생대회에서 사회를 보았고, 반탁시위대가 습격을 받을 당시 현장에 있었으며, 부상자를 병원에 옮기는 역할까지 했다. 확실한 현장목격자다. 그런데 이동원은 대단히 일관된 진술을 하고 있다. 방첩대 요원 면담에서도 반탁시위대를 습격한 사람들이 누군지 모르겠다고 했고, 1972년 이 사건을 회고하는 신문 좌담회에서도 학병동맹이 반탁시위대를 습격했다는 이야기는 하지 않았다. 또한 최근 나온 그의 회고록에도 좌익이 반탁시위대를 습격했다고 했으나 '학병동맹'을 지목하지는 않았다.

272

미군 방첩대 요원들은 경찰에 체포된 백종선과 박태윤, 이창우도 찾아가 탐문했다. 방첩대 요원들이 탐문한 바에 의하면 백종선은 국군준비대 대원이었고, 이 단체가 미군정으로부터 1월 중순 해산명령을 받아 갈 곳이 없어지자 동료들과 함께 삼청동 학병동맹 본부에서 합숙하며 지냈다고 했다. 18일 반탁시위대가 조선인민당을 습격하자 백종선은 학병동맹 본부에서 합숙하던 19명의 국군준비대 대원과 함께 오후 7시에 조선인민당으로 가보라는 명령을 받았다고 했다. 백종선이 조선인민당 당사로 가보니 거기에는 25명가량의 전국청년단체총동맹(청총) 사람들이 있었다고 한다. 청총은 좌익정당인 조선공산당과 밀접한 관계가 있는 단체였다. 국군준비대 대원들은 반탁시위대를 추적해갔는데, 그의 증언에 의하면 청총 대원들이 앞장을 섰고, 국군준비대 대원들은 뒤따라갔다고 한다. 이들은 서대문 근처에 이르러 반탁시위대를 습격했고, 퇴각하면서 백종선은 6명의 여학생을 조선인민당 당사로 데려가라는 지시를 받아, 이들을 데리고 가다가 경찰에 체포되었다고 했다. 요점은 학병동맹 본부에 기숙하던 국군준비대 대원들이 반탁시위대를 습격하는 데 가담했지만, 주동적인 역할은 청총 대원들이 했다는 것이었다.

한편 이창우와 박태윤은 방첩대 요원에게 자신들은 학병동맹원으로서 1월 22일 개최될 예정인 학병 전사자 추도식을 준비하기 위해 강원도 등지를 다니면서 학병 전사자 실태 파악을 했다고 했다. 이창우가 봉화군 춘양면 면장으로부터 개인적으로 다이너마이트를 받아 왔는데, 이는 혹 학병동맹이 우익단체의 습격을 받을 경우 대비할 목적이었다고 했다. 두 사람은 지방에서 기차를 타고 1월 18일 밤 11시 20분경 청량리역에 도착했고, 따라서 반탁시위대가 습격을 받을 때 서울에 없었다고 했다. 자신들은 역에서 내려 학병동맹 본부로 가다가 19일 오전 1시 반경 통행금지 위반으로 경찰에 체포되었다고 했다.

이 사건 보고서를 검토한 미군 방첩대 장교 리처드 킬린Richard C. Killin은 19일 새벽 경찰의 학병동맹 본부 습격과 18일의 반탁시위대의 난동 사건은 서로 관련이 없다고 결론을 내렸다. 당시 방첩대를 비롯한 미군정 정보부서 관계자들은 경찰의 주장과는 달리 학병동맹이 반탁시위대 습격에 직접 가담했다고 보지 않았다. 미 24군단 정보부서인 G-2 주간 보고서에도 18일의 반탁시위와 19일의 학병동맹 사건은 순차적으로 나열되었을 뿐, 학병동맹원들이 반탁시위대를 습격했다는 언급은 없다.

학병동맹원들이 반탁시위대를 습격했다는 경찰의 주장에 근거가 부족하다는 것은 재판 과정을 보면 더 명확해진다. 학병동맹 사건을 수사한 검찰은 학병동맹원 중 9명만을 기소했는데, 이들에게 적용된 혐의 중에 반탁시위대를 습격했다는 내용은 없다. 박태윤, 이창우 등은 폭발물 취제 위반으로, 나머지 학병들은 1946년 1월 초 우익 청년단체인 조선건국청년회 회원들을 불법으로 감금했다는 혐의 등으로 기소되었다. 이 사건은 반탁시위대 습격과는 완전히 별개의 사건으로 재판 과정에서 그 진상에 대해서도 또한 논란이 있었다. 그런데 기소된 학병동맹원들도 재판을 맡은 박원삼 판사가 학병들의 부모를 불러 선도를 부탁한 후, 모두 결심 재판 전에 보석으로 석방되었다. 1946년 5월 9일 결심 재판에서 판사는 피고인들에게 징역 1년에서 10개월을 선고했지만, 모두 3년의 집행유예 처분을 내렸다. 반탁시위대를 습격했다고 처벌받은 학병동맹원은 아무도 없었다.

반면 백종선의 경우 국군준비대 대원이었기 때문에 학병동맹원들과는 분리되어 따로 국군준비대 대원들과 함께 재판을 받았다. 이는 당시 언론에 '국군사건'이라 하여 '학병사건'과 구별되어 보도되었다. 백종선은 재판 과정에서 여학생을 납치한 사실에 대해 부인했지만 징역 1년 형을 받았다. 결국 기소와 재판 과정에서 경찰은 학병동맹원이 반탁시위대를 습격했다는 사실을 입증할 근거를 전혀 제시하지 못했던 것이다.

현재까지 접근 가능한 사실을 고려해볼 때, 학병동맹 본부 습격 사건은 경찰의 미숙한 정보 판단, 또는 학병동맹에 대한 경찰의 편견이 개입하여 발생한 불상사라 할 수 있다. 좌익계 청년들이 반탁시위대를 습격한 것은 맞지만, 그들이 학병동맹원이라 할 확실한 근거는 없었다.

당시는 미군이 진주한 지 5개월도 안 되었던 시점이라 미군정도, 그 산하의 경찰도 제대로 자리를 잡고 기능하지 못할 때였다. 학병동맹원 박태윤, 이창우가 다이너마이트를 소지했고, 이 때문에 경찰이 학병동맹 본부에 다수의 무기가 은닉되어 있다고 판단해 범죄예방 조치 차원에서 학병동맹에 대한 검색을 시도했다고 할 수는 있다. 그러나 박태윤, 이창우 두 사람은 단지 지방에서 늦게 서울에 도착해 통행금지에 걸린 것이고, 반탁시위대 습격에 가담하거나 우익단체를 습격할 구체적 모의를 한 것도 아니었다. 이는 그들을 취조한 경찰이 더 잘 알고 있었을 것이다. 실제 경찰의 공식 발표에서도 박태윤과 이창우가 반탁시위대 습격에 직접 가담했는지 여부에 대해서는 확실하게 언급하지 못하고 있다. 그럼에도 불구하고 학병동맹 본부를 해도 뜨지 않은 새벽에 갑자기 급습하여 3명의 사망자를 내는 방식으로 진압한 것은 합리적이고 타당한 공권력의 집행과는 거리가 멀었다.

미군정의 냉전적 시각과
좌익 탄압

학병동맹 사건은 많은 사람들의 슬픔과 분노를 유발했다. 일제에 의해 전쟁터에 끌려갔다가 천신만고 끝에 살아 돌아왔는데, 오히려 동족 경찰의 손에 억울한 죽음을 당했다는 것이었다. 『학병』 2호에 수록된 수많은 지식인과 문필가들의 글과 '송가頌歌'들은 이를 잘 보여준다. 사망한 3명의 학병을 위한 장례식이 대규모로 진행되었다.

학병동맹 습격은 한국인 경찰들이 했고, 미군 헌병들은 여기에 직접 개입하지 않았다. 그러나 당시 경찰은 엄연히 미군정 산하에 있었다. 많은 사람들이 경찰의 과잉대응을 비판하며 경찰에 책임을 묻고 시정조치를 취할 것을 촉구했다. 그러나 미군정 지도자들은 경찰을 제지하거나 시정하는 것이 아니라 반대로 행동했다. 미군정 군정장관 러취는 경찰이 "정당적인 선입관념에서 직권을 남용하는 혐의가 있다면 단연 용서 못할 것"이라고 강조해왔다. 그러나 미군 정보기관들이 학병동맹원들이 반탁시위대를 습격했다는 것이 근거가 없다고 보았음에도 불구하고, 경찰의 행동을 제지하거나 시정하지 않았다. 오히려 계속해서 경찰에 지지를 보내고 힘을 실어주었다. 이러한 미군정의 태도는 미군정 수

뇌부가 갖고 있는 냉전적 시각과 밀접한 관련이 있다.

미군정 사령관 하지는 회의 중에 휘하의 참모들에게 이렇게 말했다.

한국인들이 봉건적 체제를 타파하기 위해서는 급진주의radicalism가 필요하기는 하다. 한국의 우익세력도 미국 사람들의 사고와 비교해 보면 극단적으로 급진적이다. 그들의 강령도 매우 급진적이고 사회주의적인데, 사실상 한국 우익들이 공산주의자들과 차이가 나는 것은 외국의 간섭하에 놓이기를 바라지 않는 것이다. 우리가 하려고 하는 것은 급진주의를 방지하는 것이 아니라 한국인이 스스로 외국의 영향력에 종속되는 것을 방지하는 것이다.

이러한 이야기는 얼핏 한국에서 진보적 정치이념과 정치집단의 필요성을 인정하는 이야기 같아 보인다. 그러나 한국인 좌익집단을 기본적으로 어떤 이념을 갖고 있는 집단이 아니라 단지 소련에 종속된 집단, 소련의 꼭두각시로 규정하는 하지의 시각을 잘 보여준다. 물론 박헌영과 대부분의 조선공산당 지도자들은 일제강점기부터 코민테른과 관련을 맺었고, 해방 직후에도 소련군 공산당 조직의 간부 시티코프Terenty Fomich Shtykov로부터 지시를 받는 등 친소적이라 할 수 있었다. 그러나 여운형 같은 중도 좌파를 포함하여 모든 좌익세력이, 나아가 설사 조선공산당 지도자들이라 해도 이들 모두가 자신들이 갖고 있는 진보적 이념보다 소련에 대한 충성과 복종을 우위에 놓았던 사람들이라 말하기는 어렵다.

한편 한국의 좌익세력은 적어도 1930년대 이후에는 일본 제국주의와

대한민국 정부수립 기념식에서 연설하고 있는 존 하지 미군정 사령관.

의 투쟁에서 우익보다 중요한 역할을 했다. 반면 하지가 미군정에 고용한 우익인사들 중에 상당수는 친일활동을 했던 인사였다. 우익은 외국의 영향력으로부터 독립적이지만, 좌익은 그렇지 않다는 하지의 생각은 좌익 정치집단 일반을 친소세력으로 규정하는 냉전적 시각에서 출발한 편견과 선입관에서 나온 것이다. 만약 하지가 한국의 좌익집단을 그냥 진보적 이념을 갖고 있는 하나의 정치집단으로 인정했다면, 이들을 거칠게 다루기보다는 오히려 필요한 사회개혁을 빠르게 진행하여 민중혁명을 방지하는 방향으로 나아가야 했을 것이다. 그러나 미국은 일본 점령통치 과정에서는 농지개혁, 재벌해체, 군국주의자 숙정 등 일련의 개혁조치를 취했지만, 한국의 미군정은 이러한 개혁조치를 취하지 않았다.

조선건국청년회
무기 압수 사건

학병동맹 사건이 발생한 지 두 달 후인 1946년 3월 18일 낮에, 미군정 경찰은 조선건국청년회(건청) 본부와 지부를 일제히 급습했다. 여기서 기관총 6정, 장총 133정, 지휘도 189자루를 압수하고 관계자 5명을 검거했다. 조선건국청년회는 해방 직후인 1945년 말에서 1946년 초 가장 활발하게 활동한 우익 청년단체다. 건청은 1946년 11월 좌익 인물들이 주도하는 전국 인민위원회 대표자회의가 열렸을 때 이를 방해하기 위해 테러를 감행한 단체로 유명했다. 앞서 언급한 바대로 일부 학병동맹원들은 건청 회원들을 불법 구금했다고 하여 처벌을 받기도 했다. 이에 해방 직후 우익 학생운동을 했던 인사들이 펴낸 책에는 건청을 해방 초기 국면에서 "우익 민족세력의 전위단체"였다고 평가했다.

건청에서 압수된 무기의 수량은 학병동맹 본부에서 나온 그것과 정말 비교가 된다. 그런데 학병동맹 사건 때와는 달리 경찰이 충분한 정보 수집과 계획하에, 낮에 압수수색 작전을 진행한 탓인지, 아무도 사망하거나 다치지 않았다. 체포된 사람도 5명 정도였다. 3명이 죽고 119명이 체포된 학병동맹 사건과 역시 비교가 된다.

그런데 정말 납득하기 어려운, 황당하기 그지없는 일이 있다. 1946년 3월 20일 미군정 참모회의에서 정보를 담당하던 정보부서(G-2) 관계자는 이 사건을 하지에게 보고했다. 그런데 그는 건청을 "공산주의자와 연계된 단체"communist affiliated club라고 보고했다. 미 24군단 G-2가 작성한 주간보고서에도 건청의 무기 압수 사실이 나오는데, 여기서는 건청을 "김구를 지지하는 우익단체"로 명시했다. 그런데 미군정 수뇌부 회의에서 도대체 무슨 연유로 G-2 관계자가 건청을 공산주의자와 연계된 단체라 했을까?

해방 직후 우익 반공 청년운동을 다룬 책에는 당시 활동했던 우익 청년단체 인사들의 증언에 기초하여, 오정방 등 건청 지도자들 일부가 이념적으로 불투명하다는 언급이 나온다. 건청 간부 중 일부는 여운형의 건국준비위원회가 주도한 치안유지 활동에 참여한 인물도 있고, 이념적으로 "회색분자"인 사람들도 있었다는 것이다. 그래서 건청은 무기를 압수당한 이후 심각하게 분열을 거듭했고, 선명하고 확실하게 반공적 입장을 가진 건청의 일부 인사들은 따로 청년단체를 만들었다고 했다. 후일 건청 단장 오정방은 한국전쟁 때 납북된 것으로 보이고, 이후 북한에서 결성된 '재북평화통일촉진협의회' 발기인 명단에도 그 이름이 올라 있다. 우익 청년단체 인사들의 증언은 후일 벌어진 이러한 상황도 작용하여 나온 발언으로 보인다. 그러나 한국전쟁 때 북한으로 끌려가게 되어서, 재북평화통일촉진협의회의 발기인으로 이름이 올라 있다고 해서 이들이 모두 해방 직후부터 좌익 성향을 갖고 있는 사람들이었다고 이야기하기는 당연히 어렵다. 당시 신문을 검색해보면 무기가 압수된 이후 건청은 분열을 거듭하며 세력이 현저히 약화되었다. 더이상 중요 우익 반공 청년단체에 끼지는 못했지만, 조직의 명목은 유지해갔다. 오정방은 반대세력으로부터 이념적으로 불투명하고 기회주의적인 인물로 비난받았다. 일부는 그가 친일활동을 했다고도 했다. 한편 1946년

10월 건청 중앙본부가 좌우합작을 지지하는 성명을 발표했고, 1947년 6월에 오정방의 집이 경찰에 의해 압수수색을 당했는데, 여기서 김규식의 정치노선을 지지하는 문서를 탈취했다는 신문 보도가 있다. 이 단체의 대구지부장이었던 이병희李丙熙는 1948년 4월 평양에서 열린 남북협상에 참가하기도 했다.

해방 직후의 이념적 상황은 지금 사람들이 생각하는 것보다도 훨씬 복잡했다. 우익 반공단체라 해도 좌익과 마찬가지로 내부에 다양한 정치적 성향이 있을 수 있다. 예컨대 민족분단과 반공 중 무엇을 선택해야 하느냐라는 상황이 올 때, 김구가 보여주듯 반공보다는 분단 방지를 택할 수도 있었다. 아마도 오정방 등 건청 간부들 일부는 다른 우익 청년단체들과 비교할 때 상대적으로 민족주의적 성향이 좀더 강하고, 이승만·한국민주당보다는 김구·김규식의 노선을 지지했던 사람들로 보인다. 해방 초기 좌익단체와 문자 그대로 혈투를 벌였던 건청 같은 단체가 포용할 수 있는 이념의 범위는 중도 우파 정도가 아마도 최대치였을 것이다. 해방 직후 반공 청년조직의 주류와 조금이라도 생각이 다른 사람들을 모두 공산주의자라 할 수는 없다.

그런데 더 놀라운 것은 이 보고를 듣고서 나온 하지의 발언이다. 미군정 정보참모부 군사과軍史課가 작성한 일지를 보면 하지가 한국의 상황을 세계적 차원의 미소 경쟁구도와 직접 연결시켜 언급하는 내용이 자주 보인다. 하지는 이날도 당시 소련이 이란에서 석유를 획득하기 위해 협상을 하는 것에 대해 언급했다. 그는 소련이 나치처럼 요구하기 전에 일단 침투해들어간다고 했다. 그리스에서도, 터키 다르다넬스 해협에서도 모두 같은 행태를 보인다고 했다. 이곳들은 1946년 초부터 미국과 소련 사이의 초창기 냉전 대립의 기원을 형성했던 지역이었다. 하지는 이러한 위험 지역에서 "선포되지 않은 일련의 전쟁"들이 일어날 수 있다고 경고하며, 소련의 행동은 한국에서도 마찬가지라 했다. 그리고 건청에서 압수된 무기를 지칭하며, "압수된 무기들은 대표적으로 이러한 상황들을 보여주는 사례"라고 지적했다.

건청에서 다수의 무기가 발견되었기에, 이 단체는 불온단체가 되었고, 이에 영락없이 공산주의자와 연계된 단체로 이야기되며, 하지의 머릿속에는 이것이 세계 곳곳에서 침투해들어가는 소련의 음모와 직결된 것으로 사고되었던 것이다. 냉전적 프레임이 작동하는 방식은 이렇듯 황당했는데, 사실이고 아니고가 중요한 게 아니었다.

지옥 길로 접어들다

1946년 5월 6일 학병동맹 사건 때 사망한 세 학병의 비석 제막식과 추도제가 망우리 묘지에서 개최되었다. 이들의 묘지와 비석은 현재에도 그곳에 남아 있다고 한다. 사망자 박진동은 진주중학교를 졸업하고, 경성법학전문학교에서 수학하다가 학병에 끌려가, 일본 나고야에서 경리장교를 했다. 학병 중에는 사관후보생 시험에 합격하여 장교가 된 사람들이 있었는데, 그도 그중 하나였던 것이다. 그가 애초부터 아주 급진적인 이념을 갖고 있는 사람이었다면 일본군 장교가 되기 위해 사관후보생 시험을 치렀을까? 한 탐사 기사에 따르면 박진동은 남해군수를 지낸 박해주의 아들이었는데, LG그룹의 창업주 구인회의 장녀와 결혼한 상태였다고 한다. 즉 후일 LG그룹의 창업주가 되는 사람의 사위였다는 것이다. 김성익은 함경도 출신으로 도쿄경응대학(게이오기주쿠 대학) 불문학부에서 재학하다가 학병으로 끌려가 홋카이도에 있는 일본군 부대에 배속되었다가 탈출했다고 한다. 김명근(일명 이달)은 혜화전문학교를 다니다가 학병으로 끌려가 일본에 있는 부대에 입영했다. 세 사람 모두 당시에 정말 소수였던 교육받은 엘리트였고, 나름대로 해방된 조국에서 무언가 해보려고 열정을 바친 사람들이었다. 열정적인 청년들이었지만 그들의 삶은 참으로 일찍부터 냉전의 광풍 속에 휘말려 찢겨져 갔다.

학병동맹 사건이 이렇게 마무리될 무렵 조선공산당 간부들이 위조지폐를 발행했다는 죄목으로 미군정 경찰에게 검거되었다.('조선정판사 사건') 나아가 박헌영의 체포령이 내려지고, 조선공산당은 9월 총파업을 조직했다. 이 과정에서 1946년 10월부터 대구와 경상북도를 시발로 전국적으로 경찰과 미군정의 정책에 항의하는 대규모 소요사태가 발생했다. 주로 경찰과 시위대가 충돌했는데, 그 결과 1000명 이상의 사람들이 목숨을 잃은 것으로 추정된다. 박정희 대통령의 친형도 이때 경찰에 의해 죽음을 당했다. 학병동맹 사건 발생 1년도 되지 않아 이제는 3명의 청년이 사망하는 사건 같은 것은 더이상 논란거리도 안 되는 상황으로 치달았던 것이다. 학병동맹 사건의 진실이 제대로 밝혀지고, 미군정과 경찰이 시정조치를 취했다면 이러한 사태를 방지할 수도 있었을 것이다.

포괄적으로 복합적으로
생각하기

투퀴디데스는 『펠로폰네소스 전쟁사』를 쓰면서 사건의 전개 과정을 서술하는 데 주력했다. 적극적인 해석이나 평가는 자제하는 편이다. 그러나 예외적으로 케르퀴라 섬에서 발생한 전쟁의 참혹상에 대해서는 다소 긴 논평을 했다. 그중에는 이러한 내용도 있었다.

만용은 충성심으로 간주되고, 신중함은 비겁한 자의 핑계가 되었다. 절제는 남자답지 못함의 다른 말이 되고, 문제를 포괄적으로 이해하는 것은 무엇 하나 실행할 능력이 없음을 뜻하게 되었다. 충동적인 열의는 남자다움의 징표가 되고, 등 뒤에서 적에게 음모를 꾸미는 것은 정당방위가 되었다. 과격파는 언제나 신뢰받고, 그들을 반박하는 자는 의심을 받았다.

학병동맹 사건은 해방 직후 벌어진 좌우익 혈투의 중요한 기원이 되는 사건이었다. 이 사건은 모스크바 3상결정에 대한 논란의 국면 속에서 발생했다. 이른바 찬반탁 논란은 한국사회에서 문제를 포괄적으로, 복합적으로 이해하는 것이 얼마나 어려운지를 잘 보여준다.

해방 직후 한국현대사에서 모스크바 3상결정, 그중에서도 신탁통치가 가장 중요한 쟁점이었고, 여기에는 여러 학술적 논쟁이 있어 왔다. 그러나 일단 명백한 사실로서 확인되는 것은 신탁통치는 애초 미국의 정책이지 소련의 정책은 아니었으며, 이는 독립을 막거나 무한히 유보하는 정책은 아니었다는 것이다. 물론 신탁통치는 한국인을 비롯한 식민지였던 나라들의 자치 능력을 낮추어 보는 서구인들의 통념에 기초한 정책이었고, 기본적으로 강대국 중심적인 정책이었다. 그러한 면에서 한국인들이 여기에 반대할 이유는 있었다.

그러나 모스크바 3상결정을 강대국이 한국을 신탁통치하기로 한 결정으로 단순화할 수는 없다. 여기에는 미소공동위원회가 한국의 정당·사회단체와 협의하여 전한반도 차원에서 기능하는 한국인의 임시정부를 수립한다는 조항이 있었다. 당시 남한이나 북한이나 방식은 달랐지만 실질적으로 외국군의 점령통치하에 있었다. 비록 최대 5년 동안 강대국의 신탁통치라는 제약이 있다 하더라도 전한국의 임시정부가 만들어졌다면 38선으로 두 지역이 분할되는 것도 해소되고, 직접적인 점령통치 상태도 해소될 수 있었다. 강대국들이 나라를 양분하여 배타적으로 통치하는 분할점령통치와 4대 강국이 전한반도 차원에서 통합된 한국인들의 임시정부를 통제해가며 신탁통치를 하는 상황 중 어느 것이 더 낫다고 할 수 있을까? 물론 즉시 독립이 한국인들로서는 가장 좋은 것이다. 그러나 연합군에 의한 해방, 미소 양군의 분할점령 상태에서 모든 것이 한국인들이 바라는 대로 될 수는 없는 것이 아닌가?

당시 정치 지도자들은 온전한 독립을 위해 내외적인 조건을 포괄적으로 고려하면서 어떻게 행동해야 할지를 신중히 논의하는 것이 필요했지만 상황은 그렇지 못했다. 찬반탁 논란을 통해 상대방을 '민족반역자' '반동분자'로 몰아가며 혈투를 벌이는 방향으로 갔다. 당시 강대국의 한반도 정책이 무엇인지, 미소관계는 어떻게 될 것인지, 신탁통치란 어떤 종류의 통치를 의미하는지, 모스크바 3상결정을 어떻게 포괄적으로 해석하고 대응할 것인지 등 중요한 쟁점에 대한 깊이 있는 논의는 정작 보복이 보복을 부르는 폭력의 악순환 속에서 오히려 가려져 보이지 않게 되었다. 결국 한반도는 분단과 전쟁을 겪었고, 여전히 휴전 상태하에서 분단되어 있다. 그러하기에 역사를 다양한 변수와 가능성을 상정하며 포괄적으로, 복합적으로 보는 것에 여전히 어려움을 느끼고 있다. 나아가 기초적인 진실도 쉽게 흔들리며 요동친다. 역사를 복합적으로 보려고 하는 사람들의 이야기는 여전히 조롱과 짜증을 유발한다. 그 속에서 폭력적 갈등이 증폭되고, 젊은이들이 끝없이 희생되거나 그 삶이 굴절된다. 그러하기에 그들이 품고 있던 열정과 무한한 가능성도 보이지 않는 역사 속으로 허무하게 증발되어간다.

* 주 번호는 해당 면-문단의 형식으로 표기했다. 예를 들어 16면의 "죽은 이는~처음 공
  개했다" 부분에 해당하는 주는 16-1로, 17면의 "황박사는 정말~물고문 사실을" 부분
  에 해당하는 주는 17-3으로 표기했다.
* 주 번호가 인용문을 가리키는 경우에는 인용문이 끝나는 면-인용문의 형식으로 표기
  했다. 예를 들어 23면의 인용문 "우리나라의 대학생들은~현실이 있다" 부분을 가리
  킬 경우에는 23-인용문으로, 114~15면의 인용문 "전에는 내~수 있었습니다" 부분을
  가리킬 경우에는 115-인용문으로 표기했다.

1장 우연과 우연의 연쇄반응

16-1 신성호 「검찰출입기자의 특종」, 6월민주항쟁계승사업회·민주화운동기념사업회
  편 『6월항쟁을 기록하다』 3, 2007; 「신성호 인터뷰」, 『중앙일보』 2015년 6월 27일자.

17-1 서중석 『6월항쟁』, 돌베개 2011, 28~29면, 50면.

17-3 김윤영 『박종철』, 민주화운동기념사업회 2006, 27~30면.

18-2 정덕환 「서울대 언어학과 추모제」, 6월민주항쟁계승사업회·민주화운동기념사업
  회 편, 앞의 책.

20-1 내무부 치안본부 『경찰통계연보』 제32호, 1988, 238~39면.

21-2 같은 책, 76~77면, 129면.

22-1 김태호·최인호 『박종철 평전』, 박종철출판사 1998, 27~121면 참조.

23-인용문 같은 책, 175~76면.

24-2 김석 「6월항쟁의 서곡, 10·28 건대항쟁」, 6월민주항쟁계승사업회·민주화운동기

념사업회 편, 앞의 책, 48~61면; 우상호·김성환·김정수·이원배·정원오 「6월 10일 그날의 거리: 참가자 좌담회」, 같은 책, 234면.

26-3 김영삼 『김영삼 회고록』 2, 백산서당 2000, 250~334면; 서중석, 앞의 책, 239~41면.

27-2 김정남 「사제단, "고문살인범이 조작되었다"」, 6월민주항쟁계승사업회·민주화운동기념사업회 편, 앞의 책.

29-1 우상호·김성환·김정수·이원배·정원오, 앞의 글, 232~39면; 서중석, 앞의 책, 229~35면.

30-2 황인성 「민주헌법쟁취국민운동본부 비밀결성작전」, 6월민주항쟁계승사업회·민주화운동기념사업회 편, 앞의 책; 서중석, 앞의 책.

32-2 서성란 『이한열』, 민주화운동기념사업회 2005, 55~72면.

33-2 정성원 「이한열, 6월의 거점」, 6월민주항쟁계승사업회·민주화운동기념사업회 편, 앞의 책.

35-2 권영기 「이한열 군과 최루탄: 수많은 부상자를 내면서 민심을 돌려놓고 있는 최루탄의 철저분석」, 『월간조선』 1987년 7월호; 경찰청 역사편찬위원회 『한국경찰사』 IV, 경찰청 1994, 774면.

37-1 김동현 「화염병 연구」, 『월간조선』 1988년 8월호.

38-3 서중석, 앞의 책, 290~309면.

39-1 서중석, 같은 책, 314~16면; 나도은 「항쟁의 징검다리, 명동성당 농성」, 6월민주항쟁계승사업회·민주화운동기념사업회 편, 앞의 책.

41-1 치안본부 특별편집기획단 편 『1987, 그 격동과 경찰』, 치안본부 1988, 109~11면.

41-2 『경향신문』 1987년 6월 20일자, 1987년 6월 22일자; 서중석, 앞의 책, 422면.

42-1 서중석, 같은 책, 416~18면; 돈 오버더퍼 『두 개의 코리아』, 뉴스위크한국판뉴스팀 옮김, 중앙일보 1998, 167~68면.

42-2 서중석, 같은 책, 529면.

43-3 우상호·김성환·김정수·이원배·정원오, 앞의 글, 235면.

44-2 김태호·최인호, 앞의 책, 199~200면; 「박종철 연행 '7시간 공백' 박상옥 대법관 후보자 탓 미궁에 빠졌다」, 『경향신문』 2015년 3월 11일자.

45-1 오창익 「남영동 대공분실의 '흰 대문'」, 『경향신문』 2015년 5월 25일자; 정은균 「천재 건축가가 창조한 '남영동', 그 22일의 기록」, 『오마이뉴스』 2014년 7월 11일자; 「집이 사람이다 (4): 천재 건축가의 이상한 설계, 누이는 그 불편함이 좋았다」,

『경향신문』2016년 1월 29일자.

47-2 김태호·최인호, 앞의 책, 197~98면.

48-인용문 서중석, 앞의 책, 294면.

49-3 김윤영, 앞의 책, 42~43면.

50-1 김태호·최인호, 앞의 책, 111~12면.

50-2 정은균, 앞의 글.

2장 차라리 재판을 받게 해달라

54-2 박정수「청송 감호소를 가다」,『사법행정』1989년 7월호.; 정호승「청송보호감호
　　소」,『월간조선』1990년 5월호.

55-2 의문사진상규명위원회 보고서 발간위원회 편「박영두 사건」,『의문사진상규명
　　위원회 보고서: 1차』2, 대통령소속 의문사진상규명위원회 2003, 337~39면.

57-3「첩첩산속 손바닥하늘엔 새떼만 훨훨-청송보호감호소 국정감사 동행 취재기」,
　　『한겨레』1988년 10월 16일자; 의문사진상규명위원회 보고서 발간위원회 편, 앞의
　　글, 340~41면.

60-2「전두환 국보위 상위장, 80년대 민족사적 과제 제시」,『경향신문』1980년 8월 11일
　　자; 국가보위비상대책위원회 편『국보위백서』, 국가보위비상대책위원회 1980; 임
　　상혁「삼청교육대의 위법상과 민사상 배상」,『법과 사회』22호, 2002, 78면.

61-1 국가보위비상대책위원회,「불량배 소탕계획(초안): 삼청계획 5호」1980년 7월 29일;
　　계엄사 편찬위원회 편저『계엄사』, 육군본부 1982, 587~88면.

61-2 국가보위비상대책위원회,「불량배 소탕계획(초안): 삼청계획 5호」2면.

61-3 계엄사 편찬위원회 편저, 앞의 책, 589면.

62-1 삼청교육대인권운동연합 편『삼청교육대백서』(상), 삼청교육대인권운동연합
　　2001, 128~32면; 류영근『그 황무지가 장미 꽃 같이』, 목민 1988; 전영순「여자들은
　　이렇게 당했다」,『엔터프라이즈』1988년 8월호, 424~26면.

63-1 류영근「우리는 정권탄생의 제물이었다」,『엔터프라이즈』1988년 8월호, 411면;
　　윤일웅「삼청교육대 그 비극의 전말」,『월간조선』1988년 11월호, 312~13면.

63-2 의문사진상규명위원회 보고서 발간위원회 편, 앞의 글, 333~34면.

63-3 계엄사 편찬위원회 편저, 앞의 책, 591면.

64-1 같은 책, 599면.

65-1 윤일웅, 앞의 글, 315면; 최원필 「내가 겪은 삼청교육」, 『월간조선』 1988년 8월호, 436~38면; 계엄사 편찬위원회 편저, 앞의 책, 596면.

65-2 최원필, 앞의 글, 340~42면.

66-1 여모씨(呂某氏) 『수양록』 1980년 10월 30일자, 11월 2일자, 삼청교육대피해보상 신청자료; 류영근, 앞의 글, 414면.

67-1 계엄사 편찬위원회 편저, 앞의 책, 587면.

68-2 삼청교육대인권운동연합 편, 앞의 책, 14~17면, 66~74면.

71-3 계엄사 편찬위원회 편저, 앞의 책, 604면.

73-1 1979년 10월 부산·마산 민주화항쟁 당시 정부는 무기한 폭력배 단속령을 내렸고 10월 19일에서 22일까지 전국 우범자 4207명을 검거하는 예비검속을 실시했다. 박 철규 「5·18 민중항쟁과 부마항쟁」, 『5·18은 끝났는가』, 푸른숲 1999, 190면(김원 『박정희 시대의 유령들』, 현실문화 2011, 427면에서 재인용).

74-1 손광명 「삼청교육대와 빈민통제」, 성신여자대학교 대학원 사학과 석사학위논문, 2016.

74-인용문 추송례 「어김없이 봄은 오는가」, 『실업일기』, 일하는 사람들의 작은책 2001, 80면.

75-3 의문사진상규명위원회 보고서 발간위원회 편 「전정배 사건」, 『의문사진상규명위 원회보고서: 1차』 2, 대통령소속 의문사진상규명위원회 2003.

76-인용문 의문사진상규명위원회 보고서 발간위원회 편 「박영두 사건」, 같은 책, 336면.

77-2 라나지트 구하 『서발턴과 봉기』, 김택현 옮김, 박종철출판사 2008, 34~35면, 228~29면

79-1 김진수 「이택승 인터뷰: 순화교육, 특수교육에 골병, 33년 만에 절반의 승리」, 『신 동아』 2013년 8월호.

3장 똥과 지식

85-3 이옥지 『한국여성노동자운동사』 1, 한울 2001, 124~25면.

86-2 같은 책, 131~32, 135면.

87-1 「섬유노조 "현임금 생계비 삼분의 일 불과 생계비 보장하라"」 『동아일보』 1973년

8월 11일자.

87-3 이옥지, 앞의 책, 135면; 한국여신학자협의회 여신학자연구반 편, 『고난의 현장에서 사랑의 불꽃으로: 조화순 목사의 삶과 신학』, 대한기독교서회 1992, 88~89면.

88-2 추송례 「어김없이 봄은 오는가」, 『실업일기』, 일하는 사람들의 작은책 2001, 35면, 37면; 석정남 『공장의 불빛』, 일월서각 1984, 12면, 17면; 동일방직복직투쟁위원회 『동일방직 노동조합 운동사』, 돌베개 1985, 240면.

90-1 추송례, 같은 글, 37~38면; 석정남, 같은 책, 16~17면.

90-2 동일방직복직투쟁위원회, 앞의 책, 43면; 석정남, 같은 책, 29면, 14~15면.

91-2 동일방직복직투쟁위원회, 같은 책, 22면; 이원보 『한국노동운동사』 5, 지식마당 2004, 360~67면.

92-1 「두 여성 노조 지부장 탄생 주길자 양 이순자 씨」, 『동아일보』 1972년 5월 16일자; 김원 『여공 1970, 그녀들의 反역사』, 이매진 2005, 462면; 동일방직복직투쟁위원회, 앞의 책, 33면.

93-1 한국여신학자협의회 여신학자연구반 편, 앞의 책, 78면, 99면; 석정남, 앞의 책, 25면; 동일방직복직투쟁위원회, 같은 책, 32면.

93-2 동일방직복직투쟁위원회, 같은 책, 36면; 한국여신학자협의회 여신학자연구반 편, 같은 책, 100면.

94-1 이원보, 앞의 책, 414~22면; 이옥지, 앞의 책, 315~424면.

94-2 동일방직복직투쟁위원회, 앞의 책, 46면.

95-1 같은 책, 54~59면

95-2 같은 책, 54~57면; 추송례, 앞의 글, 47면.

97-3 동일방직복직투쟁위원회, 같은 책 178면.

98-1 같은 책, 7면, 109면.

99-1 같은 책, 126~29면.

99-2 같은 책, 348면.

100-1 국정원과거사건진실규명을통한발전위원회, 『과거와 대화 미래의 성찰 - 언론·노동편(V)』, 국가정보원 2007, 317~19면, 326면; 석정남, 앞의 책, 142~43면 참조.

102-2 「그 조직과 수법을 벗긴다 도시산업선교회의 정체」, 『경향신문』 1979년 8월 18일자.

103-1 동일방직복직투쟁위원회, 앞의 책, 101~4면.

103-2 이옥지, 앞의 책, 355면, 366면, 397면.

105-인용문 전순옥·조주은 「우리는 왜 그렇게 혁명을 갈구했나: 여성, 노동 그리고 삶」, 『프레시안』 2004년 5월 15일자(김원, 앞의 책, 456면에서 재인용).

105-3 한국여신학자협의회 여신학자연구반 편, 앞의 책, 83면, 93면.

106-1 장숙경 「한국개신교의 산업선교와 정교유착」, 성균관대학교 대학원 사학과 박사학위논문, 207면; 한국여신학자협의회 여신학자연구반 편, 앞의 책, 78면; 석정남, 앞의 책, 25면.

106-2 「두 여성 노조 지부장 탄생 주길자 양 이순자 씨」, 『동아일보』 1972년 5월 16일자; 동일방직복직투쟁위원회, 앞의 책, 42~43면.

107-1 추송례, 앞의 글, 42면; 박수정 『여자, 노동을 말하다』, 이학사 2013, 82면; 이옥지, 앞의 책, 399면.

108-1 추송례, 같은 글, 40면; 석정남, 앞의 책, 18면; 석정남, 「동일방직 사건 속에서의 '나'를 돌아본다」, 『동지회보』 1981년 7월호(동일방직복직투쟁위원회, 앞의 책, 367~70면 수록).

108-2 김경일 「1970년대 민주노동운동의 쟁점: 여성과 지식의 문제를 중심으로」, 『역사비평』 2005년 겨울호.

109-1 박민나 『가시철망 위의 넝쿨장미』, 지식의날개 2004, 58~65면.

110-1 전순옥 『끝나지 않은 시다의 노래』, 한겨레출판 2004, 323~28면.

111-인용문 석정남, 앞의 글.

111-3 성래운·이오덕·김인회·이시영·김윤수 「좌담: 분단현실과 민족교육」, 『창작과비평』 1978년 여름호, 45면.

113-1 장숙경, 앞의 글, 245면; 한국여신학자협의회 여신학자연구반 편, 앞의 책, 80~81면, 286면.

113-인용문 석정남, 앞의 책, 143~45면.

114-인용문 박수정, 앞의 책, 92면.

115-인용문 같은 책, 93면.

4장 북미관계의 이상한 기원

120-2 Mitchell B. Lerner 『푸에블로호 사건: 스파이선과 미국 외교정책의 실패』, 김동욱 옮김, 높이깊이 2011, 55~68면(Mitchell B. Lerner, *The Pueblo Incident-a Spy ship and the failure of American Foreign Policy*, Lawrence: the University Press of Kansas, 2002, pp. 31~40).

123-1 같은 책, 68~77면.

124-1 Lloyd M. Bucher (with Mark Rascovich), Bucher: *My Story*, New York: Dell Publishing Co., 1970, pp. 169~206.

125-1 "Memorandum for Deputy Secretary of Defense" undated, Box1, Executive Secretariat, Korean Crisis Files 1968(Pueblo), RG 59, National Archive at College Park.

126-1 Mitchell B. Lerner, 앞의 책, 15면, 202면.

126-2 같은 책, 98면.

127-1 "#217, Summary Minutes of Meeting" Jan. 24, 1968(10:30~11:45 a.m.); "#220, Minutes of Meeting" Jan. 24, 1968, (6 p.m.); "#226, Notes of Meeting" Jan. 24, 1968, (6:30~7:45 p.m.) *Foreign Relations of the United States*[이하 FRUS] *1964~1968*, Vol. XXIX.

127-2 Sergey S. Radchenko, 2005, The Soviet Union and the North Korean Seizure of the USS Pueblo: Evidence From the Russian Archives, Working Paper #47, Cold War International History Project(CWIHP), Woodrow Wilson International Center 참조; "#237, Telegram from the Department of State to the Embassy in Korea", Jan. 28, 1968, *FRUS 1964~1968*, Vol. XXIX.

127-3 Lloyd M. Bucher, 앞의 책, p. 311.

128-1 "#243, Notes of Meeting" Jan. 29, 1968, Department of State, *FRUS 1964~1968*, Vol. XXIX; "Measures Taken in Korea" Apr. 10, 1968, Declassified Document Reference System.

128-2 "#212, Telegram From the Department of State to the Embassy in the Soviet Union", Jan. 23, 1968; "#213, Notes of Meeting", Jan. 23, 1968, *FRUS 1964~1968*, Vol. XXIX.

129-1 북한에 의해 억류된 부처 함장은 북한 사람들이 미국의 보복공격, 특히 폭격 가능성에 대해 대단히 우려하고 있었다고 증언했다(Lloyd M. Bucher, 앞의 책, p. 315).

130-1 제성호「한국휴전협정의 이행실태」,『한국전쟁과 휴전체제』, 집문당 1998.

131-1 홍석률『분단의 히스테리: 공개문서로 본 미중관계와 한반도』, 창비 2012, 74~77면.

133-1 이문항『JSA-판문점: 1953~1994』, 소화 2001, 31면.

134-1 Mitchell B. Lerner, 앞의 책, 329면.

135-2 「첨부문건 3: 푸에블로 사과문」(1968. 12. 23), 729.55. 1968-68 v.2, 2663, 외무부문서, 대한민국외교사료관. 필자는 공개된 미국 성부문서에서는 이 사과문을 찾지 못했다. 그러나 한국 외무부가 공개한 문서에 이 사과문 사본이 존재한다.

136-1 Mitchell B. Lerner, 앞의 책, 195~96면, 201면.

137-1 Lloyd M. Bucher, 앞의 책, pp. 248, 310~11, 197.

138-1 Lloyd M. Bucher, 같은 책, pp. 309, 346.

139-1 Mitchell B. Lerner, 234~35면(원서 pp. 144~45). 미국정부는 푸에블로호 회담을 군정위 회담의 연장선으로 보았지만 공식 군정위 회담과 푸에블로호 북미 비밀협상에 각기 다른 별도의 회의 차수를 부여하는 등 두 회담을 구별하기는 했다(이문항, 앞의 책, 34면;『매일신문』1968년 2월 14일자).

141-1 홍석률, 앞의 책, 305~13면.

142-1 같은 책, 314~24면.

142-2 홍석률「카터 행정부기 미국의 대한반도 정책과 3자회담」,『한국과 국제정치』제32권 제2호, 2016.

145-2 Christian F. Ostermann and James F. Person ed., 2011, *Crisis and Confrontation on the Korean Peninsula 1968~69: A Critical Oral History*, North Korea International Documentation Project(NKIDP), Washington DC: Woodrow Wilson International Center, 2011, pp. 22~24.

146-2 정규섭『북한외교의 어제와 오늘』, 일신사 1997, 137~38면; 김계동『북한의 외교정책』, 백산서당 2002, 144면.

148-2 Madeleine Albright, *Madam Secretary*, New York: Miramax Books, 2003, p. 469.

149-3 Lloyd M. Bucher, 앞의 책, pp. 352~66.

150-3 Mitchell B. Lerner, 앞의 책, 249면, 269~70면, 372면.

5장 승리자의 역사만 남다

155-1 5·16혁명사편찬위원회『5·16 혁명실기』1~3, (연도미상); 한국혁명재판사편찬위원회『한국혁명재판사』1, 한국혁명사재판사편찬위원회 1962; 국가재건최고회

의한국군사혁명사편찬위원회 편『한국군사혁명사』제1집 (상), 국가재건최고회의 한국군사혁명사편찬위원회, 1963.

157-2 『동아일보』1960년 7월 15일자(조간, 이하 조); 1960년 7월 16일자(조); 1960년 7월 22일자(조).

158-1 한용원『한국의 군부정치』, 대왕사 1993, 222면

159-1 이석제『각하, 우리 혁명합시다』, 서적포 1995, 14~16면, 39~42면.

160-1 "Memorandum of Conversation" May 3, 1960, 795B.5, Central Decimal Files 1960~1963, RG 59, National Archive at College Park[이하 NA]; "Memorandum of Conversation" Apr. 29, 1960, 795B.5, Central Decimal Files 1960~1963, RG 59, NA.

161-1 "Telegram from the Embassy in Korea to the Department of State" May 26, 1960, 795B.00; "Telegram from the Embassy in Korea to the Department of State" May 30, 1960, 795B.5, Central Decimal Files 1960~1963, RG 59, NA. 송요찬의 사임을 둘러싼 허정, 매그루더의 긴급 회동은 언론에도 관심을 끌고 보도되었지만 물론 여기서 논의된 내용은 당시에는 알려지지 않았다(『경향신문』1960년 5월 20일자(석간, 이하 석); 1960년 5월 22일(조)).

161-2 『경향신문』1960년 5월 26일자(조), (석);『동아일보』1960년 5월 31일자(조); 「사설: 국군의 肅正과 매그루더 장군의 성명」,『경향신문』1960년 5월 29일자(석);『동아일보』1960년 5월 31일자(석)(민주화운동기념사업회 편『민주화운동 일지: 1960.4.26.~1961.5.16.: 4월혁명 이후 민주화운동 사료집』1[이하『사료집』], 민주화운동기념사업회 2012, 654면 수록.

162-1 허정『내일을 위한 증언』, 샘터사 1979, 248면; 강성재『참군인 이종찬 장군』, 동아일보사 1987, 161~62면;『동아일보』1960년 6월 1일자(조); 1960년 6월 22일자(석);『경향신문』1960년 7월 25일자(석);『동아일보』1960년 7월 26일자(조); 1960년 7월 28일자(조).

162-2 "Memorandum of Conversation" Aug. 25, 1960, 611.95B, Central Decimal Files 1960~1963, RG 59, NA.

163-1 『동아일보』1960년 9월 1일자(조)(『사료집』1, 678면 수록).

164-1 5·16혁명사편찬위원회『5·16혁명실기』1, 3~4면.

164-2 『경향신문』1960년 9월 21일자(석);『동아일보』1960년 9월 22일자(조)(『사료

집』1, 684~85면 수록).

164-3 『경향신문』1960년 9월 21일자(석);『동아일보』1960년 9월 23일자(석)(『사료
집』1, 686~87면 수록); 1960년 9월 24일자(조)(『사료집』1, 689면 수록).

165-1 한국군사혁명사편찬위원회, 앞의 책, 196면;『사료집』1, 690면.

165-3 『동아일보』1960년 9월 29일자(조); 1960년 9월 30일자(석);『경향신문』1960년
9월 30일자(석).

166-1 "Telegram from the Embassy in Korea to the Department of State" Oct. 5, 1960,
795B.5, Central Decimal Files 1960~1963, RG 59, NA.

167-2 『동아일보』1960년 10월 6일자(석); 1960년 10월 9일자(석); 1960년 10월 15일
자(석); 1960년 10월 18일자(조);「사설: 정군과 國基확립」,『경향신문』1960년 10월
8일자(조); 1960년 10월 20일자(조)(『사료집』1, 694~99면 수록).

168-2 『경향신문』1960년 12월 5일자(석);『동아일보』1960년 12월 4일자(조);『경향
신문』1960년 12월 5일자(석);『경향신문』1960년 12월 13일자(조);『동아일보』
1961년 2월 11일자(석).

169-1 「사설: 국군의 肅正과 매그루더 장군의 성명」,『경향신문』1960년 5월 29일자
(석);「사설: 肅軍에 대한 시비」,『동아일보』1960년 9월 24일자(석);「사설: 정군과
國基확립」,『경향신문』1960년 10월 8일자(조).

170-1 김형욱은 미국이 본질적으로 정군운동을 반대했다고 언급했고, 백태하는 정군이
추진되지 못한 원인에 대해 "군의 전력감퇴를 원하지 않는 미국 측의 작용으로 이
승만에 충성했던 일부의 정치성 장성들을 구제하는 모순을 안고 있었다."고 서술했
다(김경재『혁명과 우상: 김형욱 회고록』1, 인물과사상사 2009, 49면; 백태하『반
역자의 고백』, 제일미디어 1996, 32면).

171-1 『경향신문』1960년 10월 26일자(석); 민주화운동기념사업회 한국민주주의연구
소 편,『한국민주화운동사』1, 돌베개 2008, 249~50면.

173-1 홍석률「5·16쿠데타의 발발 배경과 원인」,『박정희시대 연구』, 백산서당 2002,
26~32면; 홍석률「4월혁명과 이승만 정권의 붕괴 과정: 민주항쟁과 민주당, 미국,
한국군의 대응」,『역사문화연구』제36집, 2010, 178~79면.

175-1 "Lettter from Marshall Green to David M. Bane(Director of Office of Northeast
Asian Affairs)" Jan. 24, 1961, 611.95B, Central Decimal Files 1960~1963, RG 59,
NA; "Telegram from the Embassy in Korea to the Department of State" Feb. 17,

1961, 795B.5511, Central Decimal Files 1960~1963, RG 59, NA.

176-1 5·16혁명사편찬위원회, 앞의 책, 14~15면; 김재춘 「'5·16혁명사'는 다시 쓰여져
야 한다」,『신동아』1983년 10월호, 217면. 김재춘은 민주당의 실력자 오위영, 박순
천 의원 등을 찾아가 장도영이 참모총장으로 적임자라고 설득하기 위해 "문턱이 닳
도록 찾아다녔다고 해도 과언이 아닐 정도로 부지런히 뛰어다녔다."고 증언했다.

176-2 한국군사혁명사편찬위원회, 앞의 책, 198면; 장도영『망향: 장도영 회고록』, 숲속
의꿈 2001, 272~77면.

177-1 홍석률 「4월혁명 직후 정군운동과 5·16쿠데타」,『한국사연구』제158호, 2012,
220~21면.

177-2 5·16혁명사편찬위원회, 앞의 책, 29면, 57~58면, 65면.

178-1 같은 책, 47면.

179-1 모리스 아귈롱『쿠데타와 공화정』, 이봉지 옮김, 한울 1998; 김영명『제3세계의
군부 통치와 정치경제』, 한울 1985, 49~85면.

6장 기록에서 지워지는 여성들

185-1 라상호·변성기 편『3·15의거 사진집』, 3·15의거기념사업회 2002[이하『사진
집』], 142~53면.

187-2 마산일보사 편『민주혁명 승리의 기록』, 마산일보사 1960; 지헌모『마산의 혼』,
한국국사연구회 1961; 3·15의거사편찬위원회『3·15의거사』, 사단법인 3·15의거
기념사업회 2004[이하『의거사』].

187-3 조화영 편『사월혁명 투쟁사: 취재기자들이 본 사월혁명의 저류』, 국제출판사
1960; 안동일·홍기범『기적과 환상』, 영신문화사 1960; 이강현 편『민주혁명의 발
자취: 전국 각급학교 학생대표의 수기』, 정음사 1960; 현역 일선기자 동인 편『4월
혁명: 학도의 피와 승리의 기록』, 창원사 1960.

188-1 4월혁명사료총집발간위원회,『4월혁명사료총집』1~8책, 민주화운동기념사업회
2010[이하『총집』].

188-1 용문 저자미상「마산지역 학생일기」, 1960년 4월 25일자,『총집』5책, 81면 수록.

193-1 연세대학교 4월혁명 연구반 「이대우 수습(조사서)」, 1960, 연세대학교박물관 소
장,『총집』7책, 806면;『총집』8책(사진), 251면.

193-2 『의거사』, 286~310면.

194-1 「마산은 외친다-한국일보특파원 현지좌담회」, 1960년 4월 14일자(마산일보사 편, 앞의 책, 65~79면 수록); 이승원 「하위주체와 4월혁명」, 『기억과 전망』 20호, 2009; 오제연 「4월혁명의 기억에서 사라진 사람들: 고학생과 도시하층민」, 『역사비평』 2014년 봄호.

194-4 안동일·홍기범, 앞의 책, 63~117면; 이강현 편, 앞의 책, 9~46면.

195-3 『총집』 1책 참조; 안동일·홍기범, 같은 책, 138면, 155면, 159면.

196-1 김대중 『김대중 자서전』 1, 삼인 2010, 117~18면; 홍석률 「4월혁명과 이승만 정권의 붕괴 과정: 민주항쟁과 민주당, 미국, 한국군의 대응」, 『역사문화연구』 제36집, 2010, 152~53면.

197-1 『사진집』 50~51면; 홍영유 『4월혁명통사』 제3권, 천지창조 2010, 11~12면.

199-인용문 「마산은 외친다-한국일보특파원 현지좌담회」(마산일보사 편, 앞의 책, 67면 수록).

200-1 "Telegram from The Embassy in Korea to the Department of State #847" Apr. 24 1960, 795B.00, Central Decimal Files, RG 59, National Archive at College Park[이하 NA].

200-2 『사진집』, 73면.

201-2 이강현 편, 앞의 책, 55면; 김미란 「'젊은 사자들'의 혁명과 증발되어 버린 '그/녀들'」; 김주현 「'의거'와 '혁명' 사이, 잊힌 여성의 서사들」, 『혁명과 여성』, 선인 2010.

203-1 3·15의거기념사업회 편 『1960 우리는 이렇게 싸웠다: 3·15의거 증언록』, 3·15의거기념사업회 2010[이하 『증언록』].

204-3 『의거사』, 346면.

205-인용문 「허윤수 탈당으로 민주당 공중분해 돼: 한경득 녹취록」(1997년 3월 4일), 『증언록』, 494면.

205-3 「부산 마산 지역의 대통령 선거」라고 이름 붙여진 미 공보원 제작 영상필름은 미국 국립문서관에 소장되어 있으며, 현재 그 복사본이 국사편찬위원회에도 있다. 관련 해제는 http://db.history.go.kr/item/level.do?levelId=fs_027 참조.

206-2 홍석률, 앞의 글, 154~55면.

207-1 같은 글; 이재봉 「4월혁명, 제2공화국, 그리고 한미관계」, 『제2공화국과 한국 민

주주의』, 나남출판 1996 참조.

208-1 『총집』 8책, 192면; 『총집』 1책 참조.

208-2 안동일·홍기범, 앞의 책, 242면; 장정호·이효식 「서울의 4·19를 증언한다: 취재 기자가 본 그 밑바닥」, 『사월혁명 투쟁사: 취재기자들이 본 사월혁명의 저류』, 국제 출판사 1960, 88면; 『총집』 1책, 766면 각주 71.

209-1 안동일·홍기범, 같은 책, 255면; 『총집』 8책, 237면, 262~64면.

209-2 "Memorandum of Conversation; Shin Myung-chul and Rober G. Rich" Apr. 20, 1960, 795B.00, Central Decimal Files, RG 59, NA. 신명철은 서울대 법대생으로 4월 19일 시위에 참여했다.

210-1 『총집』 1책, 758면 각주 17 참조.

210-2 장정호·이효식, 앞의 글, 97~98면.

211-1 "Telegram from the Embassy in Korea to the Department of State: Observation of a Medical Student on the April 19 Demonstration" Apr. 26, 1960 795.00, Central Decimal Files, RG 59, NA; 이회백 「총탄을 헤치고」, 『사상계』 1960년 6월호(『총집』 5책, 395면 수록); 오소백 「4월혁명의 깃발을 따라」, 『새벽』 1960년 6월호(『총집』 5책, 879면 수록).

211-2 『동아일보』 1960년 4월 24일자(석간, 이하 석).

212-2 『동아일보』 1960년 4월 24일자(조간, 이하 조),(석).

213-1 『총집』 1책, 939~40면; 이양수 「불의, 분노 그리고 용기」(1996년 4월 23일), 『증 언록』, 98면.

214-1 『총집』 1책, 978~79면; 『조선일보』 1960년 4월 26일자(조).

214-2 이상은 「교수단 데모에 이르기까지」, 『민주혁명의 발자취: 전국 각급학교 학생대 표의 수기』, 정음사 1960, 221~26면.

215-1 "From COMUSKOREA to JCS" Apr. 26, 1960, 19 April 2/2, Box 75, Central Decimal Files, RG 218, NA.

215-2 『총집』 1책, 1014면; 김선미 「부산의 4월혁명」, 『지역에서의 4월혁명』, 선인 2010, 393~94면.

216-2 홍영유 『4월혁명통사』 제8권, 천지창조 2010, 100면, 107면.

217-1 홍석률, 앞의 글, 163면.

218-1 같은 글, 162~63면.

22 🐘 에릭 홉스봄『폭력의 시대』, 이원기 옮김, 민음사 2008, 21면.

225-1 벤자민 발렌티노『20세기의 대량학살과 제노사이드』, 장원석·허호준 옮김, 제주 대학교출판부 2006, 13~14면.

225-2 박찬승『마을로 간 한국전쟁』, 돌베개 2010, 57면.

226-3 정병준「해제: 김성칠의 삶과 한국전쟁」,『역사 앞에서』, 창비 2009, 441면.

227-2 김기진『한국전쟁과 집단학살: 미국 기밀문서의 최초 증언』, 푸른역사, 2006, 32면, 35면, 37면; 진실·화해를위한과거사정리위원회,『국민보도연맹 사건 진실규명결정 서』, 진실·화해를위한과거사정리위원회 2010, 55면, 73면.

228-1 진실·화해를위한과거사정리위원회, 같은 책, 44면; 김기진, 같은 책, 45면.

228-2 진실·화해를위한과거사정리위원회, 같은 책, 190면, 196면, 201면, 238면, 243면.

229-1 한성훈『가면권력: 한국전쟁과 학살』, 후마니타스 2014, 69면, 268면.

229-2 김동춘『이것은 기억과의 전쟁이다』, 사계절 2013, 26면.

231-1 이나미『이념과 학살: 한국전쟁 시기 좌익에 대하여』, 선인 2013, 71~122면.

232-1 한성훈, 앞의 책, 146~47면.

232-2 같은 책, 141~42면, 147~48면.

233-1 한성훈「한국전쟁시기 거창학살 사건에 관한 연구」, 연세대학교 대학원 사회학 과 석사학위논문 2005, 70면; 한성훈, 같은 책, 170면.

234-3 진실·화해를위한과거사정리위원회「서부경남(거창·함양·하동·산청)민간인 희 생사건」,『2010년 상반기 조사보고서』제7권, 진실·화해를위한과거사정리위원회 2010, 265~68면; 진주 MBC「특집 다큐멘터리: 사라진 사람들」, 2009년 3월 27일 오후 6시 50분 방영.

235-1 『부산일보』1960년 5월 19일자(진실·화해를위한과거사정리위원회, 위의 글, 267~68면 재인용).

236-1 경남대학교박물관「경남 산청 원리 및 외공리 유해 발굴조사」, 진실·화해를위한 과거사정리위원회·충북대학교박물관 편,『한국전쟁 전후 민간인 집단희생 관련 2008년 유해발굴보고서』제1권, 2009, 219~22면.

236-2 김호상「근대 한국의 목탄요 연구」,『대구사학』제72집, 2003.

238-2 경남대학교박물관, 앞의 글, 227~82면.

239-1 같은 글, 274~76면.

240-1 진주 MBC, 앞의 영상.

240-2 김동춘, 앞의 책, 315면.

241-1 서중석『조봉암과 1950년대』하, 역사비평사 2000, 766면; 한성훈, 앞의 책, 254면.

242-1 김기진, 앞의 책, 65면.

242-2 서중석, 앞의 책, 768면.

244-1 에릭 홉스봄, 앞의 책, 23면, 57면.

245-1 벤자민 발렌티노, 앞의 책, 15면.

245-2 박찬승, 앞의 책, 56면.

245-인용문 같은 책 128면.

246-1 울리히 벡『위험사회』, 홍성태 옮김, 새물결 2006, 75~78면.

247-3 한나 아렌트『예루살렘의 아이히만』, 김선욱 옮김, 한길사 2006, 104면, 391면.

248-1 같은 책, 348~49면.

248-인용문 같은 책, 391~92면.

8장 피 흘리는 젊음

253-1 도널드 케이건『투퀴디데스, 역사를 다시 쓰다』, 박재욱 옮김, 휴머니스트 2013; John L. Gaddis, "Grand Strategies in the Cold War", In Melvyn P. Leffler and Odd Arne Westad, ed., *The Cambridge History of the Cold War*, Vol.II(Cambridge: Cambridge University Press, 2010).

254-인용문 투퀴디데스『펠로폰네소스 전쟁사』, 천병희 옮김, 숲 2011, 286면.

255-3 1·20 동지회 편,『1·20 學兵史記』제1권, 삼진출판사 1987, 96~101면; 표영수「일제말기 병력동원정책의 전개와 평양학병사건」,『한일문제연구』제3집, 2002.

256-2 김윤식『일제말기 한국인 학병세대의 체험적 글쓰기론』, 서울대학교출판부 2007; 김윤식『한일 학병세대의 빛과 어둠』, 소명출판 2012.

257-인용문 이춘영「학병은 돌아왔읍니다」,『학병』창간호(1월), 1946, 10면(김남식·이정식·한홍구 엮음『한국현대사 자료총서』9, 돌베개 1986 수록).

258-2 이혜령「해방(기): 총든 청년의 나날들」,『상허학보』27, 2009, 24면; 김남식『남로당 연구』, 돌베개 1984, 111~15면.

260-1 조선공산당 전라북도위원회 위원 하준기 등 「현중앙에 대한 우리의 견해」, 1946년 3월 7일(한림대학교아시아문화연구소 편 『조선공산당문건자료집』, 한림대학교출판부 1993, 193면 수록).

260-2 학병동맹 총무부 「학병동맹의 걸은 길」, 『학병』 창간호, 1946, 61면.

260-3 『동아일보』 1945년 12월 16일자.

261-1 김남식, 앞의 책, 107면; 『중앙신문』 1946년 1월 1일자.

262-2 함석헌 「내가 겪은 신의주 학생 사건」, 『씨알의 소리』 1971년 11월호.

263-2 연정은 「해방 직후 북한 내 '반동분자' 등장과 그 인식의 변화」, 『역사연구』 25호, 2013, 210면 각주 56 참조; 조선공산당 평안남도위원회 「조선공산당 평남도 제1차 대표대회 보고 연설」, 1945년 12월 26일(한림대학교아시아문화연구소 편, 앞의 책, 66면 수록).

264-1 중앙일보 특별취재반 『비록 조선민주주의 인민공화국』, 중앙일보사 1992, 168면; 한국반탁·반공학생운동기념사업회 『한국학생건국운동사』, 한국반탁·반공학생운동기념사업회출판국 1986, 101~2면; Adam Cathcart and Charles Kraus, "Peripheral Influence: The Sinuiju Student Incident of 1945 and the Impact of Soviet Occupation in North Korea", *The Journal of Korean Studies* 13, no. 1(fall), 2008, p. 9.

264-3 Adam Cathcart and Charles Kraus, 같은 글, p. 11.

266-1 조선공선당의 신탁통치에 대한 노선 전환을 심층적으로 분석한 이완범은 "조공의 노선전환이 하루아침 사이에 외부적 지령에만 의존하여 급박하게 표변한 것은 아니었다."라고 지적한다. 이완범 「조선공산당의 탁치 노선 변화과정(1945~1946)」, 『한국근현대사연구』 제35집, 2005.

266-2 『자유신문』 1945년 12월 31일자.

267-인용문 한국반탁·반공학생운동기념사업회, 앞의 책, 138면

268-2 "224th CIC Corps Detachment Report", Jan. 29, 1946, Civil Disturbance #2, CIC of XXIV Corp(정용욱 편 『해방 직후 정치, 사회사 자료집』 제6권, 다락방 1994, 68~69면).

269-1 『동아일보』 1946년 1월 21일자.

271-1 학병참사투쟁위원회 「피학살3학병사건보고서」, 『학병』 2호 1946, 7면.

271-2 경기도 경찰부장 장택상은 1946년 1월 28일과 2월 26일 1, 2차에 걸쳐 학병동

맹 사건에 대한 경위를 공식 발표했다(『조선일보』1946년 1월 29일자;『동아일보』 1946년 3월 5일자).

272-2 "224th CIC Corps Detachment Report", Jan. 29, 1946(정용욱 편, 앞의 책, 66~68면).

272-3 「남북의 대화 63회: 반탁과 찬탁의 회오리(12)1·18 반탁학생사건」,『동아일보』1972년 3월 14일자; 이동원『대통령을 그리며』, 고려원 1992, 20면.

274-2 G-2 Weekly Summary, Jan. 22, 1946(한림대아시아문화연구소 편,『주한미군주간정보요약』1, 1990, 287면).

274-3 『자유신문』1946년 3월 10일자;『조선일보』1946년 4월 14일자;『자유신문』1946년 4월 25일자, 4월 26일자, 5월 9일자 참조.

275-2 『자유신문』1946년 4월 2일자, 5월 13일자, 5월 16일자, 5월 23일자, 5월 30일자 참조.

276-3 『서울신문』1946년 2월 6일자; 미군정 장관 러취는 학병동맹 습격 때 장택상 경찰부장이 미군의 힘을 빌리지 않고, 한국인 경찰이 스스로 나서 위험한 임무를 감당하겠다고 한 것에 대해 공개적으로 감사를 표명했다. 나아가 그는 미군정 경찰이 임무를 충실히 잘 수행하고 있다는 격려 성명을 발표하면서 "경찰이 조선을 위하여 정치에는 간섭치 않고 있다는 것을 볼 때 참으로 기꺼운 바이다."라고 했다(『동아일보』1946년 2월 8일자;『조선일보』1946년 2월 26일자).

277-인용문 "Corps Staff Conference", Mar. 25, 1946, United States Army Forces in Korea XXIV Corps, G-2 Historical Section, Historical Files 1945~1948, RG 332(정용욱 편,『해방 직후 정치, 사회사 자료집』제1권, 다락방 1994, 205면).

279-1 『동아일보』1946년 3월 20일자.

279-2 한국반탁·반공학생운동기념사업회, 앞의 책, 119면.

279-3 "Corps Staff Conference", Mar. 20, 1946, United States Army Forces in Korea XXIV Corps, G-2 Historical Section, Historical Files 1945~1948, RG 332(정용욱 편, 앞의 책, 201면).

280-1 G-2 Weekly Summary, Mar. 27, 1946(한림대학교아시아문화연구소 편,『주한미군주간정보요약』1권 1990, 491면).

280-2 건국청년운동협의회 편『대한민국 건국청년운동사』, 건국청년운동협의회 2007, 1004면; 이경남『분단시대의 청년운동』하권, 삼성문화개발 1989, 74면; 이신철『북

한 민족주의운동 연구: 1948~1961, 월북·납북인들과 통일운동』, 역사비평사 2008, 375면.

281-1 『동아일보』 1946년 12월 19일자; 『경향신문』 1947년 2월 1일자, 1947년 6월 1일자; 이병희를 비롯한 일부 건청 회원들은 1947년 말 김규식이 결성한 '민족자주연맹'에 참여했고, 1948년 4월 남북협상에도 참여했다(건국청년운동협의회 편, 앞의 책, 1000면; 「남북의 대화 7회: 노혁명가들의 꿈과 좌절(7) 김규식의 심정」, 『동아일보』 1971년 10월 16일자).

282-1 "Corps Staff Conference", Mar. 20, 1946(정용욱 편, 앞의 책, 201면).

283-1 「고(故)삼학병(三學兵)약력」, 『학병』 2호, 1946; 「재계 인맥·혹맥 대탐구, LG가, 창업주 구인회 일가」, 『서울신문』 2005년 5월 16일자; 「망우리 별곡—한국의 비석문학」, 『신동아』 2008년 1월호.

283-2 브루스 커밍스는 10월항쟁에서 경찰관 200명 이상이 피살되었고, 시위대 측에서는 1000명 이상이 사망했다고 추산했다(브루스 커밍스 『한국전쟁의 기원』, 김자동 옮김, 일월서각 1986, 471면).

284-인용문 투퀴디데스, 앞의 책, 287면.

이미지 제공처 및 소장처

이 책은 다음의 단체 및 저작권자의 허가 절차를 밟았습니다.
이미지를 제공해주신 분들께 진심으로 감사드립니다.
수록된 사진은 대부분 저작권자의 사용 허가를 받았으나,
일부 저작권자를 찾지 못한 경우는 확인되는 대로 허가 절차를 밟겠습니다.

3·15의거기념사업회 186, 198, 201, 209
경향신문(민주화운동기념사업회 제공) 19, 36, 64, 107
독립기념관 89
연합뉴스 172, 237
우리역사넷 163
홍석률 45

* 위 출처 외의 이미지는 (주)창비의 자료사진과 퍼블릭 도메인을 사용했습니다.
* 모든 이미지는 재사용 시 해당 단체 및 저작권자의 재허가 절차를 밟아야 합니다.

민주주의 잔혹사
한국현대사의 가려진 이름들

초판 1쇄 발행／2017년 4월 20일

지은이／홍석률
펴낸이／강일우
책임편집／윤동희 홍지연
조판／박지현
펴낸곳／(주)창비
등록／1986년 8월 5일 제85호
주소／10881 경기도 파주시 회동길 184
전화／031-955-3333
팩시밀리／영업 031-955-3399 편집 031-955-3400
홈페이지／www.changbi.com
전자우편／nonfic@changbi.com

ⓒ 홍석률 2017
ISBN 978-89-364-8613-6 03910